GUIDE DES RIVIÈRES DU QUÉBEC

GUIDE DES RIVIÈRES DU QUÉBEC

fédération québécoise de canot·kayak

EDITIONS DU JOUR
1651, rue Saint-Denis, Montréal

Distributeur :
Messageries du Jour Inc.,
8255, rue Durocher,
Montréal, H3N 2A8
Téléphone : 274-2551

Maquette de la couverture : Paul Harris

Photo canot-camping : Aimablement prêtée par Benjamin Ballatti

Photo canoë-kayak : Gilles Fortin

Photos de l'intérieur : Louis Falquet, Gilles Fortin, Max Bauchet

Cote Dewey : 917. 1402
             F 293g

Cote du Congrès : GB
                  708
                  Q3

CB : 73-5080.

ISBN : 0-7760-0498-0

Remerciements

La réalisation de ce Guide des Rivières du Québec a été possible grâce à la collaboration de personnes et d'organismes que nous tenons à remercier tout spécialement.

Citons en premier lieu le Haut-Commissariat à la Jeunesse, aux Loisirs et aux Sports, qui, grâce au support financier qu'il offre à notre Fédération, a permis la réalisation de cet ouvrage.

Le Programme des Initiatives locales qui a collaboré à cette réalisation.

Max Bauchet, chargé de la compilation des renseignements et de la rédaction des textes, qui, outre sa grande expérience en canot-camping, a fourni à ce Guide le contenu d'une documentation personnelle accumulée depuis des années.

Nous tenons à remercier également tous ceux qui ont participé bénévolement à ce guide, en tout premier lieu :

— Pierre Lalonde, pour les rivières de la région de Québec et pour d'autres renseignements, aidé d'André Bouillon et d'André Richard ;

— Guy Gingras, du club Keno, pour les rivières du Saguenay/Lac-St-Jean ;

— Gilles Fortin, pour sa contribution à tous les aspects techniques, et qui nous a conseillé pour tout ce qui concerne le canoë-kayak ;

— Pierre Leroux qui, alors qu'il était vice-président de canot-camping, a fait approuver par la Fédération l'idée de ce guide et qui, par la suite, en a facilité et encouragé la réalisation.

Nous ne pouvons oublier, d'autre part :

— Raymond Colet, Directeur Exécutif de la Fédération, qui a d'abord poussé à la réalisation de ce guide puis a consacré beaucoup de temps et d'énergie à résoudre les divers problèmes administratifs que posait la publication ;
— Danielle Légaré, secrétaire de la Fédération, qui a déchiffré les manuscrits et a dû en taper une bonne partie au dernier moment.
— Francis Bednarz et Michel Barrette pour leur participation à la correction des épreuves et à la promotion.

Enfin, nous sommes heureux de signaler la coopération de certaines compagnies d'exploitations forestières, en particulier :

— En tout premier lieu, Monsieur Roland Royer, ing. f., chef forestier, Consolidated Bathurst Ltée ;
— Monsieur F. Matte, ing. f., directeur des services forestiers, Société Forestière Domtar Ltée ;
— Monsieur Jean Pouliot, surintendant général, opération forestière Compagnie Donohue Ltée ;
— La Compagnie E.B. Eddy ;
— Messieurs S. N. Kearns, directeur de l'information, et L. G. Bastin, vice-président à l'exploitation forestière, Compagnie Internationale de Papier du Canada.

Préface

La *Fédération Québécoise de Canot-Kayak (F.Q.C.K.) est à la fois heureuse et fière de présenter son premier "Guide des rivières du Québec."*

Cette première édition paraît à un moment où les activités de plein air prennent un essor considérable. Cela est particulièrement vrai du canot-camping, forme moderne d'une activité jadis utilitaire qui a marqué notre histoire, et du canoë-kayak, prolongement naturel pour qui l'attrait des rapides, défi constant au courage et à l'adresse, s'avère primordial.

Simple ballade sur un lac voisin, expédition de plusieurs jours, maîtrise de courants tumultueux, les multiples façons d'utiliser le canot permettent toujours de goûter à la liberté et l'ivresse des grands espaces, de revivre l'aventure des premiers explorateurs, de rêver de l'habileté légendaire des Indiens.

Devant la popularité croissante du canot-camping et du canoë-kayak, la publication de ce guide devenait nécessaire. Car si les renseignements qu'il contient étaient disponibles sous formes diverses à quelques privilégiés, en particulier aux membres des clubs affiliés à la F.Q.C.K., il n'en était pas de même du public en général dont l'accessibilité aux voies d'eau était souvent limitée par le manque d'information.

Que ce livre permette à un plus grand nombre de découvrir en canot ou en kayak la beauté et la grandeur des rivières du Québec! Nous aurons alors atteint notre objectif.

PIERRE LEROUX, PRÉSIDENT
FÉDÉRATION QUÉBÉCOISE DE CANOT-KAYAK

Stage d'initiation kayak à Hull

Préparatifs de départ lors d'un stage d'initiateurs de la Fédération.

Entraînement préparatoire au championnat du Québec en canoë-kayak slalom.

La Fédération Québécoise
de Canot-Kayak Inc.

Fondée en 1969, la Fédération Québécoise de Canot-Kayak fut à l'origine l'organisme de regroupement des différents clubs de canot-camping ou de canoë-kayak d'eau vive de la province. Parmi les fondateurs se trouvaient déjà les clubs Les Portageurs de Montréal, le club Rabaska de Québec, les Canotiers du Nord-Ouest Québécois, célèbres pour leur expédition jusqu'à l'Expo 67, les Voyageurs de Montréal, surtout intéressés à la rivière sportive.

Le Haut-Commissariat à la Jeunesse, aux Loisirs et aux Sports, ayant reconnu la Fédération comme seul organisme de régie du canotage et du canoë-kayak d'eau vive au Québec et lui ayant dès lors octroyé des subventions en vue de permettre son développement, a élargi son mandat et favorisé notre participation concrète à la promotion du canot-camping et du canoë-kayak, à son enseignement, à la diffusion des normes de sécurité à appliquer lors de sa pratique.

Ce guide des rivières du Québec répond à l'un de nos objectifs prioritaires, à savoir l'accession de la population à une merveilleuse activité de plein air, ouverte à tous.

Au-delà de ce rôle de promoteur, la Fédération assume également celui de la formation des cadres en vue de l'enseignement de nos disciplines auprès des organismes scolaires, des camps de jeunes, des bases de plein air, etc.

A cet effet, nous organisons chaque été des stages d'Initiateurs ou de Moniteurs, pour lesquels toutes informations peuvent être obtenues à la Fédération.

Si le canotage et le canot-camping sont des activités connues des Québécois, il n'en a pas été de même du canoë-kayak d'eau vive. Cette activité, plus apparentée aux disciplines sportives, a connu grâce aux Jeux Olympiques de Munich et au merveilleux parcours artificiel construit à cette occasion, un regain d'intérêt et pour beaucoup une découverte d'une activité joignant les charmes du plein air et de la technique sportive.

Afin de favoriser le développement de ce sport, la Fédération, outre ses stages d'initiation et de formation de cadres, a mis sur pied un atelier de fabrication de bateaux, ouvert aux membres de ses clubs et aux organismes oeuvrant dans le sport ou le plein air. Des informations concernant le fonctionnement de cet atelier sont disponibles à la Fédération.

Du fait de sa reconnaissance par l'Association Canadienne de Canot et la Canadian White Water Affiliation, la Fédération est responsable de l'organisation des championnats de canoë-kayak slalom et critérium, au niveau régional et provincial.

Concernée par les problèmes de la protection de l'environnement, particulièrement importants dans le domaine des rivières et lacs, de l'aménagement des rivières pour utilisation par le canot-campeur ou le kayakiste ou du respect des droits d'accessibilité à ces cours d'eau, la Fédération participe également à diverses actions relatives à ces problèmes.

Nous espérons que ce Guide des rivières du Québec, en faisant découvrir aux amateurs de plein air les innombrables ressources de leur Belle Province, les intéressera également à la vie d'une Fédération particulièrement désireuse de les servir.

RAYMOND COLET
DIRECTEUR EXÉCUTIF

Départ de l'école mobile de l'atelier de la Fédération.

Naissance d'un kayak à l'atelier de la Fédération.

Le guide

Introduction

Ce guide des rivières et lacs canotables du Québec présente des renseignements sur plus de 250 rivières, circuits, itinéraires composés (c'est-à-dire, comprenant plus d'une rivière et des lacs), sans compter de nombreuses suggestions de routes d'eau sur lesquelles nous ne savons rien ou très peu de chose.

Il s'adresse à tous ceux qui font ou veulent faire du canot au Québec : canoteurs, canot-campeurs, canoë-kayakistes, qu'ils soient débutants ou experts, que ce soit pour des sorties de quelques milles pendant la journée, pour des descentes ou circuits de fins de semaines, ou pour d'impressionnantes expéditions de plusieurs semaines.

Ce guide a pour principal but de permettre au lecteur de choisir une rivière qui lui convienne ; parce qu'il n'était pas possible de rassembler dans une même publication tous les renseignements dont nous disposions déjà pour cette première édition, nous n'avons indiqué ici que suffisamment de renseignements, quand nous les avions, pour permettre de se faire une bonne idée des itinéraires décrits, puis, nous indiquons à la suite si d'autres renseignements sont disponibles et où on peut se les procurer.

Nous aurions pu nous contenter, pour un début, de ne répertorier que les rivières les plus fréquentées par les pagayeurs, c'est-à-dire celles des environs des grands centres. Pour plusieurs raisons et en dépit du peu de renseignements disponibles pour certaines régions, nous avons décidé de couvrir tout le Québec : pour encourager le canot-campeur québécois à se lancer à la découverte des rivières inconnues, pour rendre service aux touristes, que les rivières sauvages intéressent, et, peut-être surtout, pour donner à ce guide, sinon un contenu, du moins une forme assez définitive.

Ce livre n'est pas un ouvrage technique ; mais, d'une part, parce qu'il n'existe présentement rien de satisfaisant sur le canot-camping et le canoë-kayak au Québec, d'autre part, parce que nous tenions à nous assurer que ceux qui utiliseront ce guide auront un minimum de connaissances des problèmes et dangers possibles du canotage, nous y avons inclus les renseignements et recommandations que les canot-campeurs et canoë-kayakistes doivent à notre avis connaître pour pratiquer leur sport sans danger et en tirer le maximum de plaisir et d'enrichissement. En outre, parce que nous avons voulu que ce guide soit utile autant pour les étrangers que pour les Québécois, nous donnons dans ces pages des renseignements qui pourront sembler superflus à ceux qui connaissent bien le Québec.

Nous expliquons au chapitre Inventaire des eaux canotables du Québec pourquoi ce guide est incomplet, et qu'il ne pouvait guère en être autrement. Mais nous tenions à faire ce premier pas le plus tôt possible, puisque de toute façon ce guide devra être réédité, dans quelques années ; et nous comptons sur cette première édition pour obtenir à l'avenir de nouveaux et meilleurs renseignements. Ceux qui paraissent dans ce premier guide ont été obtenus de sources très diverses ; nous invitons les pagayeurs à s'entraider en nous faisant part de toutes erreurs, omissions.

Nous nous sommes efforcés d'être aussi précis qu'il était possible avec les renseignements disponibles, mais la Fédération ne peut accepter aucune responsabilité pour tout problème imputé à, ou résultant de l'utilisation de ce guide.

L'absence de renseignements utiles sur les eaux canotables du Québec a freiné le développement des différents sports du canot, car rares sont ceux qui veulent, et peuvent s'aventurer dans des rivières inconnues, et ont en outre l'expérience indispensable. A ceux qui ont cette expérience, des renseignements au moins partiels permettront d'emmener des groupes moins expérimentés dans des régions sauvages. L'un des buts de ce guide est donc de contribuer au développement du canotage dans notre province.

Comment se servir du guide

Tout d'abord, quelle que soit votre expérience, nous vous recommandons instamment de lire tous les chapitres qui précèdent la liste des rivières et circuits, sinon pour apprendre quelque chose du moins pour mieux comprendre la façon dont les renseignements sont donnés dans ce guide.

Si vous connaissez bien le Québec, vous ne devriez avoir aucune difficulté à vous retrouver dans le système de classification par bassins.

Si vous ne connaissez pas, ou pas suffisamment, La Belle Province, lisez plus attentivement le chapitre « géographie », puis la présentation de chacun des grands bassins versants.

Enfin, quand vous aurez choisi une région en tenant compte des facteurs temps, argent, expérience, force, goûts, il vous restera à passer en revue, dans la section correspondante, les différents itinéraires que nous vous offrons.

Mais, bien sûr, si vous êtes des amateurs de « premières », c'est-à-dire d'expéditions qui n'ont jamais été faites, ou sur lesquelles aucun renseignement n'est disponible, vous pouvez vous servir du guide en sens inverse : Pour vous assurer que l'itinéraire que vous avez choisi n'y figure pas déjà avec force détails ! Si vous êtes dans cette catégorie, n'oubliez pas de rapporter un bon relevé cartographique...

Pour ce qui est du système de classification, voir page suivante.

Une liste alphabétique de tous les lacs et rivières cités est donnée à la fin du guide.

Classification des rivières du Québec

Nous avons adopté pour ce guide la classification qui nous a parue la plus logique et la plus facile, soit la classification naturelle par bassins versants et sous-bassins, jusqu'au plus petit affluent.

La Direction générale des eaux utilisant une division qui correspondait presque à nos besoins, nous l'avons adoptée ; cela nous permet de disposer d'un système « officiel », et de pouvoir utiliser leurs cartes. Ci-après, une carte montre cette division en dix (10) régions hydrographiques. Les régions 01 à 07 correspondent au bassin du St-Laurent, 08 et 09 à celui des baies d'Hudson et James, 10 au bassin de l'Ungava.

Pour chaque bassin et sous-bassin, on suivra toujours la classification de l'amont vers l'aval. Des cartes plus précises, indiquant les principales rivières, figurent au début de chaque région hydrographique.

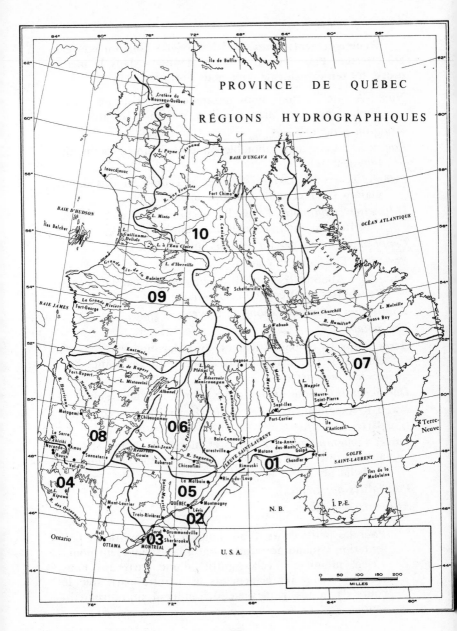

PROVINCE DE QUÉBEC

RÉGIONS HYDROGRAPHIQUES

Renseignements donnés sur les rivières dont un relevé a été effectué. **Pour les autres, nous donnons, dans le même ordre, les renseignements dont nous disposons.**

Nom : A côté du nom, nous indiquons s'il existe une carte-guide, une description détaillée, ou un récit utile.

Situation géographique.

Longueur : Longueur canotable ou probablement canotable, longueur relevée.

Intérêts divers : Caractère sauvage, accessible en fins de semaines pour certaines régions urbaines, etc...

Difficultés et hauteurs d'eau : Par sections si nécessaire, avec classification internationale des rapides I à VI .

Canoë-kayak : Rapides ou sections intéressants.

Portages : Existence et état.

Camping : Abondance et qualité générale des emplacements. Possibilités et intérêt de camps fixes.

Civilisation : Agglomérations, drave, etc...

Eau potable.

Accès : Moyens et points d'accès, avec distances par : route, chemin de fer, hydravion. Distances entre les points d'accès sur la rivière.

Documentation: Sous quelle forme, source, comment l'obtenir.

Parc : Renseignements utiles quand la rivière passe dans un parc.

Cartes topographiques : Echelles et numéros. Quand il y en a beaucoup nous avons dû nous contenter d'indiquer l'échelle des cartes disponibles.

Possibilités de circuits.

Affluents canotables.

** Pour les petits cours d'eau, nous avons simplifié la présentation ; quand nous indiquons à la suite de leur nom : « rien, première », cela signifie, d'une part, que nous n'avons aucun renseignement et, d'autre part, que le cours d'eau n'a jamais été descendu, à notre connaissance.

Légende

━━━━━━━ Route ou chemin important.

┼─┼─╫─┼─┼┼─ Chemin de fer, avec service passager.

┼──┼──┼──┼──┼ Chemin de fer, marchandises
seulement.

A ♫ B   Base d'hydravion. La lettre A indique
un service régulier avec une ou plusieurs autres bases. La lettre B indique qu'il est possible de noliser un
hydravion pour n'importe où.

Abréviations

M.	:	Mille
E.C.	:	Eau calme
f.c.	:	Faible courant (peut en général être remonté)
F.C.	:	Fort courant (ne peut en général être remonté)
E.V.	:	Eau vive
R.	:	Rapide
R-II : 500'	:	Rapide classe II, 500 pieds de longueur

R-II/III	:	Rapide à cheval sur les deux classifications
S.	:	Seuil (petite chute)
C.	:	Chute
B.	:	Barrage
Infran	:	Infranchissable par toutes hauteurs d'eau
P.	:	Portage
à D.	:	A droite
à G.	:	A gauche
C.T.	:	Carte topographique
52'/M.	:	Dénivellation de 52 pieds par mille de rivière
C.N.	:	Compagnie de chemin de fer Canadien National
C.P.	:	Compagnie de chemin de fer Canadien Pacifique
F.Q.C.K.	:	Fédération Québécoise de Canot-Kayak

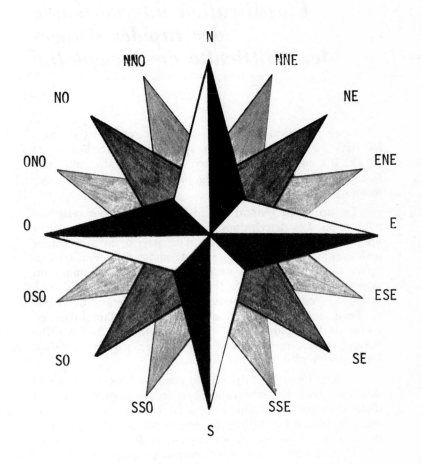

Classification internationale des rapides d'après leur difficulté de navigabilité

Cette classification en six classes est reconnue par tous les pays où se pratiquent les sports d'eau vive, canoë et kayak ; il a été décidé de se servir de cette classification pour le canotage et le canot-camping puisque les rapides sont les mêmes pour tous.

On utilise en général les chiffres romains pour cette numérotation. Les descriptions de chaque classe peuvent varier un peu d'un livre à l'autre ou d'un pays à un autre, mais reviennent au même à très peu de chose près. Pourtant, il arrive que deux experts ne soient pas d'accord, quand un rapide est presque à cheval sur deux classes. C'est la dénivellation, c'est-à-dire la pente, qui, en accélérant la vitesse de l'eau, rend la navigation plus difficile, d'une part en créant de forts mouvements d'eau de formes et tailles différentes (vagues, rouleaux, etc.) et, d'autre part, en rendant les obstacles plus difficiles à éviter.

La classification d'un rapide consiste donc à évaluer la difficulté, pour les embarcations, de ces mouvements d'eau et d'obstacles, tout en tenant compte de la longueur du rapide, puisque, plus il est difficile ou impossible de vider un canot, de s'arrêter si nécessaire, de reprendre des forces, plus un rapide peut être considéré difficilement navigable.

La classification que nous donnons ici, est un peu plus détaillée que celle utilisée par les spécialistes de l'eau vive, puisque ce guide s'adresse à une majorité peu familière avec ces cotes de difficultés.

Les lacs et les courants faibles n'offrant aucune difficulté ne sont pas classés, puisque, les vents mis à part, ils n'offrent ni difficulté ni danger.

La cote réelle d'un rapide, d'une rivière, varie en général avec la hauteur d'eau, et pas toujours dans le même sens : un rapide manoeuvrier par eau basse peut être plus facile avec un gros débit ; par contre, une série de seuils et de chutes, considérée comme un passage délicat par eaux moyennes, peut devenir difficile voire dangereuse en crue. A défaut de disposer, pour chaque rivière, d'une cotation à ses différents niveaux, il faut tenir compte de ce qu'était la hauteur d'eau quand un rapide a été évalué et c'est pourquoi cette hauteur d'eau est indiquée sur les cartes-guides.

Au lieu de la classification, ou en plus, on se sert parfois de la pente, indiquée en pieds/mille et en pourcentage ; exemple : une rivière de 100 milles qui serait à une altitude de 1,500' au début et de 1,000' à la fin, d'après les lignes de dénivellation des cartes, aurait une dénivellation de 500', soit 5'/M, ou $\dfrac{5 \times 100}{5,280}$ = environ 0.1%.

Il faut bien se souvenir que, à pentes égales, une grosse rivière est plus difficile qu'une petite.

CLASSE I : Navigation facile. Petits rapides francs (c'est-à-dire ne nécessitant aucune manoeuvre autre que de s'y engager convenablement). Vagues petites et régulières. Bancs de sable. Piliers de pont. Pontage facultatif.

Ce que l'on appelle communément de l'eau vive est en général du rapide classe I. Accessible aux débutants, soit après quelques heures d'initiation et de pratique, soit avec un équipier un peu expérimenté.

CLASSE II : Navigation mouvementée. Rapides avec passes franches et larges. Vagues régulières. Petits seuils et déversoirs. Pontage utile.

Facilement négociable avec un peu d'expérience, mais risque de chavirage et de perte de matériel pour les débutants.

CLASSE III : Navigation difficile. Rapides manoeuvriers francs. Fortes vagues régulières. Petites chutes. Passes souvent étroites exigeant des manoeuvres précises. Pontage indispensable. Reconnaissance souvent nécessaire. Expérience du rapide indispensable. Déconseillé aux kayaks biplaces et aux canots ouverts. Peut être dangereux pour les pagayeurs comme pour le matériel, surtout s'il est long.

CLASSE IV : Navigation très difficile. Longs rapides manoeuvriers. Fortes vagues irrégulières. Nombreux obstacles souvent dangereux. Marmites, chutes et seuils importants. Pontage essentiel. Reconnaissance indispensable la première fois.

Expérience en rivière absolument indispensable. Manoeuvres nécessitant force et précision. Mesures de sécurité de la rive recommandées. Souvent dangereux, parfois très dangereux s'il est long.

Connaissance de l'esquimautage recommandée. Généralement impossible pour les canots ouverts.

CLASSE V : Navigation extrêmement difficile. Longs rapides très violents se succédant presque sans interruption. Grosses chutes. Obstacles dangereux et difficiles à éviter. Vagues énormes. Manoeuvres très dures et précises. Reconnaissance indispensable. Abordage difficile.

Navigation dangereuse. Seulement pour des équipes de pagayeurs très expérimentés, avec assistance de la rive. Esquimautage indispensable.

CLASSE VI : Limite de la navigabilité. Généralement infranchissable ou très dangereux. Possible à certain niveau d'eau seulement, par des équipes d'experts avec des mesures de sécurité exceptionnelles.

N.B. — La veste de sécurité est toujours de rigueur, et, pour les embarcations pontées, des calages adéquats, un casque et des souliers surtout s'il y a peu d'eau. Combinaisons isothermiques recommandées à moins de 50°F.

Ce qu'il faut savoir

Comment commencer
à faire du canot

N'essayez pas d'apprendre seul : c'est à la fois dangereux, long, inefficace, vous prendrez de mauvaises habitudes dont vous aurez peut-être du mal à vous défaire, et enfin vous risquez de vous décourager définitivement du canot-camping si vos premières expériences sont malheureuses, que ce soit sur le plan humain, matériel, température, technique.

Parce que le canot-camping n'est pas une science exacte, parce que se pratiquant en pleine nature, il comprend une foule de facteurs infiniment changeants, parce que les facteurs humains y sont si importants, aucun livre ne peut faire mieux que vous aider, et de loin le meilleur moyen pour commencer est de partir avec un canot-campeur d'expérience.

Si vous ne connaissez personne, entrez en relation avec la Fédération ou avec un club ; chaque printemps il se donne des séances d'initiation au canotage, au canot-camping et au canoë-kayak ; ces séances sont gratuites ou en tout cas très peu coûteuses : en les suivant le débutant s'évitera bien des déboires.

Il est *très dangereux* de partir en canot sans expérience et sans un responsable expérimenté (voir chapitre Sécurité).

La sécurité

Il y a des activités toujours dangereuses, comme les courses d'automobiles ; d'autres qui ne le sont jamais, comme le golf ; d'autres, enfin, qui le sont beaucoup ou pratiquement pas suivant la manière dont on les pratique : c'est le cas du canot-camping. Car il n'y a en canot aucun facteur mécanique ou de vitesse, et les bois du Québec ne sont pas dangereux ; seules la méconnaisance du danger et l'imprudence peuvent, maladie et malchance mises à part, être à l'origine d'accidents.

A cause de l'importance de la sécurité en canot-camping et canoë-kayak, nous reproduisons ci-dessous au complet les « Principes et normes de sécurité » de la F.Q.C.K.

Principes et normes de sécurité de la F.Q.C.K:

1ère partie : Canot-Camping

1.— **Matériel nécessaire :**

- Canot en bon état et matériel de réparation ; cordes (15 à 20 pieds) à l'avant et à l'arrière du canot ; une pagaie de secours.
- Gilets de sécurité individuels approuvés par le ministère du Transport.
- Matériel d'orientation (cartes et boussole) et de survie en forêt.
- Trousse de secours plus ou moins élaborée selon la durée de l'expédition ; nourriture et vêtements suffisants. Sacs de plastique étanches.

2.— **Principes d'organisation :**

- Toute sortie doit avoir un chef d'expédition.
- Un minimum de 3 canots assure une plus grande sécurité.
- L'expédition doit être adaptée à l'expérience et à la force des participants.
- Eviter d'emmener des débutants ou des inconnus pour une expédition de plus d'une fin de semaine. S'assurer de l'état de santé des participants.
- Tous les participants doivent connaître les difficultés particulières de la sortie et les mesures de sécurité prises.

— Au moins un membre du groupe doit être capable de donner les premiers soins et disposer du matériel nécessaire.

3.— **Préparation individuelle :**
— Savoir nager ; connaître la technique de respiration artificielle bouche à bouche.
— Se familiariser avec l'équilibre du canot et développer son habileté dans le maniement de la pagaie.
— Connaître la technique de récupération d'un canot naufragé.

4.— **Principes généraux pendant l'expédition :**
— Etre d'autant plus prudent qu'on s'éloigne de la civilisation.
— Ne jamais surcharger un canot ; attacher les bagages et la pagaie de secours.
— Se méfier des eaux très froides au printemps et à l'automne ; un dessalage dans ces conditions présente des risques d'hydrocution.
— Porter en permanence sa veste de sécurité si on n'est pas un bon nageur.
— Ne pas laisser le groupe se disperser ; régler l'allure sur les moins rapides.
— Se prémunir contre les risques d'insolation, de refroidissement, d'épuisement.

5.— **Les rapides :**
— Aller reconnaître tous les rapides, surtout si on n'en voit pas la fin ; se souvenir qu'il faut une longue expérience pour évaluer justement la difficulté d'un rapide et que celle-ci varie selon la hauteur d'eau.
— En canot ouvert, ne pas s'engager dans des rapides de classe supérieure à II. Etre d'autant plus prudent que le rapide est long.
— Un chef d'expédition n'oblige jamais une équipe à passer un rapide, mais il a le droit de s'opposer à ce qu'elle le fasse.

— Dans les rapides, le port du gilet de sauvetage est obligatoire. Il est recommandé d'être chaussé.

— En descendant un rapide, suivre à une distance respectable (environ 100 pieds) le canot précédent. Etre prêt à venir à l'aide d'une équipe en difficulté.

En cas de dessalage :

— RESTER CALME

— Penser à son coéquipier le plus tôt possible.

— Descendre le courant les pieds devant soi, en se tenant à l'arrière du canot.

— Essayez d'immobiliser son bateau le plus tôt possible et de le ramener à la rive.

— Ne pas abandonner son canot (ni sa pagaie) sauf si le rapide devient très dangereux ou si l'eau est très froide et si l'on estime pouvoir rejoindre la rive autrement.

6.— Sur les lacs :

— Ne s'aventurer sur un grand lac que si l'on a l'expérience et l'endurance suffisantes.

— Tenir compte de la direction du vent et de la force des vagues ; par vent arrière, les vagues iront en augmentant. Modifier au besoin son itinéraire.

— Pour ne pas se perdre, suivre sa progression sur une carte détaillée.

— Ne pas chausser de bottes. Par grand vent, porter son gilet de sécurité.

En cas de dessalage :

— NE PAS QUITTER SON CANOT. Un canot même plein d'eau constitue une bouée efficace. Rester calme ; endosser son gilet de sécurité si ce n'est déjà fait.

— Attendre du secours ; l'équipage d'un deuxième canot pourra vider et remettre à flot le bateau naufragé. En attendant on peut embarquer dans le canot, glisser le corps sous les barrots, ne gardant que la tête hors de l'eau.

7.— Les Portages :

— Porter seul le canot, le coéquipier se chargeant des bagages. Porter un canot à deux n'est pas conseillé, sauf pour de courtes distances.

— Regarder où l'on met les pieds. Le fait de porter un canot peut aggraver les conséquences d'une chute. Enjamber les obstacles plutôt que de marcher dessus.

— Porter des chaussures dont la semelle ne soit pas lisse. Par temps humide, le bois et certaines roches offrent des surfaces glissantes.

— S'arrêter à quelques reprises pour récupérer, si le portage est long. On minimise ainsi les risques de chute et de fatigue exagérée.

8.— En camping :

Le feu

— Etre toujours prudent dans la confection d'un feu. Tenir compte du vent, des arbres voisins, du type de sol. Nettoyer le sol de toute matière inflammable dans un rayon de quatre pieds autour du feu.

— Noyer littéralement le feu avant de quitter un site.

— Respecter les règles de circulation en forêt. Ne pas fumer en marchant.

— En cas d'incendie, essayer d'abord de l'éteindre et prévenir au plus tôt les autorités compétentes.

Les blessures

— Etre prudent dans le maniement des haches, couteaux, scies et hameçons.

— Ne jamais laisser traîner d'éclat de verre ; éviter de marcher pieds nus.

— Toujours désinfecter et soigner une blessure, aussi minime soit-elle.

L'eau potable

— Etre prudent dans la consommation d'eau. En cas de doute, la faire bouillir ou utiliser des comprimés pour la rendre potable.

2ième partie : Canoë-Kayak d'eau vive

1.— Matériel nécessaire :

— Bateau en bon état, muni d'un système de flottaison suffisant. Anneaux de bosses pouvant servir de poignées aux extrémités avant et arrière.

— Jupette étanche qui s'enlève facilement mais non sans nécessité.

— Calage adéquat (sangles, cale-pieds). En kayak, se méfier des cale-pieds à ficelle ou fixés au talon.

— Pagaie de secours immédiatement accessible.

— Gilet de sécurité, casque protecteur, et chaussures légères.

— Trousse de réparation et de survie pour les longues descentes.

— Cordes et bouées de sauvetage pour assurer, de la rive, la sécurité dans les passages difficiles.

2.— Préparation d'une sortie :

— Prévoir un groupe d'au moins 3 bateaux. Ne JAMAIS FAIRE DE BATEAU SEUL en rivière sportive.

— Bien connaître les difficultés du parcours choisi. S'assurer au moyen de repères que la rivière est praticable à cette hauteur d'eau. Eviter les rivières intensément dravées.

— Tenir compte de la température probable de l'eau. A moins de 40°F., les dangers d'hydrocution sont très grands.

— Estimer le temps de la descente avec une marge confortable pour éviter d'être surpris par la tombée de la nuit.

— Prévoir des vêtements adaptés à la température de l'eau : par temps froid (moins de 50°F.), combinaison isothermique et par temps chaud, vêtements préservant des abrasions contre les rochers.

3.— Préparation individuelle :

— Savoir nager, même sous l'eau. Connaître la technique de respiration artificielle bouche à bouche.
— Connaître la classification internationale des rapides. L'évaluation et la « lecture » des rapides s'apprennent avec l'expérience.
— Pratiquer en eau calme les techniques de la pagaie et en particulier l'esquimautage dont la connaissance est recommandée avant de s'engager dans des rapides de classe IV ou V. Des cours sont offerts par les clubs de canoë-kayak.

4.— En rivière sportive :

— Respecter l'autorité du chef d'expédition. Un chef de file et un serre-file nommés par le chef d'expédition préviennent la dispersion du groupe.
— Reconnaître de la berge, les passages difficiles. Un obstacle normalement franchissable peut ne plus l'être à des niveaux d'eau exceptionnels.
— Etre conscient de ses possibilités. Ne pas hésiter à portager un passage trop difficile.
— Repérer les contre-courants et les zones calmes. Il faut pouvoir s'arrêter en tout temps : ne jamais s'engager dans un passage sans apercevoir un contre-courant permettant de s'arrêter.
— Garder une distance raisonnable entre les bateaux. Etre prêt à venir en aide à une équipe en difficulté. Chaque bateau est responsable de celui qui le suit et l'attend au pied des passages difficiles.
— Se méfier des branches et des troncs d'arbre qui obstruent le courant. Etre plaqué contre ces obstacles peut être dangereux.
— Se méfier des rappels, surtout au bas des chutes ; ils retiennent sur place et sont ainsi la cause la plus fréquente des noyades en rivière. Si l'embarcation reste coincée dans un rappel, prendre une bonne provision

d'air, plonger en profondeur et essayer d'en sortir en nageant sous le rappel, en enlevant sa veste de sécurité au besoin.

En cas de dessalage :
— Rester calme. Prendre son temps pour sortir de l'embarcation.
— Laisser le bateau retourné ; l'air ainsi emprisonné lui confère une grande flottabilité.
— Descendre le courant sur le dos, les pieds devant soi, en se tenant à l'arrière du bateau qui sert de bouée.
— Ne pas abandonner son bateau (ni sa pagaie) sauf en cas d'extrême danger en aval.
— S'arrêter le plus tôt possible par ses propres moyens ou en attrapant la bosse *arrière* d'une embarcation venue à son secours. Par eau très froide, sortir le plus rapidement possible, au besoin en montant sur l'embarcation retournée.

5.— En mer :
— Connaître les techniques de récupération en eau profonde.
— Bien connaître les courants, les marées ; prévoir au besoin cartes et boussoles.
— Ne pas trop s'éloigner de la rive ; se méfier des vents venant de terre. Connaître les prévisions météorologiques.
— Se méfier des récifs. Ne pas trop approcher des grands bateaux dont les hélices provoquent des mouvements d'eau dangereux.
— Ne pas faire de surf dans des vagues de plus de huit pieds. Prendre garde au ressac. Eviter de faire des chandelles en eau peu profonde.
— Eviter les plages encombrées : baigneurs, rochers, herbes.

Droits et devoirs
du pagayeur

Portages-Camping-Feux-Propreté-Pollution

Accès et chemins : Tant que l'on est sur du terrain public, appelé terres de la Couronne, il n'y a aucun problème de droit de passage, sauf dans les parcs et réserves, où il faut bien sûr observer les règlements établis pour le bénéfice de tous (voir parcs provinciaux). Il n'est plus nécessaire de se procurer un permis de circulation, mais les forêts peuvent être fermées au public par temps de grande sécheresse à cause du danger d'incendie.

Tout chemin ouvert sur les terres de la Couronne devient automatiquement public, et ceux qui l'ont fait ne peuvent que réclamer un péage « raisonnable », dit la loi.

Les compagnies d'exploitation forestière, les clubs de chasse et pêche, ne sont pas propriétaires du terrain, et n'ont acquis que le droit exclusif de couper du bois, de pêcher, de chasser, suivant le cas. Certains gardiens de clubs, peu au courant des lois, ont trop souvent prétendu pouvoir empêcher le passage à qui que ce soit, même sur l'eau. Les canot-campeurs sont invités à rapporter à la F.Q.C.K. tout problème de droit de passage qu'ils auraient avec ces organismes.

Passage sur l'eau : Sur l'eau, aucun problème, puisque personne n'en peut être propriétaire. Il y a quelques rares exceptions de seigneuries accordées il y a fort longtemps, mais les propriétaires se montrent de plus en plus réalistes. A Québec, cependant, la ville a interdit le canotage sur la rivière St-Charles, où elle prend son eau ; cette décision est de nature trop polémique pour qu'il en soit question ici.

Portages et camping : Le problème se complique dans les régions où les terres riveraines sont privées. Tant qu'elles appartenaient à des cultivateurs, qui n'allaient au bord de l'eau que pour y jeter leurs déchets, et que les canot-campeurs étaient rares, il n'y avait pas de problèmes. Mais de plus en plus de ces terres au bord de l'eau sont vendues en lots et des chalets s'y construisent. Bien sûr, pas question de camper sur de tels lots. La situation s'aggrave lorsque ces chalets s'installent sur des portages, car alors le canot-campeur n'a plus de choix. Les cours d'eau navigables sont des voies de communication à la fois naturelles et publiques, et le droit de portager est automatique. Ce droit a été consacré par l'usage et par des lois toujours valides.

Compte tenu de l'importance du canotage et du canot-camping au Québec, on ne peut guère accepter qu'une rivière devienne impraticable à cause d'un chalet mal situé sur un portage. De tels terrains auraient dû rester dans le domaine public ; la Fédération va faire en sorte que de telles erreurs ne se répètent plus et va demander que soit obtenu un droit de passage sur tous les terrains déjà vendus.

En attendant, on ne peut que conseiller aux canot-campeurs de s'entendre avec les propriétaires, quitte à faire un détour pour portager, mais d'insister pour pouvoir portager et continuer.

Pour ce qui est du camping sur des terrains privés, les canot-campeurs doivent s'entendre avec les propriétaires, ou continuer plus loin.

Tous ces problèmes, de même que celui des points d'accès, font présentement l'objet d'une étude globale à la F.Q.C.K.

Feux : Il est permis de faire des feux pour se chauffer, se sécher, s'éclairer, se nourrir, chasser les mouches, en autant que l'on a pris toutes les précautions pour ne pas partir un feu de forêt : pas de gros feux par grands vents, ne pas laisser un feu sans surveillance, noyer littéralement l'emplacement avant de partir et s'assurer que le feu ne couve pas en

41

dessous, ne pas faire de feux sous des arbres, surtout des conifères, ou à une trop faible distance. Le danger d'incendie mis à part, nous demandons aux canot-campeurs de ne pas brûler de bois inutilement le long des routes de canot très fréquentées.

Le canot-camping serait pratiquement impossible sans feux de bois au Québec : d'une part, comportons-nous de façon que les feux restent permis, d'autre part, laissons du bois pour ceux qui suivront.

Conservation : La plupart des eaux canotables sont encore sauvages ; mais avec le développement du canot-camping, les canot-campeurs doivent dès maintenant assurer la conservation dans leur état naturel des régions qu'ils parcourent. Nous avons parlé des feux : ajoutons ici qu'on devrait éviter de faire trop d'emplacements de feux, qui enlaidissent un site et réduisent d'autant la place pour camper.

La propreté : Que ce soit pour la vue, l'odeur, la sécurité (on peut se blesser en marchant sur du verre, des boîtes), la pollution, nous demandons à tous les canot-campeurs d'être absolument propres ; des expériences récentes ont prouvé que c'était très facile : brûler tout ce qui peut l'être, et rapporter le reste, sans aucune exception ; n'enterrez rien : d'une part, les animaux auront tôt fait de tout déterrer et de répandre les boîtes et bouteilles partout ; d'autre part, il y aura bientôt des trous à déchets sur tout l'emplacement ; enfin, le sol souvent se creuse mal, on ne prévoit pas assez grand, et les déchets sont mal enterrés. C'est une habitude que la F.Q.C.K. demande à tous de prendre :

Brûlez ce qui peut l'être, rapportez le reste.
Si vous avez été capable de transporter une bouteille, une boîte pleine, vous devriez être capable de la transporter vide. En outre, vous vous habituerez très vite à éviter d'emporter des contenants de verre, par ailleurs dangereux, lourds, cassants, et des boîtes de conserve en trop grand nombre. Servez-vous de contenants en plastique que vous accumulerez au cours de l'hiver. Quand une boîte de conserve est vide, rincez-la et applatissez-la, et oubliez-la au fond de votre sac.

Evitez toute pollution

Ne versez aucune essence, huile dans l'eau, et ne vous servez que de savon pur, sans phosphate (Sunlight, Amway, etc.). Enfin, laissez à la nature son apparence naturelle : ne coupez pas d'arbres inutilement ou trop loin du sol ; ne donnez pas de coups de hache dans les arbres verts : avec le temps, ces blessures enlaidiront l'arbre. Ne laissez pas de restes de poisson, des déchets à la vue.

En un mot, laissez l'emplacement comme vous aimeriez l'avoir trouvé, c'est-à-dire, si vous êtes un vrai canot-campeur, plus propre justement que vous l'avez trouvé.

« *Qu'importe, campeur mon ami, si ta tente n'est pas montée suivant la saine orthodoxie, si tu fus long à faire danser la flamme sur la bûche, si le riz sent le brûlé, et qu'il y ait un peu de sable dans la soupe ; qu'importe, si, de tous tes sens, tu as repris contact avec la terre et que ton coeur en ait bondi de joie, si ton âme revient de ce mariage éphémère avec la nature purifiée, ennoblie, fortifiée, prête à la lutte que, demain, t'imposera la vie stupide de la ville.* »

JEAN HUREAU

Relevés des eaux canotables du Québec

Relevés cartographiques et relevés d'aménagement

Pour la première fois, à l'occasion de ce guide, un effort systématique a été entrepris pour rechercher tous les renseignements disponibles, où, et sous quelque forme que ce soit, sur les eaux canotables du Québec. Le résultat dépasse nos espérances. Pour sortir ce guide tel que prévu au printemps de 1973, nous avons dû le terminer avant d'avoir complété nos recherches.

Nous savons déjà que la prochaine édition sera beaucoup plus complète. Mais ce qui nous manque le plus au Québec, ce sont des cartes-guides, c'est-à-dire des cartes spécialement préparées pour le canot-camping et le canoë-kayak .

Dès 1959, des canot-campeurs ont entrepris de prendre des renseignements précis au cours de leurs expéditions dans le but de pouvoir aider ceux qui suivront. Une première carte en 2 parties couvrait les rivières accessibles de Montréal en fins de semaines, puis en 1967 le club Les Portageurs commença la publication de cartes-guides. Les pionniers furent Max Bauchet, Pierre Lalonde et Géraud Vialle, le premier spécialisé dans les relevés, le dernier ayant dessiné à lui seul plus de la moitié des cartes-guides de rivières existant au Québec.

Malheureusement, trop peu des canot-campeurs qui pourraient le faire font un relevé cartographique de leurs expéditions.

Un relevé cartographique est le relevé, au cours d'une expédition, des renseignements utiles pour la préparation d'une carte-guide ; ces renseignements sont relativement simples et peu nombreux : chemins et points d'accès, rapides (longueur et classification si possible), chutes et barrages, portages (situation et longueur), les emplacements de camping remarqués au cours de l'expédition, et quelques autres renseignements moins importants.

L'expérience a prouvé qu'il était possible d'effectuer un tel relevé au cours d'une sortie normale même de groupe, même de fin de semaine, sans problème pour celui ou ceux qui s'en chargent.

La Fédération demande à tous les canot-campeurs qui parcourent des voies canotables d'en faire le relevé sur cartes, et de le lui envoyer ; elle se chargera de l'impression.

La F.Q.C.K. met à la disposition des volontaires une « étude sur les relevés cartographiques » qui les aidera grandement tout en assurant une certaine uniformité.

Ceux qui ne sont pas encore familiers avec la classification internationale des rapides de I à VI en trouveront l'explication dans ce guide.

Les relevés d'aménagement ont pour but de dresser un inventaire détaillé de tous les aspects d'une rivière dans les cas où le canot-camping peut devenir menacé par la « civilisation » de la rivière ; ces relevés d'aménagement ne peuvent être effectués que par des canot-campeurs très expérimentés, au cours d'une sortie spéciale, et ne semblent pas pouvoir dépendre du bénévolat. Ces relevés ne seront donc effectués que près des grands centres, dans les parcs, et les relevés cartographiques resteront les seuls nécessaires pour les rivières des autres régions dans l'avenir prévisible.

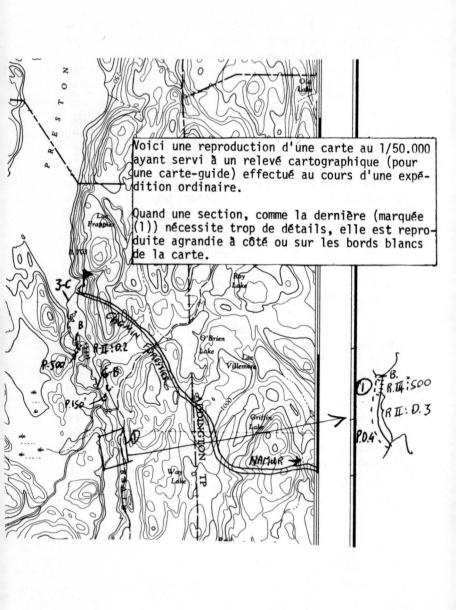

Voici une reproduction d'une carte au 1/50.000
ayant servi à un relevé cartographique (pour
une carte-guide) effectué au cours d'une expédition ordinaire.

Quand une section, comme la dernière (marquée
(1)) nécessite trop de détails, elle est reproduite agrandie à côté ou sur les bords blancs
de la carte.

Les eaux canotables du Québec

LE BASSIN DU ST-LAURENT

C'est le plus grand des trois bassins du Québec. Situé dans la partie sud du pays, donc au climat un peu moins rigoureux, avec des plaines fertiles le long du St-Laurent, à proximité des E.-U. et du populeux sud-ontarien, et avec la voie de communication qu'est le St-Laurent, ce bassin rassemble la quasi-totalité de la population du Québec, concentrée le long du fleuve et au Saguenay/Lac-St-Jean.

Compte tenu de la superficie de ce bassin et de sa population, il est resté sauvage sur sa plus grande partie, dès qu'on s'éloigne du St-Laurent ou de quelques grandes routes. Seuls les environs de Montréal sont de moins en moins naturels, dans un rayon d'une centaine de milles, à cause de la prolifération des chalets de villégiature.

Ce bassin étant immense, certaines régions en sont très peuplées, d'autres aussi désertiques que les autres grands bassins. Il ne faut donc pas se fier à ce qu'une rivière est dans le bassin du St-Laurent pour conclure qu'on peut l'entreprendre sans préparation ou sans expérience.

De plus, le relief est changeant, et il n'y a pas grand rapport entre certaines rivières calmes de la tête des eaux avec les torrents de la Gaspésie ou les monstres du lac St-Jean et de la Côte-Nord.

Les moyens d'accès sont évidemment plus nombreux que dans les autres bassins, mais sont quand même rares pour les parties supérieures du lac St-Jean et de la Côte-Nord.

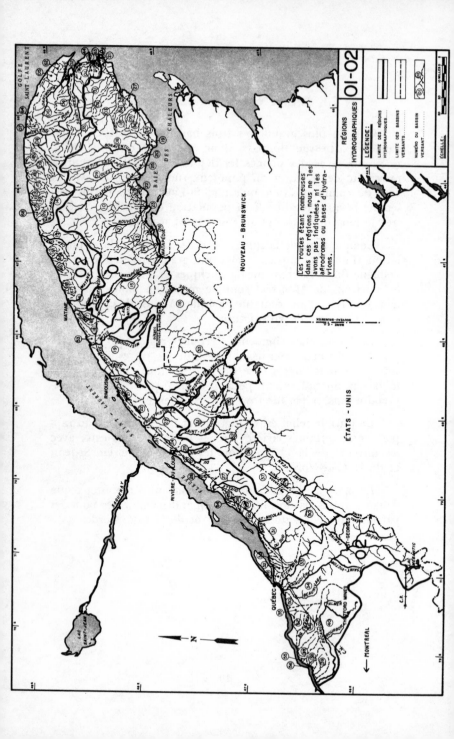

REGION 01

RIV. No	NOMS	SUPERFICIE (mi.ca.)	RIV. No	NOMS	SUPERFICIE (mi.ca.)
21	Rivière de l'Anse-à-Beaufils	18.8	22	Ruisseau Chaput	1.13
01	Grande-Rivière	268	11	Rivière Stewart	40.3
02	Rivière du Petit-Pabos	95.3	23	Ruisseau Alain	5.12
03	Rivière du Grand-Pabos	244	12	Rivière Nouvelle	462
04	Rivière du Grand-Pabos-Ouest	81.4	13	Rivière Escuminac	126
27	Rivière de l'Anse-aux-Canards	13.1	26	Rivière du Loup	15.8
18	Rivière Port-Daniel-Nord	60.1	14	Rivière Kempt	101
05	Rivière Port-Daniel-du-Milieu	36.8	15	Rivière Matapédia	1480
06	Petite Rivière Port-Daniel	44.3	16	Rivière Ristigouche	**
24	Rivière Nouvelle-Nord	20.5	33	Rivière Green	**
07	Rivière Nouvelle	39.9	17	Rivière Madawaska	1180
19	Ruisseau Cullens	36.8	34	Ruisseau Baker	**
08	Rivière Bonaventure	927	35	Rivière Little	**
20	Petite Rivière Bonaventure	33.2	31	Rivière Saint-François	**
25	Rivière Caplan	23.4	32	Rivière Noire	**
09	Petite Rivière Cascapedia	545	36	Ruisseau Chimenticook	**
10	Rivière Cascapédia	1220	37	Grande Rivière Noire	**
29	Rivière Verte	26.8	38	Rivière Saint-Jean-Nord-Ouest	**
			30	Rivière Daaquam	**

NOTE: **La superficie totale du bassin versant n'a pas été déterminée.

REGION 02

RIV. No	NOMS	SUPERFICIE (mi.ca.)	RIV. No	NOMS	SUPERFICIE (mi.ca.)
63	Rivière Murphy	20.3	53	Rivière du Petit-Mitis	16.9
43	Rivière du Portage	27.0	19	Rivière Mitis	706
44	Rivière Beattle	15.6	20	Rivière Rimouski	626
01	Rivière Malbaie	79.4	21	Rivière du Bic	73.9
02	Rivière de l'Anse-à-Brillant	12.4	22	Rivière du Sud-Ouest	77.1
03	Rivière Saint-Jean	438	23	Rivière Trois-Pistoles	373
04	Rivière York	411	24	Rivière Verte	182
06	Rivière Dartmouth	380	25	Rivière du Loup	404
62	Rivière de l'Anse-au-Griffon	25.0	26	Rivière Kamouraska	116
05	Rivière au Renard	28.9	27	Rivière Ouelle	332
64	Rivière de la Petite-Vallée	13.8	54	Rivière Saint-Jean	30.0
07	Rivière de la Grande-Vallée	61.0	28	Rivière Ferrée	42.2
08	Rivière Madeleine	489	58	Rivière Saint-Jean-Port-Joli	16.4
45	Rivière de l'Anse-Pleureuse	39.5	29	Rivière Trois-Saumons	44.6
09	Rivière de Mont-Louis	116	60	Rivière Tortue	35.9
10	Rivière à Pierre	52.9	31	Rivière du Sud	744
11	Rivière à Claude	38.2	59	Rivière des Mères	13.7
12	Rivière Marsoui	61.2	30	Rivière Boyer	80.4
13	Rivière à la Marte	34.7	32	Rivière à la Scie	23.6
68	Ruisseau à Patate	17.8	33	Rivière Etchemin	563
69	Petite Rivière Sainte-Anne	29.9	34	Rivière Chaudière	2580
14	Rivière Sainte-Anne	319	50	Rivière Auneuse	28.2
15	Rivière du Cap-Chat	286	35	Ruisseau Bourret	35.8
61	Rivière Grands-Capucins	26.1	57	Rivière du Petit-Saut	11.9
46	Rivière des Grands-Mechins	36.9	36	Rivière du Chêne	310
65	Ruisseau Savard	9.11	37	Petite Rivière du Chêne	175
66	Ruisseau Rivard	8.52	38	Rivière aux Orignaux	55.0
67	Petite Rivière Matane	18.1	55	Rivière aux Glaises	9.31
16	Rivière Matane	650	56	Rivière du Moulin	14.9
17	Rivière Blanche	88.4	39	Rivière Gentilly	116
18	Rivière Tartigou	94.3	40	Rivière Bécancour	1010

La rivière Bécancour
Description ci-dessous

— *Situation géographique :* Affluent rive droite du St-Laurent qui prend sa source vers Thetford Mines, coule vers le nord, puis l'ouest, puis le nord-ouest et se termine presque en face de Trois-Rivières.

— *Longueur :* 106.5M. à partir de Black Lake ; canotable au complet. Relevé à partir de la fin du lac St-Joseph, soit sur 80M., la partie en amont étant formée de lacs qui étaient encore gelés au moment du relevé.

— *Intérêts divers :* Rivière très intéressante au printemps, accessible à la fois de Montréal et de Québec en fin de semaine : quelques sections encore assez boisées, sauvages. Parties de rapides coupées de quelques longueurs de plat.

— *Difficultés et hauteurs d'eau :* 9M. en aval du lac St-Joseph à Lysander : chute suivie de forts R. ; P. qui part juste avant le pont, à D. ; traverser le pont, et portager sur le camping (⅓M.). Ensuite, trois légers R-I/II. Un mille passé Rectory Hill, après un brusque tournant à gauche puis à droite, R. qui se passe à D. d'un bout à l'autre ; aller le reconnaître avant de sauter le seuil final. ½M. plus loin, au début de l'île, série de R. dangereux de ½M. qui se terminent par une chute très dangereuse ; P. à G. Bons passages à G. jusqu'au début même de la C. Pas loin de Lourdes, R. délicat qui se passe complètement à G. entre la rive et une petite île de roches. A Maddington-Falls, les C., sous le pont de la route, sont précédées par ½M. de R-II ; descendre à D. de la grosse île et s'arrêter juste avant les C. à D. ; les non expérimentés auront intérêt à descendre à G., et à portager depuis Daveluyville, parce qu'après les bords sont très escarpés ; au pont, les habitués P. à D., ceux qui le sont moins traversent le pont et mettent à l'eau à G. pour éviter les R. suivant le pont.

Puis la rivière est une suite de R. pendant plusieurs M. qui se passent bien à la condition de bien choisir les pas-

sages ; la rivière coule entre 2 bords assez escarpés. ¼ M.
avant l'île du Portage, un R. dont la fin est violente se
portage en tirant les canots jusqu'en haut, à D. Après l'île,
un R. facile ; puis, la rivière se calme quelque peu. La
rivière continue d'être rapide, et elle coule presque continuellement entre des bords escarpés et boisés qui lui donnent un aspect très sauvage. La fin est une longue suite
de R., près de 5M., qui ne s'arrêtent que 2M. avant le
pont de la route, 1M. avant ła fin de la rivière.

— *Canoë-kayak* : Aucun intérêt connu.

— *Portages* : Satisfaisants.

— *Camping* : Emplacements suffisamment nombreux.

— *Civilisation* : Une dizaine de villages, dont certains très
petits ; pas de drave.

— *Eau-* : Probablement polluée tout le long de la rivière.

— *Accès* : Route : Nombreux points d'accès tout le long de la
rivière. Chemin de fer : Gares à Lyster (C.N.) et, pour la
fin, à Trois-Rivières, de l'autre côté du St-Laurent.

— *Documentation* : Renseignements fournis par M. Bauchet,
1964. Eau très haute.

— *C. T.* : 1/50.000 : 21-L/3-O ; 21-L/4-E, 21-L/6-O, 21-
L/6-O, 21-L/5-E et O, 21-L/4-O, 31-I/1-E et O, 31-I/8-O.

Rivière du Chêne

Description

— Cette rivière assez sportive, restée sauvage malgré la région
ne peut être descendue qu'au printemps ou par hautes
eaux. Accessible en fin de semaine de Québec et à la rigueur de Montréal (100M.).

— Affluent rive droite du St-Laurent, dans lequel il se jette
entre Trois-Rivières et Québec, mais de l'autre côté. Direction générale N.-O.

— *Longueur* : 35 milles relevés ; probablement pas canotable
en amont.

— *Difficulté* : Classe II en moyenne, 375' en 35 milles, 10'/M.

— *Canoë-kayak :* Aucun intérêt.

— *Portages :* Faciles.

— *Camping :* Nombreux sites.

— *Civilisation :* Val Alain au début, Leclercville, Ste-Emilie de Lotbinière à la fin.

— *Eau :* ?

— *Accès :* Pont de la route 20 (Montréal-Québec) 1¼M. au S.-E. de Val-Alain. Arrivée au fleuve, route qui le longe. Chemin de fer : C.N.R. Val-Alain, mais aucun à la fin.

— *Documentation :* Description, club Les Portageurs ; disponible à la F.Q.C.K. $0.25.

— *C. T. :* 21-L/5-E, 21-L/5-O, 21-L/12-O.

— *Affluent :* Rivière Henry.

Rivière Henry
Description

— Mêmes remarques que pour la rivière du Chêne.

— *Longueur :* Navigable sur une vingtaine de milles, l'amont étant trop petit.

— *Difficulté :* Classe moyenne II, 225' en 20 milles, 22'/M.

— *Portages :* ?

— *Camping :* Nombreuses places.

— *Civilisation :* Aucun village.

— *Eau :* ?

— *Accès :* Par la route, au pont de la route située 2½M. au S.-E. de St-Janvier de Joly. Trop maigre avant, même au printemps ou obstrué. Point d'arrivée le plus proche du confluent, inconnu. Par train : Dosquet, ce qui oblige à descendre une section obstruée et/ou maigre de 7 milles ; aucun chemin de fer à la fin.

— *Documentation :* Description, club Les Portageurs ; disponible à la F.Q.C.K. $0.25. Partie de Dosquet au pont de la route 20, soit 5 milles avant son confluent.

— *C. T. :* 21-L/5-E, 21-L/5-O.

La rivière Chaudière
Rien

— C'est une rivière de 115M., du lac Mégantic, près de la frontière des E.-U., à Québec en face de laquelle elle se jette après un cours vers le nord. Cette rivière a été longtemps réputée pour ses crues dévastatrices du printemps, mais on a récemment entrepris de la dompter. Le début ainsi que les derniers milles ont une très forte pente.

— *Dénivellation totale :* 1,300', soit 10'/M. ou 0.20%.

— Rivière très facile d'accès, mais, à part quelques milles au début, qui coule entre des champs, des routes et des lignes de chemin de fer. A cause de sa taille et de sa proximité de Québec, il est regrettable que son relevé n'ait pas encore été fait. Qu'attend le club Rabaska ?

— *C.T. :* 1/50.000 : 21-E/10-E et 0, 21-E/15-E, 21-L/2-E et 0, 21-L/7-0, 21-L/6-E, 21-L/11-E et 0.

— *Affluents :* Les rivières Linière, St-Victor, Beaurivage.

La rivière Beaurivage
Carte-guide

— Petit affluent rive gauche près de la fin de la Chaudière. Relevé de Parkhurst à St-Etienne de Lauzon, rivière de printemps. 2 sections : 1) du second pont en partant de Parkhurst (vers Ste-Agathe), à St-Gilles, E.C. et E.V. ; 2) de St-Gilles à St-Etienne : E.V. dans les courbes ; R-II : ¼M.. R-III : 100', S-III/IV : 50'.

— Eau douteuse. Plusieurs villages, nombreuses fermes.

— *Accès :* Ancienne route 5, maintenant 269, qui longe la rivière à peu de distance. Gare à Craigs Road (C.N.).

— La rivière se remonte sur 4M. à partir de St-Etienne.

— *C.T. :* 1/50.000, 21-L/6-0 et 21-L/11-0.

— Carte-guide au club Rabaska disponible à la F.Q.C.K. $0.50. Mai '71 et '72. Relevé A. Bouillon et A. Richard ; dessin (préliminaire) A. Bouillon.

La rivière Etchemin

— Rivière presque parallèle à la Chaudière, mais plus petite. Prend sa source vers Etchemin, près de la frontière des E.-U., coule vers le nord-ouest, et se jette dans le St-Laurent près de la Chaudière, approximativement 60M.

— *Dénivellation :* 1,250'. Cette rivière semble régulièrement difficile. Des canoë-kayakistes volontaires sont demandés pour aller la reconnaître...

— *C.T. :* 1/50.000 : 21-L/8-0, 21-L/7-E, 21-L/10-E et 0, 21-L /11-E, 21-L/13-E.

Rivière St-Jean Supérieure
Description ci-dessous

— Forme la frontière canado-américaine. 20M. jusqu'au confluent avec la « Little Southwest Branch ». Reconnue du pont de Ste-Aurélie au pont 13M. en aval.

— Rivière sauvage, facilement accessible en fins de semaines depuis Québec ; pour débutants avec un peu d'expérience. C'est le début d'une descente de plus de 400M.

— Classe moyenne I, quelques R-II.

— *Dénivellation :* Approximativement 10'/M. Eau moyenne ou haute.

— *Civilisation :* Aucune.

— *Accès :* Route de Ste-Aurélie. A la fin. Derrière St-Camille.

— *C. T. :* 1/50.000 : 21-L/1-O et E, 21-L/8-E.

— *Documentation :* « New England Canoeing Guide ».

— Renseignements fournis par A. Richard, 1972.

Les rivières de la Gaspésie

Nous n'avons hélas aucun renseignement précis sur les rivières de la Gaspésie. Nous nous contenterons de donner un aperçu de ce qu'elles peuvent être, puis de nommer les principales. .

Cette région, relativement petite à l'échelle du Québec, n'est pas encore entrée dans l'ère du canot-camping pour plusieurs facteurs : il n'y a aucun centre urbain ; éloignement des grandes villes du Québec ; problème de la pêche au saumon ; le relief y est relativement accidenté, et les rivières en moyenne plus difficiles. Peut-être la Gaspésie réserve-t-elle de belles surprises aux canoë-kayakistes.

La région est restée assez sauvage, grâce, ou à cause, du relief qui rend l'intérieur impropre à l'agriculture, sauf la côte, où petites villes et villages se suivent.

Pour ce qui est des moyens d'accès, une route fait le tour, et un chemin de fer la coupe à l'ouest puis longe la côte jusqu'à Gaspé.

La superficie de la Gaspésie est d'environ 10,000M.², soit trois fois moins que le bassin de la Grande Rivière !

Il y a plusieurs parcs provinciaux : Rimouski, Matane, Causapscal, Gaspésie, Petite-Cascapédia, et Port-Daniel ; un parc fédéral : Forillon.

Les rivières seront nommées dans l'ordre amont-aval du St-Laurent, puis en continuant pour faire le tour de la presqu'île.

Les rivières : Trois-Pistoles, Rimouski, Métis, Matane, Cap Chat, Ste-Anne, Madeleine, Darmouth.

La plupart de ces rivières de la côte nord de la Gaspésie ne seraient canotables que sur quelques milles. Les sommets étant tous le long de cette côte, les rivières de la côte sud seront plus longues, donc plus faciles. Les rivières York et St-Jean, surtout. En continuant : Grande Rivière Du Grand Pabos. Trois autres grandes rivières : Bonaventure, Petite Cascapédia et Cascapédia. La rivière Nouvelle, puis la Matapédia, probablement la plus intéressante de toutes pour le canot-camping. La rivière Madawaska et ses affluents : Touladi, Cabano. La rivière St-Francis, qui forme la frontière des E.-U. et se jette dans la rivière St-Jean. Enfin, la rivière St-Jean elle-même, même si elle n'est que très peu québécoise.

Les montagnes de Gaspésie formant un grand plateau au centre, il faut s'attendre que les rivières soient canotables tant qu'elles coulent sur le plateau, impraticables quand elles en tombent, puis navigable à nouveau. Les amateurs de premières sont invités à bien étudier leurs cartes au 1/50.000 avant de se lancer.

La C.I.P. (Compagnie Internationale de Papier) nous a fait parvenir une carte sur laquelle les rivières suivantes sont indiquées ou confirmées comme canotables, mais de difficulté très variable :

— La Patapédia, à partir du chemin qui vient de Lac Humqui et va vers le sud-ouest, 35M.

— La Restigouche : 46M., partie qui forme la frontière du Québec et du N.-B.

— La Matapédia, à partir du lac Matapédia, 56M., et ses affluents :

— La Causapscal, à partir du chemin qui va de Ste-Marguerite vers le N.-E. et le parc de la Gaspésie, 40M.

— L'Assemetquagan, à partir du chemin de Ste-Marguerite-Marie à St-Fidèle, 18M.

— L'Escuminac, à partir du chemin qui monte vers le nord depuis l'Alverne, 20M.

— La rivière Nouvelle, par sa branche ouest (ou Petite Rivière Nouvelle), à partir du pont, 30M. ; est utilisée pour le flottage, à partir de début mai, pour environ 1 mois.

— La Cascapédia, à partir du chemin, 12M. en amont du lac Huard.

La rivière Cascapédia

Description ci-dessous

— Rivière de la côte sud de la Gaspésie qui coule vers le S.S.-E. et se jette dans la Baie des Chaleurs à Grande Cascapédia après un cours de 57M. Relevée sur 41M.

— Splendide rivière sauvage, magnifiques montagnes ; pour canotier ayant à peu près 1 an d'expérience.

— Classification moyenne II ; dénivellation : 11'/M. Hauteur d'eau recommandée : moyenne. F.C. 5-6M., puis succession de R. manoeuvriers courts et d'E.V. Le R. le plus long et le plus difficile est celui qui commence à « Indian Falls Brook », 1,500' ; classe II à gauche, III à droite, P. par la route. R. ou E.V. dans chaque courbe. Aucun P. obligatoire.

— *Canoë-kayak :* Le R. d'« Indian Falls Brook ».
— Pêche interdite.
— *Eau potable :* La rivière, dans sa partie supérieure.
— *Accès :* Pour se rendre au lac Huard, une route non indiquée sur la carte traverse la rivière puis la longe.
— *C.T. :* 1/50.000 : 22-B/9-O et E, 22-B/8-E, 22-A/5-O, 22-A/4-O.
— Renseignements fournis par A. Richard (club Rabaska). Relevé en juin 1972, avec 1 pied d'eau de plus que l'été.

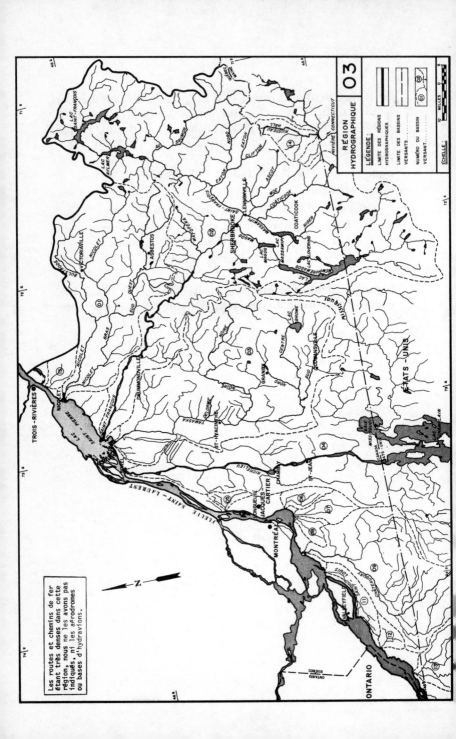

Les routes et chemins de fer étant très denses dans cette région, nous ne les avons pas indiqués, ni les aérodromes ou bases d'hydravions.

RÉGION HYDROGRAPHIQUE
03

LÉGENDE:
LIMITE DES RÉGIONS HYDROGRAPHIQUES
LIMITE DES BASSINS
VERSANTS
NUMÉRO DU BASSIN
VERSANT

ÉCHELLE:
MILLES

RIV. No	NOMS	SUPERFICIE (mi.ca.)
15	Rivière Marguerite	27.8
15	Rivière Marguerite	27.8
01	Rivière Nicolet	1320
02	Rivière Saint-François	3950
03	Rivière Yamaska	1870
04	Rivière Richelieu	9150
05	Rivière Saint-Charles	34.0
06	Rivière Saint-Lambert	52.2
07	Rivière de la Tortue	66.4
08	Rivière Saint-Régis	40.2
09	Rivière Châteauguay	982
11	Rivière Louis	56.6
12	Rivière à la Guerre	34.8
13	Rivière au Saumon	**
14	Rivière Hall	**

NOTE: **La superficie totale du bassin versant n'a pas été déterminée.*

La rivière Châteauguay
Bonne description ci-dessous

— *Situation géographique :* Prend sa source aux E.-U. (Etat de N.Y.), coule vers le nord-est, et se jette dans le St-Laurent au lac St-Louis, en face de l'île de Montréal.

— *Longueur :* Relevée sur 38M., de Huntingdon à l'embouchure ; peut-être canotable sur quelques milles en amont.

— *Intérêts divers :* Rivière très accessible, mais très peu sauvage ; longée par une route de chaque côté. Eau sale. Très calme, idéale pour débutants. Quelques jolis passages boisés entre Huntingdon et Ormstown. Site historique à Allans Corners : guerre canado-américaine.

— *Difficultés et hauteurs d'eau :* Difficulté, si l'on peut dire, très uniforme : dénivellation 80' en 38M., 2'/M. ou 0.04% ! Classe I. A Dewittville : vieux barrage et rapides : 400' et 0.2M. plus loin R-II : 250'. A Ormstown : moulin et barrage abandonnés et R-II : 400'. A Ste-Martine : un barrage. A l'entrée de Châteauguay-Centre : B. et R-II : 300'. Eau très basse l'été.
Peut se remonter partout exception faite des R.

— *Canoë-kayak :* Aucun intérêt.

— *Portages :* En bon état, très courts (5 au maximum).

— *Camping :* Très peu de camping sauvage ; un site à droite juste avant le pont à North Georgetown, un terrain aménagé à gauche de Ste-Martine, un terrain aménagé à gauche à Châteauguay-Centre. Compte tenu de la proximité de Montréal, du faible caractère sauvage des bords, cette rivière est recommandée pour le canotage, c'est-à-dire pour des sorties d'une journée ou moins.

— *Civilisation :* 10 petites villes ou villages ! Pas de drave. Pâturages.

— *Eau :* Acceptable visuellement de Dewittville à Ormstown, sale et malodorante ailleurs.

— *Accès :* Facile tout le long de la rivière.

— *Documentation:* Renseignements fournis par P. Leroux, 1966, eau basse.

— *C.T. :* 1/50.000 : 31-G/1-E, 31-H/4-O, 31-H/5-O et E.

— *Affluents :*

- — La rivière Hinchinbrook. Rien, première ; mériterait d'être reconnue.
- — La rivière Trout. Rien, première ; à partir de la frontière américaine, et peut-être même plus en amont depuis Malone : section de 25M., probablement intéressante.

La rivière Nicolet
Rien

— C'est une rivière déjà descendue, qui comprend plusieurs branches :

1) La Nicolet S.O. Probablement canotable à partir de Danville, soit sur 35 milles.

2) La Nicolet, probablement canotable à partir de Victoriaville, soit sur 40 milles.

a) La Bulstrode, affluent de la Nicolet ; elle aussi probablement canotable à partir de Victoriaville (1 mille au nord) sur 20 milles.

— Cependant, ces rivières sont trop petites et situées dans des régions trop déboisées pour être canotables en dehors du printemps ou par eau très haute.

— *Accès :* Facile, au début comme à la fin, par route ou par train. Accessible en fins de semaines de 'Montréal comme de Québec.

— *C. T. :* 1/50.000 : 21-E/13-O, 21-L/4-O, 31-H/16-E et O, 31-I/1-E et O, 31-I/2-E.

La rivière St-François
Renseignements partiels

— *Situation géographique :* Prend sa source au lac St-François, coule vers le sud-ouest jusqu'à Sherbrooke, puis vers le nord-ouest jusqu'au St-Laurent où elle se jette dans le lac St-Pierre, 40M. en aval de Montréal.

— *Longueur :* 165M. ; navigable au complet.

— *Intérêts divers :* Longue rivière, mais qui devient quand même maigre l'été. Après le Richelieu, c'est quand même la rivière qui se ferait le mieux, passé la fonte des neiges. Elle est accessible en fins de semaines à la fois de Québec et de Montréal. Jusqu'à East Angus, la rivière est restée assez sauvage.

— *Difficultés et hauteurs d'eau :* Dénivellation : 900', soit 5½'/M. ou 0.10%. Mais une bonne partie de cette dénivellation est absorbée par des barrages, et les portages mis à part ainsi que la courte section entre les lacs St-François et Aylmer, la rivière est de difficulté uniforme classe II⁻ jusqu'à Richmond, et probablement jusqu'à sa fin, d'après les cartes.

— *Canoë-kayak :* Aucune section connue intéressante.

— *Portages :* En bon état, presque toujours sur des chemins.

— *Camping :* Emplacements rares et peu agréables en aval de Sherbrooke.

— *Civilisation :* Tout le long de la rivière après Sherbrooke. Nombreux villages. Pas de drave.

— *Eau potable :* Pas dans la rivière.

— *Accès :* Nombreux points d'accès par route et train tout le long de la rivière. Distance de Montréal au lac St-François : environ 160M. ; de Québec : environ 100M. ; mais en descendant, la rivière se rapproche de Montréal.

— *C. T. :* 1/50.000 : 21-E/14-E et O, 21-E/11-O, 21-E/12-E et O, 21-E/5-E et O, 31-H/9-E, 31-H/16-E et O, 31-H/15-E, 31-I/2-E et O.

— *Affluents :* La rivière Salmon, la rivière Eaton, la rivière Massawipi et ses affluents (les rivières Coaticook et Tomifobia), la rivière Magog, la rivière au Saumon (Lac Brompton).

1) **La rivière Salmon**
— Affluent rive gauche de la rivière St-François qui coule vers le nord-nord-ouest, et se termine vers Weedon.

— *Longueur canotable :* 20M., de Scotstown au confluent.

— Petite rivière canotable au printemps seulement ou par eau très haute.

— *Difficultés :* A partir de Scotstown : R-III/IV : 0.6M., suivis par R-II/III : 0.5M. ; 0.9M. plus loin, un peu après la première grande île, R-I : 0.4M. ; 1.4M. E.V. ; R-IV/V : 0.5M., bon P. à D. ; 0.5M., E.V. ; R-I/II : 0.5M. ; E.V. 1.5M. (ruisseau Bown) ; suite de R-I et II : 3.3M., avec un R-IV/V un mille après le début de la série (P. à D.), et trois petits seuils à la fin (hâlage à droite) ; E.C. : 1.5M., avec un R-I : 0.3M., au milieu ; R-I/II : 0.6M. (Fisher Hill) ; E.C. : 0.4M. ; R-II/III : 0.3M., à reconnaître (se saute à droite si l'eau n'est pas trop haute). Le reste de la rivière, 7M., est calme.

— *Camping :* Nombreux sites.

— *Accès :* Route : De Montréal jusqu'à Sherbrooke, puis, par les routes 1 ou 28 vers l'est ; Montréal Scotstown : environ 160M. — De Québec route 1 jusqu'à Weedon ; Québec-Scotstown : environ 130M. — Train : Gares à Scotstown (C.P.R.) et, pour la fin, Weedon.

— Renseignements fournis par C. Talbot, club Les Portageurs. Mai 1972.

— *C.T. :* 1/50.000 : 21-E/11-O.

2) La rivière Eaton

— Rien, première. Probablement canotable sur une quinzaine de milles, à partir des environs de Sawyerville.

— Affluent rive gauche qui se jette dans la St-François près d'East Angus.

3) La rivière Massawipi

— Rien, première. Décharge du lac Massawipi ; 12M. Bon bassin, devrait être canotable.

— A deux affluents : les rivières Coaticook et Tomifobia :

    a) La rivière Coaticook : Rien, première. Petite rivière qui prend sa source aux E.-U., mais coule pour l'essentiel dans le Québec ; probablement canotable à partir de Dixville, 25M. Les cartes révèlent deux sections peu ou pas canotables : à Coaticook, et vers la fin de la rivière.

— *Accès :* Par route et par train (C.N.R.).

— *C. T. :* 1/50.000 21-E/4-O et 21-E/5-O.

b) La rivière Tomifobia : Commence à la frontière des E.-U., et probablement canotable à partir de Beebe, soit sur 20M. jusqu'au lac Massawipi. 125' de dénivellation. Classe probable II+ jusqu'en aval de **Tomifobia**, et I+ pour le reste.

— *Accès :* Facile par la route.

— *C.T. :* 31-H/1-E.

4) **La rivière Magog**

— Rien, première. Décharge des lacs Memphrémagog et Magog. Le lac Memphrémagog est un beau lac entouré d'un paysage accidenté, mais c'est un lac, et un grand (25M., mais étroit). Après ce lac, 6 milles de rivière jusqu'au lac Magog (4M.), puis, 11 milles de rivière jusqu'à la St-François à Sherbrooke.

— *Accès :* Facile par route, et par train à Magog et Sherbrooke.

— *C.T. :* 1/50.000 : 31-H/1-O et E, 31-H/8-E, 21-E/5-O.

5) **La rivière au Saumon**

— Rien, première. Prend sa source au lac Stukely, près du parc du Mont-Orford, mais n'est probablement pas canotable avant le lac Brompton. De là, 15M. jusqu'à la St-François. Cette région est restée assez sauvage. A part quelques milles au début, il faut s'attendre à une rivière très dure.

— *Accès :* Route au sud et au nord du lac ; route à la fin, et chemin de fer à Richmond (C.N.).

— *C. T. :* 31-H/8-E et 31-H/9-E.

La rivière Yamaska

Carte-guide

— *Situation géographique :* Affluent rive droite du St-Laurent, pour un tiers vers l'ouest et pour deux tiers vers le nord, et se jette dans le St-Laurent au lac St-Pierre, 35 milles en aval de Montréal. Il prend sa source au lac Brome, au sud de Waterloo.

— *Longueur :* 100 milles du lac Brome au St-Laurent. Carte-guide seulement jusqu'à St-Césaire, mais la suite ne comporte aucun rapide, et un seul portage à St-Hyacinthe. Canotable à partir de Fulford, 4½M. en aval du lac Brome.

— *Intérêts divers :* Facile d'accès de Montréal. A ne faire qu'au printemps, ou à la rigueur, par eau très haute plus tard. Jusqu'à Farnham, quelques sections encore sauvages. En aval de St-Césaire, la rivière n'offre aucun autre intérêt que d'être facile.

— *Difficultés et hauteurs d'eau :* 5 sections : 1) De Fulford à Bromont, 5½M., rapides continuels classe II, avec un seuil V ; 2) Jusqu'à Adamsville, 13M., trois courts rapides II ; 3) Jusqu'à ½M. passé Magenta, 8½M., longues séries de rapides II, III et IV, coupées par des plats ; 4) Jusqu'à 1M. passé Brodeur, 12½M., 5 rapides II de 0.1 à 0.2 M., et un rapide III de 0.2M. ; 5) Jusqu'au confluent, 54M., classe I⁻ avec un seul portage.

— *Canoë-kayak :* La première section est intéressante parce que soutenue, pour ceux qui n'exigent pas de gros rapides. La troisième section est beaucoup plus violente, avec une suite quasi-continue de 2M. de rapides II et III, avec un IV et un V.

— *Portages :* En bon état, souvent des chemins.

— *Camping :* Emplacements suffisamment nombreux.

— *Civilisation :* Peu de chalets de villégiature ; c'est-à-dire relativement sauvage entre les 6 agglomérations jusqu'à Brodeur. En aval, champs des deux côtés.

— *Eau potable :* Le gouvernement a entrepris un vaste programme d'assainissement des eaux du bassin de la Yamaska ; en attendant qu'il soit mené à bien, éviter de boire l'eau de la rivière (égouts et fermes).

— *Accès : — Route :* Tout le long de la rivière.

— *Train :* A presque tous les villages.

— *Documentation :* Carte-guide conjointe, clubs Rabaska et Les Portageurs, de Fulford à St-Césaire. Relevé G. Vialle et P. Lalonde, Dessin G. Vialle. Avril 1967. Disponible à la F.Q.C.K., $1.00.

— *C, T. :* 1/50.000 : 31-H/7-O et E, 31-H/6-E, 31-H/10-O, 31-H/15-O et 31-I/2-O.

— *Affluents canotables :* La rivière Yamaska-Nord, la rivière Yamaska S.E., la rivière Noire.

1) La rivière Yamaska-Nord

Carte-guide. C'est un affluent rive droite, canotable sur 33½M., depuis Waterloo, et qui passe par Granby. 2 sections : Jusqu'avant le lac de Granby, 17M., petite rivière facile à rapides II courts. Classe moyenne II. La deuxième section est très sale, polluée et sans aucun intérêt. Nombreux points d'accès par la route ; train à Granby et Waterloo (CNR). Même carte-guide que la Yamaska.

C. T. : pour la première partie : 1/50.000 : 31-H/7-E et 31-H/8-O.

2) La rivière Yamaska S.E.

Affluent rive gauche peu intéressant coulant entre des champs, faisable qu'au printemps. On peut la prendre vers West Brome, soit sur 26M. Rivière assez facile, avec de l'eau vive au début. Eau non potable.

C. T. : 31-H/2-E et O, 31,H/7-O.

3) La rivière Noire

Description disponible à la F.Q.C.K., $0.50 pour frais. Belle petite rivière facile à descendre au printemps ou par eau très haute. 40M., depuis Roxton Falls jusqu'à son confluent, à l'ouest, en aval de St-Pie. Difficulté uniforme classe II⁻. Longueur totale des rapides en partant à la fin de la série d'un mille de Roxton Falls : R II : .0+, R III : 0.1M., R IV : 1M., *Infran. :* 0.2M. Rivière qui coule souvent entre des champs, mais avec quelques zones boisées.

Nous avons les renseignements nécessaires pour faire une carte, que nous espérons sortir en 1973. Relevé M. Bauchet. *C. T.* : 31-H/1O-E et O, 31-H/7-O.

Au printemps, la partie en amont de Roxton Falls semble intéressante pour les embarcations pontées, sur plusieurs milles.

L'affluent de la rivière Noire, la rivière Le Renne, est probablement canotable, mais sa pente est inquiétante sur plusieurs milles en aval d'Acton Vale.

Le charme d'une descente de rivière.

Patrick Boinot sur la Yamaska.

La rivière Richelieu

Description ci-dessous

— *Situation géographique :* Près de Montréal, à l'est, coule du sud au nord ; du lac Champlain près de la frontière des E.U. au St-Laurent, où elle se jette 30 milles en aval de Montréal.

— *Longueur :* 80M. Canotable au complet.

— *Intérêts divers :* C'est la seule rivière de la rive droite (sud) du St-Laurent facilement canotable en tout temps. Elle est facile d'accès, proche de Montréal, très facile et est en outre une route de canot historique. Recommandée pour le canot- camping familial, ou pour commencer sans rapides. Ne pas manquer de visiter Fort Lennox, sur l'île aux Noix et le Fort Chambly.

Les renseignements sur cette rivière ont été écrits de mémoire avec l'aide des cartes. M. Bauchet.

— *Difficultés :* De faibles rapides après St-Jean, puis, avant l'île Ste-Thérèse et 3M. passé cette île ; puis, un barrage. Si on veut les éviter, emprunter le canal qui commence à St-Jean et finit au bassin de Chambly ; six écluses à portager, moins celles qui seraient ouvertes. Si on reste dans la rivière, portager à droite à Chambly et remettre à l'eau au petit parc public après le barrage. 0.2M. plus bas, un court rapide II, suivi d'eau vive ; on peut éviter le plus gros du rapide en passant à gauche de l'île, immédiatement avant. En aval, un seul barrage, avec écluse, à St-Ours. Portager à gauche.

— *Canoë-kayak :* Le long et fort rapide de Chambly, de plus de ½M. de long, est souvent en classe III et IV, et devrait constituer un bon endroit pour la pratique, d'autant plus que c'est à côté de Montréal. Malheureusement la largeur du rapide rend pratiquement impossible l'installation de slalom.

— *Camping :* On réussit à camper, mais les emplacements sont rares, peu sauvages, et tous sur des terres privées.

— *Civilisation :* C'est l'une des rivières les plus civilisées qui soit, elle coule entre deux routes qui souvent la longent.

— *Eau potable :* Certainement pas celle de la rivière.

— *Accès :* Facile partout, par route comme par train.

— *C. T. :* 31-H/3-O et E, 31-H/6-E, 31-H/11-E, 31-H/14-E, 31-I/3-E.

— *Affluents :* Tous très petits : la rivière l'Acadie, le plus « gros », a été descendu et est réputé facile, mais faisable au printemps seulement, à partir des environs de l'Acadie.

Deux autres affluents se jettent dans la partie nord du lac Champlain, c'est-à-dire coulent, au moins en partie, au Québec ; les rivières Pike et Missisquoi.

1) Rivière Pike

Rien, première. Cette rivière est probablement canotable dès son début aux E.U., mais pourrait être « essayée » d'abord à partir de Frelighsburg ou Hunter Mills, soit sur approximativement 35M. Pente : 200', soit 6'/M. ou 0.11%, ce qui est faible pour une petite rivière. A ne pas entreprendre par eau basse. Accès facile, par route seulement.

C. T. : 31-H/2-O et 31-H/3-E.

2) Rivière Missisquoi

Récit : Belle rivière restée étonnamment sauvage sur toute sa longueur, la seule du genre sur la rive droite accessible de Montréal en fins de semaines. Elle coule à partir du lac d'Argent à Eastman, pour 38M. en territoire québécois vers le sud puis l'ouest, et pour 51M., aux E.U. vers l'ouest pour un total de 100M.

C'est une rivière plutôt facile, classe moyenne II⁻ avec une seule section difficile, voire infranchissable de 3½M., entre Bolton Centre et South Bolton. La plupart des rapides sont des classe II⁻ et les portages sont dûs à des barrages. Emplacements de camping nombreux. Eau douteuse. Accès facile au début, à la décharge du lac d'Argent, à Eastman : route et train. On peut choisir de commencer de South Bolton par la route 39. A la fin de la rivière, il faut continuer quelques milles sur la baie Missisquoi du lac Champlain pour rejoindre une route.

Une description de la rivière, indiquant les principaux rapides et portages, est disponible à la F.Q.C.K., $0.50 pour frais. M. Bauchet.

C. T. 31-H/1-O, 31-H/2-E au 1/50.000 et pour les E.U. les cartes au 1/62.500 : Jay Peak Vt : Enosburg Falls vt : St-Alban vt. Ces cartes peuvent être achetées à : U.S. Geological Survey, Washington 25, D.C., U.S.A.

Affluent probablement canotable : la rivière Sutton. *Rien, première.* Sur une dizaine de milles. Cours en partie au Québec, la fin aux E.U.

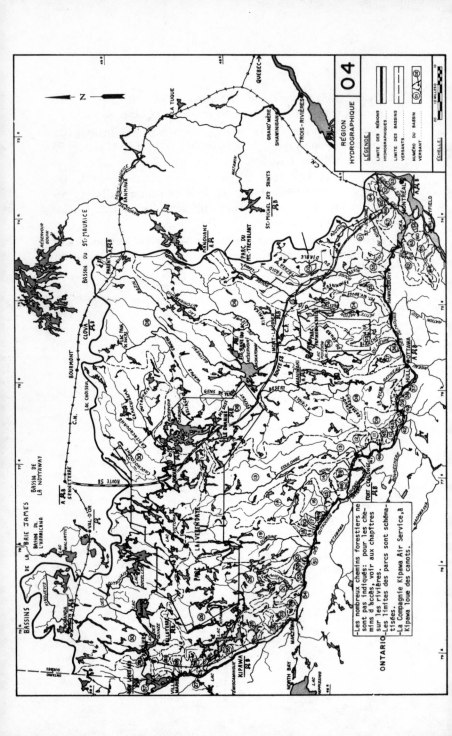

REGION 04

RIV. No	NOMS	SUPERFICIE (mi.ca.)	RIV. No	NOMS	SUPERFICIE (mi.ca.)
44	Rivière Beaudet	76.6	59	Tributaire (X-34)	33.7
61	Rivière Delisle	151	48	Ruisseau Nicabong	32.5
60	Rivière Rouge	23.2	15	Ruisseau à l'Oiseau	37.7
34	Rivière Quinchien	14.5	16	Rivière Schyan	221
63	Rivière Raquette	53.7	49	Ruisseau de l'Indien	17.1
62	Rivière Rigaud	206	17	Ruisseau Mary Jane	13.3
01	Rivière du Nord	855	50	Rivière Saint-Cyr	65.6
35	Rivière Calumet	34.9	18	Ruisseau Penniseault	55.1
02	Rivière Rouge	2140	19	Rivière Dumoine	1680
03	Rivière Kinongé	109	20	Rivière à l'Ours	79.3
04	Rivière de la Petite Nation	915	51	Petit Ruisseau Hanwell	11.2
05	Rivière Blanche	206	52	Ruisseau Hanwell	25.9
06	Rivière du Lièvre	3700	53	Ruisseau Hautmesnil	15.1
36	Petite Rivière Blanche	22.2	21	Rivière Maganasipi	243
07	Rivière Blanche	170	54	Tributaire (X-36)	19.1
08	Rivière Gatineau	9160	22	Ruisseau Edwards	80.1
37	Tributaire (X-24)	23.4	23	Rivière Antoine	84.2
38	Tributaire (X-25)	14.4	24	Rivière Serpent	102
39	Ruisseau Mohr	15.4	25	Rivière Beauchene	222
09	Rivière Quyon	164	55	Ruisseau White	42.9
40	Tributaire (X-29)	15.0	26	Rivière Kipawa	2320
41	Ruisseau Golden	2.50	27	Rivière Lavallée	50.7
42	Ruisseau Silver	16.3	56	Ruisseau l'Africain	47.5
43	Ruisseau du Moulin	22.2	28	Rivière Blanche	42.4
10	Ruisseau Desclaches	21.0	57	Ruisseau Abbica	16.6
45	Ruisseau Wilson	20.7	29	Rivière à la Loutre	166
46	Ruisseau Carswell	2.89	58	Ruisseau Bryson	47.5
11	Ruisseau Stevenson	42.5	30	Rivière des Outaouais (Sup.)	9080
47	Tributaire (X-31)	14.9	67	Rivière du Chêne	70.2
12	Rivière Serpentine	86.9	66	Rivière du Chicot	31.3
13	Rivière Coulonge	2020	65	Rivière aux Chiens	34.2
14	Rivière Noire	1020	64	Rivière Mascouche	146

Le bassin de la rivière des Outaouais

La rivière des Outaouais serait la plus grosse des rivières du Québec, si son bassin y était en entier. Son bassin couvre quelque 56,500M², soit seulement un peu plus que la Koksoak, mais les ⅔ seulement de ce bassin sont en territoire Québécois, soit environ 35,000M². C'est déjà beaucoup.

La rivière des Outaouais prend sa source au nord d'Ottawa, coule vers l'ouest jusqu'à l'Ontario, puis descend vers le sud et le sud-est pour se jeter dans le St-Laurent à Montréal. Son bassin couvre tout le sud-ouest québécois et est délimité au nord par le bassin de la Baie James, à l'est par celui du St-Maurice.

Proche de Montréal et Hull-Ottawa, ainsi que de l'Ontario et des E.U., facile d'accès, avec un relief peu accidenté qui donne des rivières accessibles à tous, resté malgré tout sauvage, c'est probablement le bassin présentement le plus populaire auprès des canot-campeurs au Québec. La rivière des Outaouais est l'une des rivières historiques du Canada ; les découvreurs et voyageurs l'empruntaient jusqu'à Mattawa, d'où ils partaient vers l'ouest rejoindre le lac Nipissing.

La rivière des Outaouais

Elle comprend deux sections :
1) De sa source au lac Témiscamingue
2) Du lac Témiscamingue à son confluent.

Ces deux sections ont si peu en commun que nous avons décidé de les traiter comme deux rivières différentes.

La haute rivière des Outaouais
Carte-guide partielle

— *Situation géographique :* La rivière prend sa source au lac des Outaouais environ 150M. au nord d'Ottawa, et coule vers l'ouest jusqu'au lac Témiscamingue à la frontière ontarienne.

— *Longueur* : environ 330M., canotable au complet. Relevée seulement jusqu'au lac Dozois.

— *Intérêts divers* : C'est une rivière facile, mis à part les portages au début (voir à portages), sauvage tout en étant accessible en plusieurs points. Mais elle traverse de grands lacs sur lesquels coulant vers l'ouest, elle expose les canot-campeurs à des vents contraires. Cette partie de la rivière fut utilisée quelques années par les voyageurs, alors que les Hurons étaient maîtres de la basse Outaouais et empêchaient tout traffic ; vers le début de la rivière, les Voyageurs portageaient dans la Gatineau, qu'ils descendaient jusqu'à la rivière des Outaouais et Montréal.

— *Difficultés et hauteurs d'eau* : 2 sections : 1) **Du lac des** Outaouais (Ottawa sur les cartes) au lac Pikianiki Juan, 37½M., nombreux rapides, portages en très mauvais états ou inexistants. Très sauvage ; aucune possibilité de rejoindre la route après le premier rapide. Total des rapides : R-I : 0.2M., R-II : 0.3M., R-III : 1M., R-IV : 0.5M., R-V : 0.3M., R-VI : 0.

Dénivellation : 150' soit 4'/M. ou 0.07%.

2) La deuxième section, de près de 300M., est une succession de lacs, souvent assez grands, reliés par des bouts de rivière. Nous ne disposons pas de renseigneemnts à partir du lac Dozois ; jusque là, la rivière est calme avec de rares portages. La plus grande partie de cette 2ième section peut se remonter (voir à circuits).

— *Canoë-kayak* : Aucune section connue intéressante.

— *Portages* : A part les deux premiers, en très mauvais état dans la première section. Le reste de la rivière semblant assez fréquemment parcouru, les portages y sont sans doute en bon état.

— *Camping* : Aucun problème.

— *Civilisation* : Un camp forestier au lac des Outaouais, un autre au lac Landron, l'auberge Dorval sur la route 58, le barrage Bourque, le camp indien de Grand Lac au début du grand lac Victoria, un barrage à la fin de ce lac,

77

puis quelques autres barrages et chemins vers l'aval, résument à peu près toute la civilisation que l'on rencontre sur cette rivière. Drave : le réservoir Dozois est quelquefois encombré près de la route 58, à cause d'une scierie ; pas de drave en amont ; situation inconnue vers l'aval.

— *Eau potable :* La rivière.

— *Accès :* — *Route* : Pour toutes les parties de la rivière à l'est de la route 58, prendre le chemin de Clova, 29M. passé Le Domaine (ou parc de La Vérendrye), seule agglomération du parc. Puis, voir carte-guide. Pour les parties à l'ouest de la route, on doit partir de la route même ; on peut cependant se rendre un peu plus à l'ouest en prenant le chemin un peu avant la sortie du parc au nord. Du nord ou de l'ouest, on peut rejoindre la rivière en plusieurs endroits ; voir une carte routière.

— Attention : les chemins d'opérations forestières sont nombreux dans ces régions, et il est facile de s'y perdre. Emporter de l'essence, et vérifier souvent que l'on est bien sur le bon chemin à l'aide des rivières, ponts, lacs. Suivant les hasards des coupes de bois, le chemin qui paraît être le principal ne l'est peut-être pas. Se renseigner à la base de canot-camping du parc, au Domaine, en montant, ou leur écrire.

— *Train :* Jusqu'à Angliers, vers la fin de la rivière.

— *Avion :* Au Domaine, Compagnie : Laurentian Air Services Ltd. A l'Auberge Dorval, écrire à l'Auberge. On peut également prendre l'avion près de la fin de cette première partie de la rivière, à New-Liskeard, sur le lac Témiscamingue, à 11M. de la fin de la rivière dans le lac. Compagnie : Earlton Airways Ltd. New-Liskeard est accessible par train.

— *Documentation :* Carte-guide du service de l'animation des parcs provinciaux du Québec. Elle couvre la partie supérieure du lac des Outaouais jusqu'au lac Barrière, soit 82M. Disponible en écrivant à Québec (voir liste d'adresses), 1969. Une bonne mais vieille description de la dernière partie à partir de Rapide Deux est aussi disponible. Voir à Itinéraires composés, à la fin du Bassin de la Haute-Outaouais.

— *Parc :* Cette partie de la rivière passe dans le parc La Vérendrye ; à la barrière du parc, dire que l'on va en expédition de canot, et se rapporter à la base de canot-camping du parc au Domaine ; l'enregistrement est obligatoire. Voir parc de La Vérendrye.

— *C. T. :* 1/250.000 : 31-M., N et O. Les cartes au 1/50.000 sont également disponibles pour cette rivière.

— *Possibilités de circuits :* La Haute Rivière des Outaouais se remonte sur la plupart de ses tronçons entre les lacs ; en outre, les lacs communiquent souvent avec d'autres bassins, vers le sud surtout. Voir parc de La Vérendrye. Les possibilités de circuits sont trop nombreuses pour qu'il soit possible de toutes les nommer, quand bien même nous les connaîtrions ; en voici quelques-unes :

1) Lac Bouchette : remonter l'Outaouais ; lac Courtrai ; portage à Indian Lake ; descendre la rivière Camachigama jusqu'au lac Bouchette, 62M.

2) A partir du lac Landron, bras nord et sud de la rivière, 30M.

3) A partir de l'auberge Dorval, les circuits sont nombreux ; voir une carte du parc La Vérendrye.

4) Des circuits sont également possibles du barrage Bourque, vers le sud.

5) A partir de la rivière des Outaouais il est possible de rejoindre toutes les routes de canot-camping du parc, ainsi que les autres bassins. Voir parc de La Vérendrye.

— *Affluents :* Les affluents canotables de la Haute rivière des Outaouais sont trop nombreux pour qu'il soit possible de les passer tous en revue.

Les principaux sont les rivières : Camachigama, Capitachouane, Chochocouane, Darlens, Kinojevis, Winneway, Fraser. D'autres plus petites sont importantes parce qu'elles permettent des circuits : Camatose, Cawatose, Whiskey, A la Baie, de L'Epinette, etc... etc... La carte du parc La Vérendrye donne de bons renseignements pour tous ces affluents secondaires. Mais nous avons une carte-guide pour la rivière Capitachouane, et une pour la rivière Chochocouane.

La rivière Capitachouane
Carte-guide

— *Situation géographique :* Affluent rive droite qui coule, à partir de Bourmont, sur le chemin de fer de l'Abitibi, vers le sud-ouest et se jette dans l'Outaouais au réservoir Dozois.

— *Longueur :* 90M., canotable et relevé au complet.

— *Intérêts divers :* Une rivière typique de canot-camping, pour tous avec quelques portages. Facile d'accès tout en étant sauvage. Rivière de taille moyenne, avec une longueur raisonnable en lacs.

— *Difficultés et hauteurs d'eau :* 3 sections : 1) De Bourmont à la fin du lac Moore 22M., suite de lacs. 2) Jusqu'au lac Vimy, nombreux rapides II, 11M, classe générale 2+. 3) Le reste est de la rivière facile, avec quelques rapides et portages ; classe générale 1+. Il y a un point d'accès à la limite de ces sections. Total des R. pour chacune des sections : **2ème** : **R-I:** 0.4, **R-II:** 1M., **R-III:** 0.4, **R-V:** 150', **R-VI:** 100'. **3ème** : **R-I:** 0.1, **R-II:** 0.3, **R-IV:** 0.1, **R-V:** 0.1, **R-VI:** 0.1.

— *Canoë-kayak :* Aucun intérêt.

— *Portages :* En bon état.

— *Camping :* Assez rare, ne pas manquer ceux indiqués sur la carte-guide.

— *Civilisation :* Aucune. Pas de drave.

— *Eau potable :* La rivière.

— *Accès : — Route :* Prendre le même chemin que pour Clova (voir riv. des Outaouais). S'arrêter au camp d'opérations forestières pour se renseigner sur l'état des chemins ; il est présentement seulement possible de se rendre avec un chemin à Murdock-Monet, d'où l'on peut prendre le train pour Bourmont, 5M., à l'ouest. D'autres embranchements du chemin mènent à la fin du lac Capitachouane et à la fin de la première section. Pour la deuxième moitié environ de la rivière, prendre le chemin sur la route 58, 66M au nord du Domaine.

On peut s'arranger à l'auberge Dorval pour faire conduire sa voiture et la ramener.

Le retour : on peut soit laisser des véhicules vers la fin de la rivière, soit continuer sur le réservoir Dozois (18M.), soit laisser des véhicules à la fin de la Haute rivière des Outaouais, à 9M. de la fin de la Capitachouane par le Dozois.

— *Train :* On peut aller prendre le train à Senneterre, jusqu'à Bourmont ; de là, portager 0.5M. pour le premier lac de la rivière. En passant à Dorval, on peut embarquer un chauffeur qui redescendra le véhicule.

— *Avion :* Mais de très loin le meilleur moyen d'accès à la Capitachouane reste l'avion, tant à cause de la longueur, de l'état et de la complexité des chemins, que du fait qu'il y a une base d'hydravion à Dorval. Ecrire à Auberge Dorval, parc de La Vérendrye.

— *Documentation :* Carte-guide, dessinée et publiée par le service de l'animation des parcs provinciaux qui la distribue gratuitement. Relevé M. Bauchet, Septembre 1971.

— *Parc :* Le dernier quart environ de la rivière coule dans le parc La Vérendrye ; en outre, il faut traverser le parc pour se rendre au début de la rivière. Voir *Parc* à Haute rivière des Outaouais, et, parc La Vérendrye.

— *C. T. :* 32-B/4-O, 32-C/1-E, 31-N/16-E et O, 31-N/15-E, 31-N/10E et O, 31-N/7-O et 31-N/6-E, 1/50.000.

— *Possibilités de circuits :* Voir Haute rivière des Outaouais. Il existe un autre circuit intéressant, d'environ 70M., par les eaux suivantes : départ au lac Barrière, la rivière des Outaouais vers l'amont jusqu'au lac Bouchette, la rivière Camichimaga sur 6M., puis, le ruisseau Traverse qui se remonte bien ; à la tête du ruisseau, un portage de ¾M., mène à une baie de la Capitachouane ; descendre jusqu'au Dozois, et remonter l'Outaouais jusqu'au lac Barrière.

La rivière Chochocouane

Carte-guide

— *Situation géographique :* Même que pour la Capitachouane ; les deux rivières sont parallèles, à une dizaine de milles l'une de l'autre.

— *Longueur :* 69M., 70 jusqu'à la route. Entièrement canotable et relevée.

— *Intérêts divers :* C'est l'une des plus agréables rivières pour
des vacances d'une semaine : plutôt petite, facile, avec peu
de lacs, nombreux et beaux emplacements de camping près
ou sur d'anciens chemins qui permettent de belles prome-
nades le soir. Pour la famille.

— *Difficultés et hauteurs d'eau :* Rivière de difficulté très
uniforme classe II. Longueurs totales des rapides : R-I :
0.2, R-II : 0.5, R-III : 0.6, R-IV : 0.3, R-V : 0.1, R-VI : 0.1.

— *Canoë-kayak :* Aucun intérêt.

— *Portages :* En bon état.

— *Camping :* Voir à intérêts divers.

— *Civilisation :* Aucune. Pas de drave.

— *Eau potable :* La rivière.

— *Accès :*

— *Route :* Le chemin qui, à partir de la route 58, re-
montait plus ou moins le long de la rivière jusqu'à son
début au lac Nadeau n'était plus carrossable aux dernières
nouvelles. Appeler la base de canot-camping du parc au
Domaine au moment de prendre une décision (voir parc La
Vérendrye).

— *Avion :* De loin la meilleure solution. Prendre l'avion à
l'auberge Dorval, 11M. au sud de la fin de la rivière, sur le
réservoir Dozois. Se faire débarquer au lac Nadeau. Ecrire
à l'Auberge Dorval, parc de La Vérendrye.

— *Train :* Il n'est pas possible de rejoindre la rivière par
train.

— *Documentation :* Carte-guide dessinée et publiée par le Service de l'Animation des parcs provinciaux, et disponible à
ce service gratuitement. Relevé : G. Vialle. Août 1968, eau
haute.

— *Parc :* La direction générale a décidé d'englober dans le
parc La Vérendrye une partie du bassin de la Chochocouane
qui coule ainsi dans le parc à partir de la fin du lac Cam-

brai, soit sur 50 de ses 70 milles. Voir parc à Haute rivière des Outaouais, et, parc La Vérendrye.

— *C. T. :* 1/50.000 : 32-C/1-0, 32-C/2-E, 31-N/15-E et O, 31-N/11-E.

— *Circuit :* Le circuit suivant serait possible, mais devra être vérifié par un groupe solide : surtout pour ce qui est de l'état des portages : rivière Canimiti (à quelques milles de la route 58), lacs Rivard, Gladu, Denain, rivière Denain, rivière Chochocouane. Environ 55M.

— *Affluents :* Les deux petites rivières mentionnées dans le circuit sont les seules connues comme possiblement canotables.

La haute rivière des Outaouais

Itinéraires composés

1) *Amos au lac Témiscamingue :* 170M. Par les lacs : Malartic, De Montigny, Lemoine, Mourier et la rivière des Outaouais.

   Bonne mais vieille description, disponible à la F.Q.C.K., $0.50 pour frais. Anglais ou français.

   Accès : — Amos : voir rivière Harricana

   — Témiscamingue : voir Haute Rivière des Outaouais.

2) Variante à l'itinéraire No. 1 : lacs Malartic, Newagama (Cadillac), Kewagama (Preissac), Chassignolo, Bousquet, Vaudry, la rivière Kinojevis, puis, la rivière des Outaouais. Même description. Voir itinéraire No. 3.

   C. T. : au 1/50.000 disponibles pour toutes ces régions.

3) Circuit de 120M. : Lac Rouyn, P. ¼M., lac Routhier, rivière Kinojevis, lac Vallet, lac Kinojevis, rivière Kinojevis (R. à 4M. puis, chutes ¾M. plus loin), portage Gendron 1½M. lac Gendron, P. ½M. au lac Vaudray, P. 1½M. au lac Joannes, P. au lac Bousquet, la rivière Bousquet, les lacs Chassignolle et Preissac, la rivière Kinojevis. Millage : Preissac au R. ¼M., chute : 1¼M. (P. 350'),

un autre P. 3M. plus loin (jonction de la rivière Ville-montel), puis : 2M. jusqu'à la scierie, 7M jusqu'aux rapides Plats (P. ¼M.), 4M. jusqu'aux rapides Cascades (P. ¼M.), 9M. jusqu'à la scierie sur le lac Petit (Small), ¼M. jusqu'aux rapides, 1½ jusqu'à d'autres R., 7M. jusqu'aux R. Embarras (Windfall), 8M. jusqu'à d'autres R., 4M. jusqu'au lac Routhier, P. ¼M., 3M. jusqu'au point de départ.

Renseignements fournis par : The Boy Scouts of Canada.

Accès : route 59 à partir d'Amos et Senneterre, ou, train C.N. jusqu'à Rouyn.

C. T. 1/250.000 : 32-D. Cartes au 1/50.000 disponibles.

4) Itinéraire d'environ 75M., de Rouyn à Angliers, par : la rivière Kinojevis, la rivière des Outaouais, le lac Simard, et le lac des Quinze.

Renseignements fournis par : The Boy Scouts of Canada.

C. T. 1/250.000 : 32-D et M.

Train : Pas de service passager à Angliers.

La rivière Kinojevis

Bonne description

Affluent rive droite qui passe vers Rouyn-Noranda. C'est une rivière canotable et reconnue au complet, du lac Preissac, et même du lac Bousquet, près de la route 59, jusqu'à la fin : 105M.

Une bonne description de la rivière est comprise dans deux itinéraires séparés : voir à Itinéraires composés.

On peut rejoindre le lac Preissac par la route 59, ou, rejoindre le lac Preissac depuis Rouyn, si on arrive par train, par l'itinéraire No. 3.

A la fin de la rivière, on peut soit remonter l'Outaouais jusqu'à Rapide Deux, soit la descendre jusqu'à Angliers ou l'un des chemins avant. Pas de train à la fin.

C. T. : 1/250.000 : 31-M. et D, et au 1/50.000.

Le bassin de la rivière Abitibi

La rivière Abitibi elle-même coule en Ontario, mais une

partie de son bassin supérieur est dans le Québec, autour de la partie E. du lac Abitibi.

Voici un itinéraire composé situé entièrement sur ce bassin 59M. Départ au camp scout près de la route 59, 17M. à l'ouest de Rouyn, près du lac Desvaux, puis : lac Dasserat, la rivière Kanasuto (2 P. à 1M. l'un de l'autre, au début de la rivière), le lac Duparquet, la rivière Duparquet, le lac Abitibi, la rivière La Sarre, jusqu'à La Sarre.

Renseignements fournis par : The Boy Scout of Canada. Gare C.N. à La Sarre.

La rivière Coulonge

Renseignements partiels ci-dessous, et carte-guide partielle

— *Situation géographique :* Prend sa source dans le parc La Vérendrye, près de la route, coule vers l'ouest pour 40 milles, puis vers le sud pour 125 milles, pour se jeter dans la rivière des Outaouais à Fort-Coulonge, 60M. au nord-ouest de Hull/Ottawa.

— *Longueur :* 165M. Canotable au complet. Relevée sur 46M.

— *Intérêts divers :* Très facile d'accès, proche de Hull/Ottawa mais encore sauvage.

— *Inconvénients :* Drave intense. L'eau. Voir drave à civilisation.

— *Difficultés et hauteurs d'eau :* Dénivellation : 875', 5'/M., 0.1%. La première section a été relevée du début à la fin de la série de lacs, au lac Pomponne : 46M. ; suite de lacs de petits à moyens, reliés par des bouts de rivières intéressants. Longueurs totales des rapides : P. 200' au début, hâlage 0.2 sauf au printemps au début, R-II/0.6, R-III/0.5. Infran. deux B. 200' et 300'. 2 sections encombrées : 300' chacune. Un pont trop bas.

— *Portages:* En bon état sur toute la rivière.

— *Camping :* Emplacements nombreux tout le long de la rivière.

— *Civilisation :* Le « Camp Pomponne » de la compagnie Eddy, sur le lac Pomponne. On peut y prendre un bon repas.

A cause des ours, campez en face, de l'autre côté du lac, étroit à cet endroit. La rivière reste sauvage jusqu'à la fin, sauf dans les régions où des opérations forestières sont en cours.

La rivière est dravée ; la compagnie a installé une tronçonneuse au bord de la rivière (lac Pomponne en 72, un peu plus au sud en 73), et déverse continuellement du bois dans la rivière même lorsque les équipes de draveurs ne circulent plus sur la rivière au milieu de l'été ; le résultat bien sûr est que le bois flotté forme des embâcles qui s'allongent très vite. Plusieurs groupes ont déjà dû abandonner cette rivière en cours de descente. Ne pas entreprendre la Coulonge avant d'avoir vérifié auprès de la compagnie Coulonge & Crow River Boom Co. Ltd., 6 rue Eddy, Hull.

— *Eau potable :* A cause de la drave, douteuse après le lac Pomponne.

— *Accès :*

— *Route :* On peut prendre la rivière alors qu'elle n'est qu'un ruisseau : 18M. au nord du Domaine sur la route 58, prendre le chemin à gauche ; 3M. plus loin, un portage mène à un petit lac, qui se jette dans le lac Moran ; attention : le début de ce portage est peu visible. Si l'on veut éviter 0.2M. de halage à cause du manque d'eau, on peut continuer par le même chemin et mettre à l'eau au pont à 6.2M. de la route 58. Ce chemin continue vers l'ouest et permet de rejoindre la rivière aux points suivants : la fin du lac Nishkotea, le sud du lac des Neuf Milles, la fin du lac Giroux, la fin du lac Ward au nord du camp Pomponne. Il est possible d'atteindre les lacs Ward et Pomponne par un chemin plus court qui quitte la route 58 de l'autre côté du lac Rolland environ 25M. passés la barrière sud du parc. En amont du lac Pomponne, un chemin longe plus ou moins la rivière jusqu'à sa fin.

— *Avion :* Bases au Domaine (Laurentian Air Service) et à Fort-Coulonge (Bertrand Airways).

La première section jusqu'au lac Pomponne se remonte facilement.

— *Documentation :* Carte des routes de canot-camping du parc La Vérendrye (voir Parc La Vérendrye) pour la première section, ainsi que les renseignements donnés ici, fournis par la S.A.O. (Société d'Aménagement de l'Outaouais).

— *Parc :* Toute la première section, jusqu'au lac Pomponne, coule dans le parc La Vérendrye ; enregistrement obligatoire à la base de canot-camping du parc au Domaine. Voir parc La Vérendrye.

— *C. T. :* 1/50.000 disponibles pour toute la rivière (12).

— *Affluents :* La rivière de la Corneille, 300M.^{2} ; un chemin le couperait à son début ; rien, première. La Coulonge Est, rien, première ; 321M.^{2} ; accessible par chemin forestier presqu'à son début.

Le bassin de la rivière Gatineau

C'est un vaste bassin de 9,000M.^{2}, qui commence au chemin de fer de l'Abitibi. Situé immédiatement au nord de Hull-Ottawa, il sera probablement la principale région d'activités pour les canot-campeurs de ces agglomérations. Certaines rivières de ce bassin sont accessibles de Montréal en fin de semaine, surtout de 3 jours. Mais la Gatineau et certains de ses grands affluents sont déjà parmi les eaux les plus populaires pour des expéditions d'une semaine ou plus.

Tout le bassin est intensément utilisé pour la coupe de bois et le flottage du bois ; les chemins sont donc nombreux.

La rivière Gatineau
Renseignements ci-dessous (de mémoire)

— *Situation géographique :* Coule du chemin de fer de l'Abitibi, au sud du réservoir Gouin, vers le sud jusqu'à Hull, en face d'Ottawa, où elle se jette dans la rivière des Outaouais.

— *Longueur :* 225M., de son début au lac Pain de Sucre à son confluent. Mais au lac Pain de Sucre la Gatineau est déjà une rivière moyenne, qui est formée par la réunion des rivières Clova, Tamarac et Douville. En outre, son affluent la rivière Bazin, que les gens de la région appellent la Gatineau de Parent (où elle commence) est plus longue jusqu'à leur confluent. Canotable au complet.

— *Intérêts divers :* Facile d'accès par tous les moyens ; sauvage tout en n'étant en général jamais à plus de quelques heures de canot d'un chemin. A recommander pour une première expédition d'une ou deux semaines.

— *Petite histoire :* C'est sur la Gatineau qu'eut lieu en 1958 la première expédition (2 semaines) du noyau qui devait fonder le club Les Portageurs. De Clova à Maniwaki, 170M., 12 jours. La rivière avait été choisie à cause de la célèbre chanson :

>«Nous partîmes pour un long voyage,
>En canot sur la Gatineau,
>Plus souvent dans les portages,
>Et la charge sur le dos... »

qui donnait à penser que c'était une rivière qui, moyennant portages, était canotable.

— *Difficultés et hauteurs d'eau :* Dénivellation : 1300', soit 5.7'/M. ou 0.1%. Dans la partie supérieure, la plupart des rapides se passent, jusqu'à la rivière Coucou (M. 30) ; puis, plusieurs milles de rapides II et III appelés Le Scénic... Que ceux qui le verront se souviennent qu'un indien a sauté tous ces rapides avec un gros canot d'écorce et un poêle de 2,000 livres comme bagage. Puis, la rivière se calme ; après le Scénic, ce sont les interminables milles des Rapides Chantants, au nom aussi expressif que Scénic l'était pour les autres, car ce sont des I ou faibles II qui se contentent de chanter sur les roches. Quelques chutes.
Puis, c'est le lac-réservoir Baskatong, 26M., dont il faut se méfier par gros vents, comme les autres d'ailleurs. Jusqu'à Maniwaki, 28M., quelques rapides et quelques portages.
En aval de Maniwaki, la rivière nous est inconnue : 85M. Nous savons qu'elle est coupée de nombreux barrages et, surtout, qu'elle est souvent, vers la fin, complètement bloquée par du bois flotté. (Compagnies Eddy et C.I.P.)

— *Portages :* En mauvais état, surtout dans le Scénic.

— *Camping :* Emplacements suffisamment nombreux.

— *Civilisation :* Aucune jusqu'au barrage Mercier, à la fin du Baskatong ; puis, Grand-Remous, Maniwaki et des villages de plus en plus nombreux jusqu'à l'Outaouais. La rivière est très sauvage jusqu'au Baskatong, à part les chemins d'opérations forestières ; mais elle reste agréable jusqu'à la fin, sauf les tous derniers milles.

Rivière intensément dravée ; il est recommandé d'écrire aux compagnies C.I.P. et Eddy pour s'assurer que la rivière est praticable avant de l'entreprendre.

— *Eau potable :* la rivière a été et est tellement dravée que son eau a une couleur peu ragoûtante ; sa consommation est déconseillée.

— *Accès :*

— *Route :* Route 58, puis prendre la route de Clova dans le parc de La Vérendrye. On peut mettre à l'eau à la fin du lac Pain de Sucre, ou 4 milles avant Clova au début de la rivière Clova. De Montréal au lac Pain de Sucre : environ 370M. Il y a un chemin qui longe plus ou moins la rivière, et il est possible d'arrêter au pont avant le Baskatong. Plus au sud, les points d'accès sont nombreux.

— *Train :* C.N. à Clova. Portage de 4M. sur le chemin pour le début de la rivière Clova, ou, prendre un camion.

— *Hydravion :* Bases à Clova (Tamarac Air Service), Le Domaine (parc de La Vérendrye, Laurentian Air Service), Maniwaki (Laurentian Air Service).

— *C. T. :* 1/50.000 disponible pour toute la rivière (17 ! !).

— *Affluents :* La Gatineau a une bonne vingtaine d'affluents canotables, sans compter les plus petits, mais surtout 5 assez importants : la Bazin (1,000M.^{2}), la Gens de Terre (2,200M.^{2}), la Désert (1,300M.^{2}) et son affluent la rivière à l'Aigle (500M^2. à elle seule), la Picanoc (500M.^{2}). Voici les principaux ou ceux sur lesquels nous pouvons donner au moins quelques renseignements.

— Les rivières Chouart, Fortier et Coucou sont faciles d'accès par route.

— La rivière Bazin. C'est une rivière assez souvent descen-

89

due parce que, entre autres, elle est facile d'accès. Longueur : 64M., à partir de Parent. Dénivellation : 300' soit 5'/M. ou 0.1%. Nous n'avons aucun renseignement sur cette rivière.

Accès : Parent, par route ou, de préférence, par train (C.N.).

— La rivière Gens de Terre. C'est le déversoir d'une partie des eaux du parc de La Vérendrye, et, plus directement, du lac-réservoir Cabonga ; 60M. de la décharge du Cabonga au lac Baskatong où se jette la Gens de Terre. C'est une rivière très utilisée pour la drave, et dont le débit est réglé à la fin du Cabonga ; appeler les bureaux de la C.I.P. à Maniwaki pour savoir si la rivière sera praticable quand on voudra la descendre. En outre, une section de 9M. après le confluent de la rivière Wapus, est très difficile (dénivellation de plus de 100'). Ceux qui préféreraient une rivière moins hasardeuse peuvent éviter cette partie de la Gens de Terre en prenant la rivière des Seize. Voir à Itinéraires composés, bassin de la Gatineau.

Accès : par la route 58, le parc de La Vérendrye ; le chemin du barrage Cabonga commence peu après le Domaine. Inscription obligatoire au Domaine ; voir parc de La Vérendrye.

Pour les nombreuses possibilités de circuits dans la partie supérieure du bassin de la Gens de Terre, voir parc de La Vérendrye.

— *C. T.* : Au 1/50.000 pour toutes ces régions, disponibles au parc. Un affluent de la Gens de Terre qui n'a pas encore été relevé par le parc, la rivière Bélinge, est réputé canotable.

La rivière Picanoc

Carte-guide en préparation

— *Situation géographique :* Affluent rive droite de la Gatineau inférieure. Cours général vers l'est. Se jette dans la Gatineau vers Gracefield.

— *Longueur :* 65M. ; canotable et relevée sur 58M.
— *Intérêts divers :* Accessible en fin de semaine de Hull-Ottawa.
— Difficultés et hauteur d'eau : Difficulté assez uniforme classe II. Longueurs totales des rapides : R-I : 0.8, R-II : 1.5, R-III : 375', R-IV : 0.4, R-V : 50'.
Par eau basse, partir d'un peu plus bas ; le chemin longe plus ou moins la rivière. Dénivellation : 400', soit 6'/M ou 0.1%.
— *Canoë-kayak :* Aucun intérêt.
— *Portages :* Etat satisfaisant.
— *Camping :* Emplacements plutôt rares.
— *Civilisation :* Peu ; camps sur le lac Otter, quelques fermes à la fin. Pas de drave.
— *Eau potable :* La rivière. Dans les 5-6 derniers milles après Perras, l'eau prend une couleur douteuse.
— *Accès :* Route 11 jusqu'à Kazabazua, puis 301 jusqu'à Otter Lake, puis chemin vers le N.N.O. jusqu'au début du lac Burnt (environ 100M. de Hull).
— Documentation : Carte-guide (en préparation) préparée et distribuée par la F.Q.C.K. Relevé M. Bauchet. 1970.
— *C. T. :* 1/50.000 : 31-K/2-E, 31-F/15-E, 31-F/16-E et O, 31-K/1-E.
— *Affluents :* Peut-être la rivière Blue Sea, à partir du lac Blue Sea. Environ 11M.

Bassin de la Gatineau

Itinéraires composés

Mourmont à Maniwaki. Bonne description.

Cet itinéraire de 235M. passe par : Lacs Capitachouane, Camachigama, Bouchette, Barrière, Bark, rivière Des Seize (16 portages), rivière Gens de Terre, rivière Gatineau. Voir, pour d'autres détails, les rivières Capitachouane, Camachigama, Gens de Terre, Gatineau.

Vieille description, toujours valable pour ce qui est des eaux, mais peut-être moins pour les portages.

Accès : Voir rivière Capitachouane.

Retour : Voir rivière Gatineau.

Eau propre jusqu'à la Gatineau. Description disponible à la F.Q.C.K. $0.50 pour frais. Attention : la description a été faite avant la construction du barrage qui a créé le réservoir Baskatong au confluent de la rivière Gens de Terre.

Au lieu de prendre la rivière des Seize, les groupes qui préféreraient les rapides aux portages peuvent emprunter la rivière Gens de Terre, qui est le déversoir du lac Cabonga.

Enfin, il est également possible de commencer une variante de cette expédition par la Haute rivière des Outaouais (voir ce nom), du lac des Outaouais au lac Barrière.

La rivière à l'Aigle
Description détaillée ci-dessous

— *Situation géographique :* Affluent de la rivière Désert.
— *Longueur :* Relevée sur 28M. ; il est possible de partir avant, soit par son affluent la rivière Hibou (lac David et Pythonga), soit par la partie supérieure de la rivière à l'Aigle.
— *Intérêts divers :* Facile d'accès en fins de semaine pour la région Hull/Ottawa. Rivière très sauvage.
— *Difficultés et hauteurs d'eau :* Départ au confluent des rivières à l'Aigle et Hibou ; bon terrain de stationnement. Au M. 28, RI : 50' ; 4/5M. plus loin, E.V., puis à nouveau ½M. après ; 5.5M. en aval du point de départ, site de camping pour groupes à D ; 2.2M. plus loin, court R-1 ; O.4M., puis un autre site de camping pour groupes à G ; 0.3 M. plus loin, court et facile S-II suivi d'un peu d'eau vive; encore 0.2 M., et près d'½M. d'E.V. Tout le reste de la rivière est calme. Au M. 16.6, pont et site de camping pour groupe à G. Classe générale I.
— *Canoë-kayak :* Aucun intérêt.
— *Portages :* Aucun nécessaire.
— *Camping :* Ne pas manquer les emplacements indiqués plus haut : il n'y en a pas d'autres.

— *Civilisation* : Aucune.

— *Eau potable :* La rivière.

— *Accès :* A partir du sud de Maniwaki, prendre la route qui part vers l'ouest. 9M. plus loin, tourner à G. avant le pont qui traverse la rivière à l'Aigle, et continuer jusqu'au confluent de la rivière Hibou, 13M. plus loin. Pour le retour, on peut soit terminer au confluent de l'Aigle dans la Désert, mais il faut faire un détour pour aller porter un véhicule et en outre il n'y a pas de place pour stationner à cet endroit ; soit continuer en canot par la rivière Désert 8.2M. au sud pour rejoindre presque le chemin d'accès décrit plus haut par le petit chemin d'un mille au nord du petit lac Serpent ; par ce moyen, on évite d'avoir à faire un détour en voiture.

Le chemin indiqué sur les cartes topographiques à G. de la rivière à l'Aigle est maintenant fermé avant le ruisseau à la Tortue.

— *Documentation :* Renseignements fournis par J. Chicoine. Fin juin 1972.

— *C. T. :* 1/50.000 : 31-K/8-O et E.

La partie citée de la rivière Désert est sale, mais ne comporte aucune autre difficulté.

Le bassin de la rivière du Lièvre

— C'est un bassin presque aussi long que celui de la Gatineau, mais très étroit, qui fait qu'il ne couvre que 3,700M.^{2} Pour le reste, ce bassin ressemble beaucoup à celui de la Gatineau : opérations forestières et drave, chemins nombreux, début et fin dans la même région.

La rivière du Lièvre
Description partielle

— *Situation géographique :* Prend sa source au lac Nemikachi à l'ouest du lac Kempt, coule vers le S.S.O. puis vers le sud, passe à Mont-Laurier, et se jette dans l'Outaouais entre Hull-Ottawa et Montréal 85M. à l'ouest de Montréal.

— *Longueur :* 230M., canotable au complet. Description seulement sur 68M.

— *Intérêts particuliers :* Rivière sauvage au début. Souvent descendue. C'est la rivière où ont été tournés les films « Matin sur la Lièvre » et « La drave », avec la célèbre chanson de Félix Leclerc « Pour aller au moulin, au moulin de Buckingham, y faut débloquer la jam, qui s'rebloque un peu plus loin . . . »

Difficultés : Inconnues jusqu'au confluent de la Mitchinamecus, mais d'après les cartes (1/250.000) assez difficile ;. 62M. Jusqu'à Mont-Laurier, 68M., la rivière se calme, avec seulement 3 portages pour des groupes quelque peu expérimentés. Le reste, 100 milles, est inconnu mais les cartes révèlent de nombreux barrages et lacs artificiels.

— *Civilisation :* Aucune, sauf les chemins et opérations forestières, sur les 110 premiers milles ; mais le reste, en dépit des villages, reste agréable et la vallée de la Lièvre est l'une des plus pittoresques qui soit. La rivière est très utilisée pour le flottage du bois, et il serait prudent de vérifier avec la compagnie McLarens, à Masson, avant de l'entreprendre.

— *Eau potable :* La rivière est probablement trop dravée pour que son eau soit potable.

— *Accès :*

— *Route :* Un chemin mène de Mont-Laurier au lac à la Culotte, près du début, ou au lac Des Pins ou au confluent de la Mitchinamecus, mais son état nous est inconnu. De Casey, on peut se faire transporter en camion jusqu'à la Baie Atibenne près du lac Némikachi.

— *Train :* De Sanmaur on peut rejoindre le début de la rivière en remontant la rivière Manouane, les lacs Châteauvert, Manouane, Kempt ; court portage entre la baie Atibenne et le lac Némikachi, soit au sud de la baie, soit par la petite baie et le lac en long collé contre le lac Némikachi. De Sanmaur au lac Némikachi : 70M. A la fin, train à Mont-Laurier et Masson.

— *Hydravion :* Base à Mont-Laurier (Labelle Touristair Inc.) et à Ste-Anne du Lac, encore plus au nord (Ste-Anne du Lac Aviation Inc.). Enfin, il est possible de rejoindre la Lièvre par son affluent, la Michinamecus, et d'éviter ainsi la partie difficile de la rivière.

— *Documentation* : Vieille description, disponible à la F.Q.-C.K. Voir itinéraires composés, à la fin de ce bassin.

— *C. T.* : au 1/50.000, disponibles pour toute la rivière.

— *Affluents* : La Lièvre a de nombreux affluents canotables. Voici les principaux ou ceux sur lesquels nous savons quelque chose.

La Rivière Mazana

Canotable. Peut être rejointe par la réserve Manouane, au sud du lac Kempt, par 4M. de portage, ou par avion au lac Mazana. Longueur : 32M. Son affluent, le ruisseau Line, est également canotable et il peut être rejoint par un P. au sud du lac Némikachi, jusqu'au lac Badajoz, début de la rivière (⅔M.).

La rivière Michinamécus
Description détaillée

Elle est aussi longue, mais deux fois moins grosse que la Lièvre où elles se rencontrent. C'est une rivière de 70M., que l'on peut rejoindre à partir de Parent par les lacs Mauser, Dandurand, le ruisseau Sandy (à l'est du lac Rigolade). D'après la description, la Michinamécus serait plus facile que la partie de la Lièvre avant leur confluent ; comme elle est en outre plus facile d'accès, il y aurait sans doute intérêt à commencer la Lièvre par la Michinamécus, sauf pour ceux qui recherchent la difficulté. Voir itinéraires composés à la fin de ce bassin.

La rivière Kiamika
Description détaillée

Elle prend sa source au lac-réservoir Kiamika, accessible par Ste-Véronique, 110M. de Montréal par la route 11, passé l'Annonciation. Longueur jusqu'à la Lièvre : 47 M. C'est une rivière facile, malgré 2M. de rapides II, 5 milles après son début. Dénivellation : 200' soit 4'/M. ou 0.07%. Pour une petite rivière, c'est très faible. Les débutants pourraient éviter la première partie et commencer à la chute St-Philippe (35M. jusqu'à la fin).

Cette rivière peut être descendue à partir de Montréal ou de Hull-Ottawa au cours d'une fin de semaine de 3 jours.

Le lac Kiamika fait partie de l'itinéraire composé indiqué à la fin du bassin de la Lièvre.

Le lac Kiamika à lui seul est intéressant : il est très sauvage, et, grâce à une grande île au milieu, ne donne pas l'impression d'un grand lac. Une foule de baies à explorer. Avec les petits lacs et ruisseaux des alentours, on pourrait y passer d'agréables vacances en canot. Pas de drave, mais eau douteuse après le Lac des Ecorces.

C.T. : 1/50.000 : 31-J/11-E et O et 31-J/6-O.

Description disponible à la F.Q.C.K., $0.50 pour frais.

Bassin de la Lièvre

Itinéraires composés

1) De Wykes ou Parent à Mont-Laurier : 160M.

   Par les lacs Mauser, Dandurand, le ruisseau Simard, la rivière Mitchinamecus, la rivière du Lièvre.

   Vieille description, détaillée pour ce qui est des portages, mais leur état actuel est inconnu. Anglais et Français. Disponible à la F.Q.C.K., $0.50 pour frais.

2) Circuit à partir de Mont-Laurier : 100M.

   Par : la rivière Kiamika, le lac Kiamika, la rivière Brulé, le lac Brulé, le lac Iroquois, puis, retour à Mont-Laurier par la Lièvre. Vieille description, détaillée mais l'état des portages est inconnu ; en outre, le lac Kiamika a été agrandi par un barrage. Description disponible à la F.Q.C.K., $1.00 pour frais. Anglais et français.

Les rivières du Poste & Villiers

Carte-guide

— *Situation géographique :* Affluents rive gauche de la rivière Mattawin ; se jettent dans le réservoir Taureau, 100M. au nord de Montréal, après un cours vers l'est pour la Villiers jusqu'à son confluent dans la Du Poste qui coule vers le sud.

— *Longueur :* 11 milles pour la Villiers, 14½M. pour la Du Poste plus 8½M. sur le réservoir Taureau pour rejoindre un chemin au Domaine de la Passe. Canotables et relevés au complet.

— *Intérêts divers :* Rivières très sauvages tout en étant accessibles de Montréal en fins de semaines.

— *Difficultés et hauteurs d'eau :* Longueurs totales des R. sur la Villiers : I: 0 ; II : 0.2 ; III : 0.2 ; IV : 0.6 ; V : 0.2 ; C : 100'. Sur la Poste : II : 0.8 ; III : 0.1 ; C : 100' : la Villiers est réservée aux équipes que les portages longs et difficiles n'effraient pas.

— *Canoë-kayak :* Aucun intérêt.

— *Portages :* Mauvais sur la Villiers.

— *Camping :* Emplacements très rares.

— *Civilisation :* Aucune. Pas de drave.

— *Eau potable :* La rivière.

— *Accès :* Seulement par hydravion, à la tête de la Villiers (lac Légaré), ou de la Du Poste (lac Clair). Base à St-Michel des Saints, à 30M. au sud des points de départ ; compagnie : Brochu Industries Ltée.

— Documentation : Carte-guide du club Les Portageurs, disponible à la F.Q.C.K., $1.00. Relevé : G. Vialle.

— *C. T. :* 1/50.000: 31-P/4-O, 31-I/13-O.

Par la tête de la rivière Du Poste, il est possible de rejoindre les rivières Vermillon et Manouane. Voir, à la fin du bassin de la St-Maurice, circuits et itinéraires combinés.

La rivière du Sourd

Carte-guide

— *Situation géographique :* Affluent rive gauche de la rivière du Lièvre, 40 milles au Nord de la rivière des Outaouais. Coule vers le Sud-Ouest.

— *Longueur :* Canotable, accessible et relevée sur 38M., soit sur presque toute sa longueur.

— *Intérêts divers :* Magnifique petite rivière, l'une des plus belles et des plus sauvages accessibles en fins de semaines de Montréal et de Hull-Ottawa. Maintenant située presque en entier dans le nouveau parc Papineau-Labelle, son aménagement pour le canot-camping est envisagé par la Direction Générale des parcs provinciaux du Québec.

— *Difficultés et hauteurs d'eau :* Dénivellation de 250' en 38M., soit une pente de 6½' au mille, ou, 0.12%. Difficulté assez uniforme classe II. Longueurs des difficultés : lac : 3.7M. ; R-II : 1M. ; R-III : 0.7M. ; R-IV : 0.2M. ; C : 300'. Passé la fin mai, évitez les périodes de sécheresse.

— *Canoë-kayak :* Aucun intérêt, sauf quelques courts rapides.

— *Portages :* En assez bon état.

— *Camping :* Emplacements peu nombreux ; ne pas manquer ceux indiqués sur la carte-guide, tant que la rivière ne sera pas aménagée. Camps fixes : présentement interdits à l'intérieur du parc.

— *Civilisation :* Absolument rien, si ce n'est deux ou trois camps ou clubs que le parc a rachetés. Pas de drave.

— *Eau potable :* L'eau de la rivière, tout le long.

— *Accès :*

— *Par route :* En venant de Montréal ou de Hull, prendre la route 35 à Masson, vers le Nord. Puis, suivre les indications de la carte-guide en tenant compte des remarques ci-après à Documentation.

Porcurez-vous la carte du parc, à Val des Bois ou à Duhamel, pour les chemins.

Distance de Montréal à la fin de la rivière, en passant par Masson : 138M. ; de Hull : 57M. Pour rejoindre le début de la rivière : 30M. de plus. Possibilité de louer un transport à Val des Bois. La rivière est accessible par la route à plusieurs endroits et quelques milles passé le lac du Sourd, la route longe plus ou moins la rivière jusqu'à la fin.

— Chemin de fer le plus proche : Masson.

— *Documentation :* Carte-guide du club Les Portageurs disponible à la F.Q.C.K. $1.00. *Remarques :* 1) Au début de la rivière, un chemin rejoint maintenant le lac du Sourd au mille 5 : prendre le chemin à droite environ 2M. passé le lac Binet. 2) Le chemin d'accès quitte maintenant la route 35 avant, et non après le pont, en venant de Buckingham. Relevé effectué par M. Bauchet. Carte dessinée par G. Vialle.

— *Parc :* Si vous n'avez pas de renseignements récents, et le parc étant nouveau et en pleine organisation, appelez le bureau du parc à Val des Bois (73) pour vous assurer que la rivière sera ouverte au canot-camping quand vous voudrez la faire, et pour connaître l'horaire des barrières, les formalités, conditions, etc.

C. T. : 31 J/3 O, 31 J/4 E, 31 G/13 E.

— *Affluents canotables :* — Ruisseau Savanne — Ruisseau Benjamin.

Affluents de la rivière du Sourd

— Ruisseau Savanne. *Rien, première.* Affluent rive gauche, milieu de la rivière du Sourd. Peut-être canotable sur une demi-douzaine de milles. Chemin forestier (voir la carte du parc Papineau-Labelle). Par eau très haute seulement.

— Ruisseau Benjamin. *Rien, première.* Affluent rive droite, près de la barrière du parc. Probablement canotable sur 8 milles, à partir du lac à l'est du sud du lac Earhart. Chemin forestier (voir la carte du parc Papineau-Labelle). Par eau haute seulement.

La rivière blanche

Bonne description

— *Situation géographique :* Affluent de la rivière des Outaouais, qui coule vers le sud, à l'est de la rivière Lièvre et finit à Thurso.

— *Longueur :* 45M. ; canotable et relevée au complet.

99

— *Intérêts divers :* Le magnifique lac Echo. Et, une excellente rivière pour faire un bon portageur . . . Proche de Hull-Ottawa.

— *Difficultés et hauteurs d'eau :* Très peu des rapides se sautent ; c'est une suite de chutes : 26 portages en 45M. Eviter de l'entreprendre par eau basse à cause de la première partie, mais qui est la plus plaisante.

— *Canoë-kayak :* Une bonne partie des chutes et seuils se passe, mais il faut être prêt à pagayer les plats qui les séparent.

— *Portages :* Satisfaisants.

— *Camping :* Emplacements assez nombreux.

— *Civilisation :* Très peu. Aucun village. Pas de drave.

— *Eau potable :* La rivière paraît propre.

— *Accès :* Prendre à Masson la route 309 vers le nord, jusqu'à Val des Bois. 1½M. plus loin, prendre à droite le chemin du parc Papineau-Labelle (chemin Kennedy). Demander son chemin à la barrière du parc. Le lac Echo est à environ 8M. de Val des Bois.

— *Documentation :* Bonne description, disponible à la F.Q. C.K. $0.50 pour frais. M. Bauchet 1966.

— *Parc :* La partie supérieure de la rivière est maintenant comprise dans le parc Papineau-Labelle. Voir à rivière du Sourd.

— *C. T. :* 1/50.000 : 31-G/14-O, 31-G/11-E et O.

— *Affluent :* La branche Est, 21M. Peut-être canotable à partir du lac au nord du lac Rock.

Le bassin de la Rivière Rouge

— LA RIVIÈRE ROUGE, carte-guide
  — La Haute rivière Rouge
  — Le ruisseau à l'Aigle, description
  — La rivière Lenoir
  — Le ruisseau Dix-Milles, description

La rivière **Rouge**

Carte-guide

— *Situation géographique :* Cette rivière d'importance moyenne prend sa source au nord-ouest du parc du Mont-Tremblant, coule vers le sud et se jette dans l'Outaouais près de Calumet, 50 milles à l'ouest de Montréal.

— *Longueur :* 135M. à partir du lac Maison de Pierre. Relevée au complet. Il serait possible de commencer plus haut (voir à « Affluents »). Canotable sur toute sa longueur, mais quelques sections très difficiles.

— *Intérêt divers :* C'est peut-être la plus belle des rivières accessibles de Montréal et de Ottawa/Hull les fins de semaines. C'est en tout cas la plus fréquentée par les canot-campeurs, et celle qui offre le plus de variétés. Il y a des sections pour tous les goûts et pour toutes les forces. La rivière devient hélas ! de moins en moins sauvage d'année en année. La partie supérieure est heureusement protégée par le parc du Mont-Tremblant dans lequel elle coule.

— *Difficultés et hauteurs d'eau :* Dénivellation : 1,250' soit 9'/M. ou 0.19%, mais très inégalement répartie.
7 sections : 1) Du petit lac Maison de Pierre au ruisseau à l'Aigle, 12¾M., classe I. 2) Jusqu'à la limite du parc, 15M., classe III. 3) Jusqu'à l'Annonciation, 30M., classe I, après quelques milles d'eau vive. 4) De l'Annonciation à

101

Labelle, 13.5M., classe II. 5) De Labelle à sept milles passé Brébeuf, avec un portage à Brébeuf, 31M., classe I. 6) Jusqu'à 4 milles avant la fin, 30 milles, classe III+. 7) Le dernier 4 milles : Cette section n'est accessible qu'aux canoë-kayakistes très expérimentés : E.C. : 0.5M., R-IV/V : 50', E.C. : ¼ M., puis début du canyon : R-II, puis III, IV, IV+, III, II. Il est possible de s'arrêter à la fin de cette première moitié (2M.) de la section, grâce à un chemin à gauche. Tout de suite après commencent les « sept chutes » ; toutes infranchissables, de 10 à 15' chacune, espacées de 300 à 500'. Ces chutes sont suivies de R-III sur ¼ M., puis de R-I jusqu'à la fin. Renseignements fournis par Raymond Potvin, club Les Voyageurs.

— *Canoë-kayak :* La 2ième section, appelée localement « le vingt et un milles », est une suite presque ininterrompue de rapides et d'eaux vives assez régulières, ce qui est très rare dans ces régions. Mais l'eau doit être au moins moyenne. Mettre à l'eau au lac à l'Aigle (voir à affluents). Les sections 4 et, surtout, 6, sont intéressantes mais comprennent des longueurs de plat. Mentionnons surtout les très populaires rapides de Huberdeau, à côté d'un terrain de camping public, près du pont et de Harrington, où l'on peut camper près de la ferme forestière.

— *Portage :* En assez bon état, souvent sur des chemins.

— *Camping :* Emplacements nombreux : sauf dans le vingt et un mille, mais le parc y verra sans doute un jour.

— *Civilisation :* Compte tenu de la longueur de la rivière, les villages ne sont pas trop nombreux. De la drave occasionnellement, mais pas de façon intensive.

— *Eau potable :* La rivière est propre jusqu'à l'Ascension, douteuse après autant à cause des villages que des fermes et de la drave ; plusieurs cas de diarrhée ont été rapportés par des groupes de canot-campeurs.

— *Accès :*

— *Route :* Difficile au début, le chemin du lac Maison de Pierre étant aux dernières nouvelles impraticable. En attendant, il est préférable de monter par l'est de la rivière à partir de l'Ascension et de mettre à l'eau près du confluent de la rivière Lenoir. Distance de Montréal à la barrière du parc : 125M. Pour le confluent de la rivière Lenoir, 12M. plus loin. A partir de la barrière du parc, très nombreux points d'accès tout le long de la rivière.

— *Train :* Gare à l'Annonciation, Labelle, et à la fin de la rivière à Calumet (C.P.R.).

— *Documentation :* Carte-guide du club Les Portageurs, disponible à la F.Q.C.K., $2.75. Remarque : un rapide II, 0.2M. n'est pas indiqué, au mille 100. Relevé : M. Bauchet ; Dessin : G. Vialle ; 1963 et 1967.

Une édition gratuite des 55 premiers milles de cette carte, jusqu'à l'Annonciation est disponible au Service de l'Animation des parcs (voir adresses).

— *Parc :* La 2ième section est dans le parc du Mont-Tremblant, dont elle constitue d'ailleurs la limite de ce côté-là. Pour entreprendre cette section, il faut prendre le chemin dans le parc, 8M. au nord de l'Ascension. La barrière ferme le soir : 10 H. la semaine, 11 H. le vendredi. Pour tous renseignements sur le canot-camping dans le parc du Mont-Tremblant, appelez le responsable canot/ski randonnée/raquette, monsieur André Bouchard, parc du Mont-Tremblant, 688-2833.

C. T. : 31-J/15-E, 31-J/10-E et O, 31-J/7-O et E, 31-J/2-E, 31-G/15-E, 31-G/10-E.

— *Affluents :*

La Haute rivière Rouge : Rien, première. Il devrait être possible de commencer la rivière Rouge plus en amont, soit du lac Buda, soit par le ruisseau Hachette, soit par le bras qui passe par les lacs Ventura, La Haye, Sarnia. Région très sauvage, mais accès seulement par hydravion.

— *C. T. :* 31-J/15-E.

Le ruisseau à l'Aigle : Long seulement de 2M., il est mentionné parce qu'il se remonte facilement, qu'il n'y a aucun portage, et qu'il permet, quand le chemin est praticable, de rejoindre la rivière Rouge depuis la route, par le lac à l'Aigle, soit pour éviter le « vingt et un milles » soit pour les commencer. Le « vingt et un milles » commence en aval du confluent du ruisseau à l'Aigle.

— *C. T.* : 31-J/15-E.

La rivière Lenoir

Renseignements ci-dessous

— *Situation géographique :* Affluent rive gauche de la partie supérieure de la rivière Rouge, qui coule dans le parc du Mont-Tremblant vers le sud-ouest et se termine peu après le début du rapide « le 21 milles » sur la Rouge.

— *Longueur :* Reconnue sur 15M., probablement canotable 2M. en amont.

— *Intérêts divers :* Rivière très sauvage, et qui le restera grâce au parc.

— *Inconvénients :* Accès et hauteurs d'eau.

— *Difficultés et hauteurs d'eau :* A partir de la lat. N. 46°52' 40", c'est-à-dire au nord-ouest du petit lac (il y en a deux : celui le plus à l'ouest) au nord du lac Lenoir, ou encore, par le système transverse de Mercator, à 350914. 4M. plus loin, petit barrage (326888) qui se passe en halage. A partir de 1M. plus bas, et pour environ 4M. jusqu'à 310863 la descente s'effectue moitié en canot moitié en halage. Puis la rivière devient calme, très belle, pour 2.7M. (297828), suivis de 1¼M. de halage (287818). Enfin, 2.7M. de rivière calme (266796) où la rivière s'approche du chemin. Il reste 1M. qui n'a pas été reconnu jusqu'à la Rouge. Cette rivière n'est canotable qu'au printemps ou après de fortes pluies.

— *Canoë-kayak :* Aucun intérêt.

— *Portages :* Aucun nécessaire sur la rivière ; voir « accès ».

— *Camping :* ?

— *Civilisation :* Aucune. Pas de drave.

— *Eau propre.*

— *Accès :* A l'Ascension, prendre le chemin qui monte vers le nord le long de la Rouge à l'est. A partir de la Barrière du parc, un peu en aval du ruisseau Higginson, la route devient très mauvaise. A partir du confluent de la Lenoir dans la Rouge, le chemin n'est carrossable qu'en camion ou véhicule à 4 roues motrices.

On rejoint le lac Lenoir par un bon P. dans un chemin très visible. La rivière Lenoir a été atteinte par un mauvais sentier de P. qui mène du nord du lac Lenoir au petit lac au nord-ouest., puis par un P. à travers bois vers le nord-ouest. Peut-être serait-il possible de trouver un meilleur moyen d'accès.

— *Documentation :* Renseignements fournis par J. Chicoine et C. Bouchard. Août 1972.

— *Parc :* S'enregistrer à la barrière du parc, qui ferme à 11:00 heures le soir.

— *C. T. :* 1/50.000 : 31-J/15-E.

Le ruisseau Dix-Milles : Intéressant par eau haute ; le prendre au pont au mille 10.8 sur la route de l'Ascension. Approximativement 10M. Un seul passage difficile, indiqué sur la carte-guide de la rivière Rouge. Descente très sauvage, sans danger.

C. T. : 31-J/10-O. Classe II.

La rivière Mousseau : Rien, première. Probablement canotable sur 7 ou 8 milles, à partir de la fin de la série de lignes de niveau, alors que la rivière est proche d'un chemin. Classe probablé I+.

C. T. : 31-J/10-O.

La rivière Nominingue : Relevée depuis le pont de la route 11, cette rivière comprend 3 parties : 1) 4 milles de petite rivière, avec un court R-II. 2) 1.2M. sur le lac Nominingue. 3) 4 milles de rivière jusqu'à la rivière Rouge, avec deux R-II. Cette rivière est indiquée sur la carte-guide de la Rouge. Classe moyenne I+.

C. T. : 31-J/10-O et 31-J/7-O.

La rivière Macaza : Belle petite rivière de 14.5M. à partir du Lac des Sucreries. Suite de rapides V, VI, IV, IV, III, jusqu'au lac Sapin, deux infran. passé le lac Sapin, de l'eau

105

vive, un rapide IV, 300' à l'endroit indiqué « gate » sur la carte topographique (31-J/7-O), puis de l'eau calme jusqu'à la fin du lac Macaza, qui est suivi par un R-II+ de 0.2M., puis par deux chutes qui se portagent à gauche. Accès : A Labelle, traverser le pont, tourner à gauche et prendre le chemin qui longe la Rouge ; 5 milles plus loin, après avoir passé sous un pont de chemin de fer, prendre à droite, avant le pont, et continuer jusqu'au lac des Sucreries. Renseignements : M. Bauchet. Bonne description, récente, disponible à la F.Q.C.K., $0.50 pour frais.

Ruisseau Froid : Affluent de la Macaza. Canotable avec assez d'eau, à partir de l'endroit où la branche principale rejoint le chemin marqué sur la C. T. à l'E.S.E. du lac Advent, 18M. Rivière sauvage et plaisante, mais pas pour des débutants, la fin, plus facile, n'étant apparemment pas accessible par chemin. Renseignements : M. Bauchet. Classe générale II.

Ruisseau Chaud : Rien, première. Affluent de la Macaza. Même chemin d'accès, mais traverser le pont à La Macaza, 5.2M. à partir du lac Macaza. Classe générale probable I.

La rivière du Diable
Carte-guide

— *Situation géographique :* Affluent rive gauche du milieu de la rivière Rouge, qui prend sa source dans le parc du Mont-Tremblant, passe à St-Jovite, et se jette dans la Rouge 3 milles en aval de Brébeuf, après un cours vers le sud.
— *Longueur :* Du lac au Herbes à la fin : 60 milles. Relevée au complet. Pourrait être commencée un peu plus haut (voir à accès).
— *Intérêts divers :* L'une des plus belles rivières des environs de Montréal, dont la moitié supérieure est protégée par le parc du Mont-Tremblant. C'est sur ses bords, au lac Monroe, que le parc loue des canots pour le canotage et le canot-camping ; le parc a deux remorques, et l'on peut prendre des arrangements pour se faire transporter. C'est également

au lac Monroe, où sont les bureaux du parc, que réside le premier préposé régulier pour le canot-camping dans un parc en la personne de Monsieur André Bouchard. N'hésitez pas à l'appeler pour tous renseignements, arrangements, à : Parc du Mont-Tremblant, 688-2833.

Cette rivière est idéale pour commencer : on peut y louer un canot, et l'été André Bouchard et ses aides organisent des séances d'initiation. Un slalom doit être monté en permanence entre les lacs Monroe et Chat, pour permettre aux canotiers déjà expérimentés de s'améliorer ou de s'amuser. On peut s'arranger avec André Bouchard pour avoir une bonne hauteur d'eau, grâce au barrage du lac Monroe juste avant.

— *Difficultés et Hauteurs d'eau :* 6 sections : 1) Du lac aux Herbes à la fin du lac Escalier (Rolland), 11M., classe II —. 2) Jusqu'à la fin des chutes Croches, 5M., classe III+, avec les deux infrans, dont le difficile portage des chutes du Diable ; très belles chutes. 3) Le lac Monroe, 3M., puis ½M. de R-II, le lac Chat, et un court R-II : 5.2M.. au total. 4) Jusqu'au pont du chemin du Mont-Tremblant, 15.6M., classe I+. 5) Jusqu'à la branche venant du lac de la Montagne Tremblante : 8.1M., classe III. 6) Jusqu'au confluent dans La Rouge, 17.5M., classe I+.
Dénivellation : 750', soit 12'/M., ou 0.22%.

— *Canoë-kayak :* Dans la section No. 2, la partie en amont des chutes du Diable ne vaut pas le terrible portage qui suit : en aval, la chute est suivie d'un infran. qu'il serait possible de faire disparaître par dynamitage. Le reste de la section ne vaut pas un dérangement. Dans la 3ième section, les R-II entre les lacs Monroe et Chat sont excellents pour s'exercer, mais sont un peu faibles pour les experts. Voir à intérêts divers. Enfin, la 5ième section est la plus intéressante, surtout la série commençant au barrage détruit ; pour 1.5M. environ, cette section est réservée aux experts. Détails sur la carte-guide.

— *Portages :* En bon état, surtout dans le parc.

— *Camping :* Emplacements suffisamment nombreux, surtout dans le parc où ils ont été améliorés et balisés. Le terrain

La Faucille, entre les lacs Monroe et Chat, est réservé aux canot-campeurs et est situé au bord des rapides.

— *Civilisation :* L'été, les lacs Monroe et Chat paraîtront un peu trop peuplés de campeurs, et bruyants aux canot-campeurs, mais cela n'est pas une ambiance désagréable. Le seul village sur la rivière est St-Jovite, vers la fin. Pas de drave.

— *Eau potable :* L'eau de la rivière, jusqu'à St-Jovite ; douteuse après.

— *Accès :*

— *Route :* Route 11, puis route du parc à partir de St-Faustin. A cause d'une question de zonage, le lac aux Herbes n'est présentement pas accessible aux canot-campeurs. Un autre problème que la Fédération va s'efforcer de régler. En attendant, on peut, soit remonter du lac Escalier au lac aux Herbes pour ceux qui ont le temps, soit partir du lac Mocassins, accessible par chemin, mais la section lac Mocassins-lac aux Herbes manque parfois d'eau. Cette section est magnifique, et il faut l'avoir faite. Evitez de partir du lac Du Diable, car cette branche de la rivière n'est qu'un lit de roches, sauf au printemps. A partir du lac Escalier, points d'accès nombreux.

— *Train :* Gare à Lac Carré (près de St-Faustin) (C.P.R.). De là s'arranger pour se faire transporter dans le parc. 19M. du lac Monroe. Distance de Montréal à St-Faustin : 72M. De St-Faustin au Lac Monroe : 20M.

— *Documentation :* Carte-guide du club Les Portageurs, disponible à la F.Q.C.K., $1.25. Mais pour la partie dans le parc il est préférable de se procurer la carte du parc, en écrivant à André Bouchard, ou sur place.
Remarque sur la carte-guide : 1) la partie lac aux Herbes — lac Rolland n'indique pas les quelques rapides. 2) dans la dernière section, il y a un court rapide I-II un peu avant le pont de chemin de fer, au sud-ouest du lac Ouimet, et un court R-II, 0.5M. en amont du pont de St-Jovite, avec P. à droite.

— *Parc :* Voir plus haut. La barrière du parc ferme à 10 H., à 11 H. le vendredi ; mais il est question que ces barrières disparaissent. La barrière est à environ 7M. du lac Monroe.

Le parc du Mont-Tremblant est à l'avant-garde des autres pour ce qui est du plein-air, et devrait leur servir de modèle. Cette situation un peu particulière est due à ses deux responsables, Messieurs Jean-Louis Ricard, surintendant, et **André Laforte, chef de district. Au bureau chef de Québec,** seule la chasse et la pêche sont considérées comme des activités dignes des parcs, et le mini-service qui s'occupait du plein-air a été dissout. La F.Q.C.K. de concert avec d'autres organismes, s'occupe de corriger cet étrange philosophie. Les canot-campeurs sont invités à nous appuyer à chaque occasion.

— *C. T. :* 1/50.000 : 31-J/9-O, 31-J/8-O, 31-J/7-E, 31-J/1-O, 31-J/2-O.

Affluents : **La rivière Bride et la rivière Boulée — La rivière Cachée —**

— La rivière Bride : Rien, première. Affluent rive gauche qui coule d'est en ouest à la hauteur du lac Supérieur. Peut–être canotable pour des experts, soit à partir de St-Agricole, soit à partir du lac Quenouille. Environ : 9M., 450' de dénivellation ; soit 50' au mille, ou près de 1% ! !

C. T. : 31-J/1-O, 31-J/2-E.

— **Son affluent, la rivière Boulée, qui commence plus calmement, finit de la même façon . . .**

C. T. : 31-J/-O, 31-J/8-O.

— La rivière Cachée : Rien, première. Belle petite rivière sauvage, qui coule dans le parc. 19M., depuis la tête de la série de lacs qui la commence jusqu'à la fin du lac de la Montagne Tremblante. Mais la section entre le lac Caché et le confluent de la Petite rivière Cachée nécessite plusieurs portages ou hâlages. Accès au parc par la barrière de la Macaza. Aucun chemin entre le Petit lac Caché et le lac de la Montagne Tremblante.

C. T. : 31-J/7-E, 31-J/2-E.

La rivière Maskinongé

Carte-guide

— *Situation géographique :* **Affluent rive droite de la rivière**

Rouge, coulant dans une direction générale S.S.E. Commence à l'ouest du lac Labelle et se jette dans la dernière partie de la Rouge, près de Rivington. Ne pas confondre avec l'autre rivière Maskinongé, affluent rive gauche du St-Laurent en aval de Montréal.

— *Longueur :* C'est une rivière de 53 milles, canotable, accessible et relevée sur toute sa longueur.

— *Intérêts divers :* C'est une rivière facile d'accès, en fins de semaines, de Montréal et de Hull/Ottawa. Encore suffisamment sauvage. Petite rivière idéale pour débutants, à la condition de portager certains rapides.

— *Difficultés et hauteurs d'eau :* Dénivellation : 350', 7'/M. ou 0.12%. 3 sections : 1) Du début du lac Labelle à la fin du lac Maskinongé, un peu après le pont de la route 57, 25M., classe I/II. Cette section est surtout formée de petits lacs reliés entre eux par des bouts de rivière qui peuvent être maigres l'été par temps sec mais pas au point d'empêcher une descente. 2) Jusqu'au seuil passé Boileau, 17M., classe II. 3) Jusqu'à son confluent, 11M., classe I. Mais elle se termine par près d'un mille de violents rapides.

— *Canoë-kayak :* Aucun rapide intéressant et assez long, sauf, pour les casse-cous, celui, très dangereux, du mille 39. La 2ième section comprend plusieurs courts mais intéressants rapides pour ceux qui peuvent apprécier, ou à tout le moins endurer, le plat qui les sépare.

— *Portages :* En assez bon état, mais certains passent sur des lots privés de villégiature ; en attendant que ce problème soit réglé de façon globale, il faut s'arranger avec les riverains.

— *Camping :* Emplacements assez rares, mais il y en a.

— *Civilisation :* La rivière ne traverse que Vendée et Boileau, très petits villages. Pas de drave.

— *Eau potable :* L'eau de la rivière est probablement potable, les chalets et fermes n'étant pas encore trop nombreux.

— *Accès :*
— *Route :* Pour le nord du lac Labelle, par la route 11 jusqu'à 3 milles passé Labelle ; prendre à gauche le

chemin indiqué La Minerve, lac Désert ; 2½M. plus loin, ce chemin longe la tête du lac Labelle. Les points d'accès sont nombreux tout le long de la rivière ; voir la carte-guide. Distance de Montréal au nord du lac Labelle : près de 100M. ; de Hull : approximativement 125M. en passant par Montebello, la route 57, St-Jovite. La fin de la rivière est approximativement à 75M. de Hull ou de Montréal.

— *Train :* Gare à Labelle (C.P.R.), à 6M. du lac Labelle. Pour la fin, gare à Calumet, à la fin de la Rouge.

— *Hydravion :* Lac Labelle, ou, plus en amont, lac Chapleau ou des Mauves (Attention, le lac des Mauves est dans le nouveau parc Papineau-Labelle).

— *Documentation :* Carte-guide du club Les Portageurs, disponible à la F.Q.C.K., $1.00. Relevé M. Bauchet ; Dessin G. Vialle.

Remarques sur la carte-guide : 1) Le portage à la fin du lac Labelle est maintenant à droite. 2) R-I+, 300' ½M. plus loin, sous un pont de bois. 3) Le portage pour les R-IV et II qui suivent le R-III est à gauche. 4) Attention aux drossages, par eau haute, dans le bout de rivière en aval du lac Cameron. 5) R-II, 50' à la fin du lac Windigo, sous un pont (reste de barrage) ; P. à gauche. 6) Fort courant et vagues par eau haute dans les 2 bouts de rivière qui suivent. 7) A la fin du lac Maskinongé, le P. indiqué est pour un R-II, 100' (reste de barrage).

La cotation des rapides a été effectuée au printemps, et paraîtra forcée en d'autres périodes.

La rivière a été relevée depuis le lac Labelle, mais pourrait être commencée plus en amont, notamment à partir du lac Chapleau.

— *C. T. :* 1/50.000 : 31-J/7-0, 31-J/2-O, 31-G/15-O et E.

— *Affluents :* Le ruisseau Brochet.

— Le ruisseau Brochet : Rien, première. C'est le seul affluent qui semble canotable, par eau suffisamment haute. 8 milles seulement à partir de sa source au lac Brochet. Accessible par la route 57, au nord de St-Rémi d'Amherst. Facile s'il y a assez d'eau. Se jette dans la Maskinongé au sud de St-

Rémi. Cette rivière est si petite qu'elle est probablement obstruée (branches, arbres) dans sa partie supérieure.

La rivière Bevin

La rivière Bevin : Rien, première. Rivière qui se jette dans la Rouge à Huberdeau. Cette rivière devrait être intéressante, 17M. en la commençant à Lost River. Classe probable II —, avec une section difficile après le lac McDonald. Une première bien tentante...

Accès : route 31 à partir de Lachute ; Montréal à Lost River : 60M.

C. T. : 31-G/15-E.

Bassin de la rivière Petite Nation

— RIVIÈRE PETITE NATION, carte-guide
  — Branche Ouest
  — Rivière Ernest
  — Rivière Preston, carte-guide
  — Rivière Iroquois
  — Ruisseau Scryer
  — Petite rivière Rouge, reconnue
  — Rivière St-Sixte

La rivière Petite Nation

— *Situation géographique :* Cette rivière coule dans une direction générale S, de quelques milles à l'ouest de Nominingue (près de la route 11, au Nord de St-Jovite), à Plaisance, sur la rivière des Outaouais, entre Ottawa et Montréal.

— *Longueur :* 81M. relevés, à partir du lac Bruchési ; il serait peut-être possible de commencer un peu plus avant.

— *Intérêts divers :* Une belle petite rivière accessible de Montréal et Hull-Ottawa en fins de semaines, mais également

intéressante pour des vacances d'une semaine. La partie supérieure, au nord du lac Gagnon, est maintenant située
dans le parc Papineau-Labelle et doit être aménagée pour
le canot-camping dès l'année prochaine. La rivière comprend, hélas pour certains, deux grands lacs de près de 10
milles chacun qu'il faut traverser dans toute leur longueur.
Cette rivière est la première et pour l'instant la seule, dont
un relevé d'aménagement a été effectué en 1971. L'aménagement en a été commencé par un groupe du programme
« perspective-jeunesse » en 1972.

— *Difficulté* : 5 sections : 1) du lac Bruchési au nord du lac
Gagnon (connu localement sous le nom de lac Long),
suite de petits lacs reliés par des bouts de rivière maigres
l'été. Sauvage, et protégé par le parc. 14¼ M., classe II.
2) Jusqu'à la fin du lac Simon, deux grands lacs reliés
par 7 milles de rivière classe II, 28M. 3) Jusqu'à Portage de
la Nation, de longs bouts calmes séparés par des rapides
ou, plus souvent des portages, surtout la section de 4
milles qui suit le lac Simonet, 31M., classe II. 4) Section
très difficile de 7.6M. jusqu'à la fin des chutes de la Nation, à l'ouest de North Nation Mills (ou encore, un peu
passé la limite, sur la rivière, des cantons Lochabert et Petite Nation), classe III et deux portages obligatoires. 5)
Section plate de 4.6M., jusqu'à la rivière des Outaouais,
classe I.

— *Canoë-kayak* : La 4ième section jusqu'au début des chutes
de la Nation, c'est-à-dire jusqu'au pont, est l'une des rares
sections de rivières sportives dans la région de Montréal. Le
rapide le plus intéressant est celui du début à un mille de
Portage de la Nation. En outre, le portage de la chute de
la « Sleigh ronde » n'étant pas ouvert, il n'est pas pour
l'instant conseillé de la portager, puisqu'il n'y a que 1¾M.
entre le pont qui la précède et celui de la chute de la Nation.

A part cette section, seul le rapide en aval du lac Simonet
mérite un voyage spécial ; attention, au début de la série,
la rivière se divise en plusieurs bras : seul celui de droite
est faisable.

— *Portages :* En assez bon état, sauf dans la 4ième section. Dans certains portages après le lac Simon un groupe a ouvert de nouveaux sentiers larges mais très mal tracés, marqués en rouge : on aura intérêt à les éviter et à chercher les vieux portages.

— *Camping :* Emplacements en nombre encore suffisant.

— *Civilisation :* Duhamel, Chénéville (à 1M.), Ripon (à 1 mille), St-André Avelin, Portage de la Nation (pas de rav.), Plaisance (à ½ mille). Plus, par endroits, des chalets, surtout tout autour du lac Simon et, en partie, du lac Gagnon.

— *Eau :* Bonne jusqu'à Duhamel, probablement bonne jusqu'à Chénéville, douteux jusqu'à St-André ; probablement polluée après.

— *Accès :*

— *Route :* Nombreux points d'accès, sauf entre le lac Bruchési et la moitié du lac Gagnon (confluent de la rivière Ernest).

On peut rejoindre le lac Bruchési soit en passant par Papineauville, Duhamel puis les chemins du parc (la carte-guide comprend une bonne description de l'itinéraire), soit en arrivant par la route 11 et Nominingue.

— *Train :* Gare à Nominingue, puis se faire transporter jusqu'au lac Bruchési (6M.). A la fin de la rivière, gare à Plaisance.

— *Hydravion :* Lac Bruchési.

De Montréal au lac Bruchési approximativement 120M. ; de Hull/Ottawa : approximativement 120M., également, en passant par Papineauville, Duhamel, et les chemins du parc.

— *Documentation :* Carte-guide du club Les Portageurs, disponible à la F.Q.C.K. $1.50. Cette carte couvre la rivière Preston, affluent de la Petite Nation ; relevé M. Bauchet et G. Vialle, 1967 ; dessin : G. Vialle.

Remarques sur la carte guide : 1) Le rapide de Chénéville, passé la chute sous le pont, n'est qu'un II à III. 2) Il y a 1 chute et 1 rapide non indiqués, au mille 3.1 sur la carte-guide, puis 1 mille plus loin. 3) Le tracé de la 4ième section a été omis sur la carte-guide. 4) Cette rivière ayant été relevée a printemps, la cotation des rapides paraîtra excessive en d'autres temps. 5) Grâce au relevé d'aménagement qui a été fait de cette rivière, nous espérons pouvoir préparer sous peu une version améliorée de la carte-guide.

— *Parc* : La partie supérieure, entre les lacs Bruchési et Gagnon, est maintenant dans le parc Papineau-Labelle ; en attendant que l'aménagement pour le canot-camping en soit entrepris, appelez au bureau du parc, à Val des Bois (454-0073) pour connaître les conditions, horaires des barrières etc...

— *C. T.* : 31-J/6-E, 31-J/3-E, 31-G/14-E, 31-G/11-E, 31-G/10-O.

— *Circuits* : 1) Il existe une belle possibilité de circuit en partant du lac Bruchési : prendre la rivière, remonter vers les lacs Montjoie et Sept Frères au début du lac St-Denis (portage), puis, au Nord du lac Sept Frères revenir au lac Bruchési par les lacs Diamond, Lartigue et Mercier. Ce circuit doit être aménagé par le parc Papineau-Labelle en 1973, mais pour l'instant l'état des portages nous est inconnu.

2) Les rivières Petite-Nation et Preston sont parallèles, et il est possible de faire un circuit grâce à deux portages qui les relient : un entre les lacs St-Denis et Castor, l'autre entre les lacs Gagnon et Preston, au sud de ces deux lacs ; en outre, les deux rivières se rejoignent peu avant le lac Simon.

— *Affluents* : — Branche ouest de la rivière — Rivière Ernest — Rivière Preston — Rivière Iroquois — Ruisseau Scryer — Petite Rivière Rouge — Rivière St-Sixte.

1) Branche ouest de la rivière : Au lieu de commencer la rivière au lac Bruchési, on peut la commencer au lac des Sept Frères. Nous ne disposons pas de renseignements sur cette branche, mais savons qu'elle est assez souvent empruntée par les canot-campeurs. Partir par le lac des Sept Frères a l'avantage de nécessiter moins de déplacements avec les voitures, en montant par Duhamel. Peut-être serait-il

115

possible, par eau haute, de partir du lac des Zouaves, au bord du chemin Nominingue-Kiamika. Section très sauvage. Classe ?. C. T. : 31-J/6-E, 31-J/3-E.

2) Rivière Ernest : Belle petite rivière sauvage, qui constitue la limite du parc Papineau-Labelle du lac Gagnon au pont du chemin de la Cie MacLarens. Du lac Ernest au lac Gagnon : 10M., trois R-II de 100' et deux R-III de 100' et 150'. En aval du lac Ernest, il devrait être possible de partir, mais par eau très haute seulement, du pont peu avant la fourche des chemins N.D. du Laus et Kiamika. 6 milles passé Duhamel un chemin à droite longe le lac Gagnon et se termine au confluent de la rivière Ernest. Pas de drave. Propre, très sauvage.
C. T. : 31-J/3-E.

3) Rivière Preston : Carte-guide.
— Petite rivière formée d'une suite de lacs, dont la moitié, du sud du lac Castor au pont entre les lacs Preston et Petit Preston est maintenant dans le parc Papineau-Labelle.
Idéale pour les débutants : lacs, petits rapides, portages courts.

— Coule dans une direction générale sud, de quelques milles à l'ouest de La Minerve et Lac Désert à son confluent dans la Petite Nation entre Duhamel et le lac Simon.

— *Longueur :* Relevé sur 20¼M., peut-être canotable plus en amont, à partir du lac Patelin, soit 7M. de plus.

— *Difficultés :* Aucune. Classe générale II —.

— *Canoë-kayak :* Aucun intérêt.

— *Portages :* Bons.

— *Camping :* Aucun emplacement trouvé sur tout le lac Preston. Nombre suffisant ailleurs.

— *Civilisation :* Aucun village, mais des chalets le long des lacs La Minerve et Castor.

— *Eau :* Probablement potable.

— *Accès :*
— *Route :* Par le nord, route 11, prendre à gauche 3 milles passé Labelle la route du Lac Désert et La Minerve. Un nouveau chemin relie les lacs La Minerve, Marie Le-

116

franc, traverse la rivière entre les lacs Preston et Petit Preston, et rejoint Duhamel. On peut monter par Papineauville et Duhamel, laisser des voitures à la fin de la rivière, et continuer par ce chemin jusqu'au début de la rivière. On peut terminer la rivière, soit à Duhamel, en remontant la Petite Nation sur 2 milles, soit au lac Simon où la S.A.O. (Société d'Aménagement de l'Outaouais) aménage un accès public au nord du lac, à l'ouest de la Petite Nation.

— *Train :* Par Labelle, puis se faire conduire par camion ; il faut alors continuer la Petite Nation jusqu'à Plaisance.

— *Documentation :* Carte-guide du club Les Portageurs, disponible à la F.Q.C.K., soit Petite Nation.

— Se renseigner auprès du parc Papineau-Labelle, Val des Bois (téléphone : 73), pour savoir les conditions et horaires d'admission.

C. T. : 31-J/3-E pour la partie relevée.

4) Rivière Iroquois : Rien, première. Peut-être canotable du lac Chevreuil, au bord d'un chemin, et coule vers le sud-est pour se jeter dans le lac Simon, 11.2M. Très sauvage. Le chemin du lac Chevreuil étant la limite du parc Papineau, Labelle, la rivière elle-même n'est pas dans le parc.

Accès : Par Duhamel, tourner à gauche à la fourche où se trouve la barrière du parc. Classe probable, si aucune obstruction : II — pour la première partie II+ pour la fin.

C. T. : 31-J/3-E, 31-G/14-E.

5) Ruisseau Scryer : Probablement canotable si pas trop obstrué, du lac Scryer à son confluent dans la baie de l'Ours du lac Barrière. Approximativement 6.5M. Classe probable I. Accès par Papineauville, puis, Montpellier vers le nord.

C. T. : 31-G/14-E.

6) Petite Rivière Rouge : Elle n'est peut-être pas très rouge, mais certainement très petite : 30 milles. Elle sort du lac des Plages (lac Désormeaux) par un petit barrage. Puis deux milles de canot sur un lac tranquille. A la sortie, un petit barrage, puis la rivière est belle et sauvage pour 1½M. jusqu'au lac Emile près du village St-Emile-de-Suffolk. Cette rivière est à déconseiller pendant des temps secs. Après

une semaine quelque peu pluvieuse, on est certainement moins obligé de manoeuvrer entre les roches et les bancs de sable ou de marcher dans la rivière à côté du canot. Huit milles et demi après le départ, sous le pont de la route 57, le premier portage (accoster 50 pieds avant le pont, à droite, puis traverser le pont et portager à gauche, soit dans le sentier, soit, si vous êtes très chargés ou peu habitués, dans les champs, plus à gauche) ; un quart de mille. La rivière passe ici dans un canyon de trois pieds de large, entre deux parois à pic de vingt pieds. De là, la rivière est calme pendant dix milles jusqu'à un rapide très violent (portage à gauche de un demi-mille), suivi d'une autre, un mille plus loin, de cinq cents pieds (portage à droite), trois milles plus loin, un barrage (portage à droite), et la rivière redevient calme jusqu'à son confluent avec la rivière Petite Nation, six milles et demi plus loin.

C'est une très belle rivière à conseiller au débutant, et qui pourrait se faire aisément en une fin de semaine de deux jours.

Classe II —. Point d'accès nombreux : à Montebello, entre Hull et Montréal, prendre vers le nord, la route 57. Région de chalets et de fermes, et l'eau est probablement polluée près de, sinon dès, son début.

C. T. : 31-G/15-O, 31-G/14-E, 31-G/10-O. Renseignements M. Bauchet. Cette rivière a déjà été descendue plusieurs fois.

7) Rivière St-Sixte : Rien, première. Probablement canotable en aval du confluent de la branche St-Sixte est, soit sur quelques 15M. Mais les derniers deux milles ne sont sans doute qu'une suite de rapides, cascades, chutes. Les audacieux pourraient, au printemps, essayer de partir du lac En Coeur, ou même du lac St-Sixte. Région de fermes, donc eau douteuse. Classe probable I —, sans compter les deux derniers milles.

Accès par Plaisance ou Thurso, puis vers le nord jusque passé St-Sixte.

C. T. : 31-G/11-E ; pour la partie nord : 31-G/14-E et O.

La rivière du Nord
Carte-guide

— *Situation géographique :* Prend sa source au Nord de Ste-Agathe, coule vers le Sud et se jette dans l'Outaouais un peu à l'ouest de Montréal.

— *Longueur :* 75 milles, navigable au complet sauf sur une section de 5.6M. à St-Jérôme, qui n'a pas été relevée.

— *Intérêt divers :* La rivière la plus proche, la plus « civilisée » et sans doute la plus polluée des environs de Montréal. Quelques sections sont cependant restées intéressantes. Une bonne partie de la section 7, St-Jérôme-Lachute, est située dans la zone expropriée de l'aéroport de Ste-Scholastique (Mirabel), et devrait rester assez sauvage. Cette rivière est surtout intéressante pour du canotage de quelques heures ; accessible en de nombreux points, elle peut se remonter sur plusieurs de ses parties. Voir plus loin.

— *Difficultés et hauteurs d'eau :* 8 sections : 1) Les lacs Ludger et Brûlé. 2) Jusqu'à la fin du rapide Préfontaine, 4M., classe III. 3) Jusqu'à la fin du lac Raymond, 8M., classe I, avec un portage. 4) Jusqu'à la fin de la série des rapides un peu en aval du confluent de la Doncaster, 4M., classe III/IV. 5) jusqu'à St-Jérôme, 30.4M., classe 1+, avec un portage à Mont-Rolland. 6) A St-Jérôme, suite de chutes, rapides, barrages pour 5.6M. 7) De la fin de St-Jérôme à Lachute, 25M., classe I (pas un rapide). 8) De Lachute à la fin, 12.4M., classe II, avec deux barrages à Lachute. Par eau très basse, il est préférable d'éviter la 2ième section.

— *Canoë-kayak :* La 2ième section est intéressante avec un peu d'eau, et on peut camper à la fin du rapide Préfontaine. La 4ième section commence par les infrans des chutes de Ste-Marguerite, mais le reste de la section vaut le dérangement. Dans le reste de la rivière, seuls des rapides isolés peuvent attirer le canoë-kayakiste.

— *Portages :* En bon état. Souvent des chemins.

— *Camping :* Emplacements de plus en plus rares et, surtout, de moins en moins sauvages. C'est la première rivière que la F.Q.C.K. va s'efforcer de récupérer (voir les articles au

début du guide) avant qu'il ne soit trop tard, c'est-à-dire très
bientôt...

Bon emplacement à la fin du rapide Préfontaine pour pratiquer en eau-vive.

— *Civilisation :* Trop, et pas sous ses meilleurs aspects ; nombreux villages jusqu'à St-Jérôme. La « route du Nord » (11),
suit la vallée de cette rivière, ce qui explique le nombre
de villages, chalets. Grosses usines à Mont-Rolland et St-
Jérôme.

— *Eau potable :* L'eau de la rivière est polluée sur toute sa
longueur (renseignement sûr), dangereusement sans doute
à partir de Mont-Rolland (forte pollution chimique).

— *Accès :*
— *Route :* Nombreux points d'accès tout le long de la
rivière. La section St-Jérôme-Lachute se remonte facilement. A part quelques courts et faciles rapides, la section Mont-Rolland-St-Jérôme se remonte assez facilement.
C'est donc une rivière qui convient à ceux qui veulent faire
un aller-retour de quelques milles dans la journée. St-Jérôme
n'est qu'à 30M. de Montréal, Ste-Agathe 60M.
— *Train :* Gare à tous les villages de long de la rivière (C.
P.R.).

— *Documentation :* Carte-guide du club Les Portageurs disponible à la F.Q.C.K., $1.75. Cette carte couvre la rivière
Doncaster. Relevé de M. Bauchet ; dessin G. Vialle. Petite
histoire du canot-camping au Québec : la rivière du Nord
est la première dont un relevé utilisant la classification internationale fut effectué au Québec en 1959.

C'est également sur ses bords, près de Shawbridge qu'eut
lieu en 1954 le premier camp officiel du C.C.C. (Camping
Club du Canada), dont devaient venir les autres clubs
de camping, les clubs de canot-camping Les Portageurs et
Rabaska, les deux fédérations, sous la présidence de son
fondateur, Jean-Paul Denis. Il y avait un canot.

— *Cartes topographiques :* 31-J/1-O et E, 31-G/16-E, 31-G/9-O
et E.

— *Affluents :* Le ruisseau Noir. La rivière Doncaster. La rivière aux Mulets. La rivière Simon. Le ruisseau Bonnie-brook. La rivière de l'Ouest. La rivière St-André.

AFFLUENTS

— 1) Le ruisseau Noir : *Rien, première.* Longe la route (11) au Nord de Ste-Agathe. Peut-être canotable à partir de Nantel, approximativement 10M., au printemps ; par eau haute l'été à partir de Degrobois. Classe probable : I/II. *C.T. :* 31-J/1-O.

— 2) Rivière Doncaster : (Carte-guide). Belle petite rivière assez sportive et sauvage, mais à éviter par eau basse. Coule vers le Sud de Ste-Lucie de Doncaster à Ste-Adèle. Navigable sur 28 milles, mais relevée à partir du mille 5.5.

— *Difficulté :* 2 sections : classe I pour les 13 premiers milles, puis classe III pour tout le reste.

— *Canoë-kayak :* Au printemps, ou par eau très haute, les 15 milles de la 2ième section doivent être exceptionnellement intéressants, malgré quelques sections de plat entre les rapides.

— *Portages :* Bons.

— *Camping :* Emplacements suffisants.

— *Civilisation :* Ste-Lucie au début, Ste-Marguerite vers la fin ; rivière restée sauvage, mais pas pour longtemps.

— *Eau :* Probablement potable !

— *Accès :* Route : Facile en plusieurs endroits.

— *Documentation :* La même carte-guide que celle de la rivière du Nord.

— *Cartes topographiques :* 31-J/1-E et 31-G/16-E.

— 3) Rivière aux Mulets : Seuls les lacs du début sont canotables : lacs St-Joseph, Ste-Marie, Théodore. *C. T. :* 31-G/16-O.

— 4) Rivière Simon : Petite rivière souvent utilisée au printemps par le club Les Portageurs. Navigable à partir de Morin Heights, soit sur environ 7M., mais l'avant-dernier mille doit être laissé aux embarcations pontées.

Classe II si on exclut la fin.

C. T. : 31-G/16-E.

— 5) Ruisseau Bonniebrook : *Rien, première.* Ruisseau peut-être navigable à partir de la réunion des décharges des lacs Tamaracouta et Ouimet. Mais la classe moyenne doit être III, 12M.

C. T. : 31-G/16-E et 31-G/9-E.

— 6) Rivière de l'Ouest : *Rien.* Belle rivière sauvage, que l'on peut prendre à St-Michel de Wentworth. De là, 18M., jusqu'à la rivière du Nord à Lachute. Suite de bouts calmes et de forts rapides.

C. T. : 31-G/9-O et 31-G/16-0. Classe II/III.

Ses trois affluents : la rivière Dalesville, la Branche Est, et le ruisseau des Vases, sont probablement canotables sur plusieurs milles.

— 7) Rivière St-André : *Rien, première.* Probablement canotable à partir du pont de St-Hermas, soit 8M. Classe I, mais rapide probable vers Rogerdale.

C. T. : 31-G/9-O.

Bassin de la rivière des Outaouais

Itinéraires composés

1) Région du lac Kipawa, à l'est du lac Témiscamingue, 140M. par : départ à Kipawa, vers le nord pour 10M., vers le sud-est par les lacs Hunter, Grindstone, Mungo, puis vers le nord, à nouveau vers le sud-est par la chute Pin Rouge, Ragged Chute et un P. de 6min. Continuer vers le nord par le lac Brennan jusqu'à la rivière Kipawa, et, toujours vers le nord, jusqu'au barrage. Traverser le lac des Loups jusqu'à Young's Farm, où il y a un court P. ; il y a 3 ou 4 courts P. en remontant la Kipawa. De Young's Farm portager jusqu'au lac Ogascanan puis, (¾M.), jusqu'au lac Sasaginaga. Continuer vers le nord par le lac Ascoe, puis vers l'ouest par le lac Cinq Milles jusqu'à la rivière Sasaginaga et le lac Ostabong ; vers le sud de ce

lac pour 12M. jusqu'à sa fin, au quai ; 1M. de P. jusqu'à Hunter's Point ; descendre 3M. vers le sud-est, puis 3M. sud-ouest jusqu'au lac Kipawa et le point de départ.

Renseignements fournis par : The Boy Scouts of Canada.

Accès : Par North Bay ou, en venant de Montréal ou de Hull-Ottawa, par Mattawa, le long de la rivière des Outaouais.

C. T. : 1/250.000 : 31-L et M ; cartes au 1/50.000.

2) Région du lac Témiscamingue, circuit d'approximativement 75M., à partir du village de Témiscamingue, par : lac Témiscamingue vers le nord, P. de 3M. jusqu'à Laniel (le Portage Indien) ; sur le lac Kipawa, vers le sud-est, pour 30M. jusqu'à la baie Pratt. Un court P. jusqu'au lac Windy, un autre court au lac Smith ; descendre la rivière jusqu'au lac Beauchêne ; vers la fin de ce lac, P. 3M. jusqu'au lac Témiscamingue, où l'on rejoint le point de départ vers le nord.

Renseignements fournis par : The Boy Scouts of Canada.

C. T. : 1/250.000 : 31-L et M. Cartes au 1/50.000 disponibles.

RIV. No	NOMS	SUPERFICIE (mi.ca.)
22	Rivière l'Assomption	1630
36	Rivière Saint-Jean	26.4
35	Rivière Saint-Joseph	21.4
23	Rivière la Chaloupe	52.0
24	Rivière Bayonne	134
25	Rivière Chicot	76.4
26	Rivière Maskinongé	440
27	Petite Rivière du Loup	34.3
28	Rivière du Loup	590
29	Petite Rivière Yamachiche	34.7
30	Rivière Yamachiche	106
34	Rivière aux Glaises	12.6
33	Ruisseau Saint-Charles	19.4
32	Rivière aux Sables	5.49
31	Rivière Sainte-Marguerite	3.43
01	Rivière Saint-Maurice	16700
02	Rivière Champlain	123
03	Rivière Batiscan	1810
04	Rivière Sainte-Anne	1040
38	Rivière du Moulin	15.5
05	Rivière Lachevrotière	37.3
06	Rivière Belle Isle	16.7
07	Rivière Portneuf	140
08	Rivière Jacques-Cartier	971
39	Rivière du Cap Rouge	30.3
09	Rivière Saint-Charles	198
40	Rivière Beauport	10.7
10	Rivière Montmorency	425
41	Rivière du Petit Pré	21.3
42	Rivière du Sault à la Puce	23.7
11	Rivière aux Chiens	32.1
12	Rivière Sainte-Anne du Nord	416
43	Petite Rivière Saint-François	18.3
44	Rivière du Moulin	12.9
13	Rivière du Gouffre	387
45	Rivière du Moulin	13.8
14	Rivière Jean-Noel	54.7
15	Rivière Malbaie	714
16	Rivière du Port au Saumon	33.5
17	Rivière Noire	88.8
46	Rivière du Port aux Quilles	29.2
47	Rivière de la Baie des Rochers	23.2
48	Rivière du Lac du Basque	13.4
18	Rivière aux Canards	72.8
49	Ruisseau Sainte-Catherine	3.94

Bassin de la rivière Assomption

— RIVIÈRE ASSOMPTION
  — Rivière Noire
  — Rivière Ouareau
    — Lacs, Clef, Garon, Baribeau
    — Rivière Dufresne
    — Rivière Rouge, N.O. et N.E., et rivière Blanche
  — Rivière St-Esprit
  — Rivière l'Achigan et rivière Beauport
  — Ruisseau du Point du Jour

La rivière Assomption
Carte-guide

— *Situation géographique :* Cette rivière se jette dans le St-Laurent au bout de l'île de Montréal, après un cours S.S.-E.
— *Longueur :* Approximativement 110M., mais 78 seulement recommandés pour le canot-camping, jusqu'à Joliette. En aval, la rivière est sale et coule entre des champs, des chemins, des maisons. Relevée de son début à Joliette.
— *Intérêts divers :* Belle rivière pour le canot-camping, proche de Montréal, mais dont seule la partie supérieure, jusqu'à l'ouest de St-Félix de Valois, est encore assez sauvage. Ne pas manquer d'aller voir les chutes Montapel (nous ne sommes pas sûrs de l'orthographe). Les dix premiers milles sont maintenant dans le parc de Joliette.
— *Difficultés et hauteurs d'eau :* 5 sections : 1) Du lac Assomption au début de la série des chutes Montapel, 38M., classe II. 2) Pour éviter les 3 portages qui suivent, se faire transporter par la route. 3) Jusqu'à Joliette, 34M., classe I+. 4) A Joliette et peu après, quelques portages et rapides. Non relevé, classe probable III. 5) Jusqu'au St-Laurent, classe I. Longueur totale approximative des différentes classes de rivière pour les sections : 1) lac : 3.5M. ; R-II : 1M. ; R-III : 0.5M. ; R-VI : 0.5M. 3) R-II : 0.3M. ; R-III : 0.3M. ; R-IV : 0.2M.

— *Canoë-kayak :* Aucun intérêt.

— *Portages :* En bon état.

— *Camping :* Emplacements peu nombreux.

— *Civilisation :* St-Côme (21M.), St-Alphonse (30M.), St-Jean de Matha (40M.) à 2M. de la rivière, Joliette. Pas de drave.

— *Eau potable :* Rivière propre jusqu'à St-Côme, douteuse jusqu'à Joliette, vraisemblablement polluée après.

— *Accès :*
 — *Route :* Route 42, en passant par Joliette. Nombreux points d'accès le long de la rivière. De Montréal à Joliette : 40M. ; de Joliette au lac Assomption : 51M.
 — *Train :* Gares à Joliette, l'Assomption et Charlemagne (à la fin de la rivière). C.N.R.
 — *Hydravion :* Lac Assomption, si le pilote le trouve assez grand.

— *Documentation :* Carte-guide du club Les Portageurs, jusqu'à Joliette, disponible à la F.Q.C.K. $1.50. Relevé par M. Bauchet ; dessin par G. Vialle.

— *PARC :* Les 10 premiers milles de la rivière sont dans le nouveau parc de Joliette. En attendant que les autorités organisent le canot-camping dans le parc, on peut, soit partir à la limite du parc, soit demander une autorisation à l'avance au chef de district, Monsieur André Laforte, 5075 rue Fullum, Montréal, (514) 873-2969.

— *Cartes topographiques :* 1/50.000 : 31-J/8 E, 31-I/4 E, 31-I/5 O, 31-I/3 O.

La rivière Noire

— *Rien.* Belle petite rivière, mais un peu maigre et pas trop sauvage. Sections : 1) Du lieu dit La Barrière, 8M. passé Ste-Emilie de l'Energie sur la route 43, jusqu'au confluent du lac Koël, approximativement 6M., classe I. 2) Suite de chutes jusqu'au pont, 2M. 3) Jusqu'à Ste-Emilie, 3M. classe II⁻. 4) Jusqu'à la fin du lac Noir, 12M., classe I. 5) Jusqu'au confluent dans la rivière Assomption, 7M. classe III. La route 43 longe plus ou moins la rivière jusqu'à Ste-Emilie. Point d'accès nombreux, même après.

Petite rivière à éviter par eau basse.

Emplacements de camping rares, eau douteuse à cause du grand nombre de camps au début de Ste-Emilie, puis des fermes.

La rivière Ouareau

Carde-guide partielle

— *Situation géographique :* Affluent rive droite de la rivière Assomption ; prend sa source vers St-Donat, coule vers le S.-E., et se jette dans l'Assomption en aval de Joliette.

— *Longueur :* 74 milles du lac Lajoie au confluent, tous canotables mais pas pour tous... Les sections 2 et 3 seulement ont été relevées.

— *Intérêts divers :* La plus difficile des rivières accessibles de Montréal en fins de semaines ; avec assez d'eau, un paradis pour le canoë-kayak. Pas de canot-camping familial sur la Ouareau, sauf sur la 1ère section. Encore assez sauvage jusqu'au début du lac Pontbriand.

— *Difficultés et hauteurs d'eau :* 6 sections : 1) Du début du lac Lajoie à la fin du lac Ouareau, 15.6M., classe I, aucun rapide. 2) De la fin du lac Ouareau jusqu'au confluent du Ruisseau Noir, 18M., classe III/IV. 3) Jusqu'au lac Pontbriand, 13M., classe II+. 4) Le lac Pontbriand, le barrage, puis 2 milles de calme : 6.2M. 5) 3 milles classe III avec au moins 2 infrans. 6) Jusqu'au confluent, 17.8M., classe II/III (quelques milles calmes suivis d'un bon rapide, etc...).

— *Dénivellation :* 1.250', 17'/M. ou 0.32%.

— *Canoë-Kayak :* C'est la seule rivière facilement accessible de Montréal en fins de semaines, avec certaines parties de la Rouge, propice au canoë-kayak sur au moins plusieurs milles. La meilleure section est bien sûr la deuxième. Plusieurs rapides sont suffisamment longs pour l'entraînement, la pratique ; certains pourront probablement être retenus pour la compétition, mais nous ne disposons pas encore l'opinion d'un spécialiste.

— *Portages :* En mauvais état dans la 2ième section.

- *Camping :* Emplacements peu nombreux dans la 2ième section. Peu intéressant en aval de Montcalm (avant St-Liguori).
- *Civilisation :* St-Donat, à 1M. de la rivière entre les lacs Archambault et Ouareau. Nombreux chalets dans la première section et jusqu'à la fin du lac Perreault (lac Croche). Pont dit « du Gouvernement » au N-E de Chertsey (épicerie). Rawdon (restaurant près du pont). St-Liguori, Crabtree. Pas de drave.
- *Eau potable :* L'eau de la rivière est douteuse dès le début, et probablement polluée après Rawdon.
- *Accès :*
  - *Route :* Nombreux points d'accès tout le long de la rivière, sauf entre le lac Perreault, le pont de Notre-Dame de la Merci, et le pont au N-E de Chertsey, soit sur la 2ième section. Distance de Montréal à St-Donat : 85M.
  - *Train :* On peut arriver par la gare de Ste-Agathe (C.P.R.) et se faire transporter par camion jusqu'au sud du lac Archambault. (15M.). Vers la fin de la rivière : Crabtree et l'Assomption.
  - *Hydravion :* Lac Archambault ou Ouareau.
- *Documentation :* Carte-guide du club Les Portageurs, disponible à la F.Q.C.K., $1.00. Les sections 2 et 3 seulement, soit 31M. Relevé et dessin : G. Vialle.
- *Parc :* Les 2 premiers milles, des lacs, sont dans le parc de Mont-Tremblant ; il est plus simple de commencer à la barrière du parc.
- *Cartes topographiques :* 1/50.000 : 31-J/8 O et E, 31-I/5 O, 31-I/4 O et E, 31-H/13 E, 31-H/14 O.
- *Circuits :* Assez curieusement, c'est dans le bassin de cette rivière difficile qu'existe l'un des rares circuits faciles pas trop éloignés de Montréal : lacs Archambault, Ouareau, Perreault, Garon, Clef, Pembina, Archambault, 20M. Peut se faire dans les 2 sens. Le portage entre les lacs Clef et Pembina est facile, mais n'est pas marqué ; aller le reconnaître.
- *Un peu d'histoire :* C'est à la fin du Lac Ouareau que

fut officiellement fondé en 1963, le premier club de canot-camping du Québec, Les Portageurs ; et bien des canot-campeurs aujourd'hui expérimentés ont fait leurs premières armes dans le rapide après le barrage du lac Ouareau.

— *Affluents :* — Lacs Clef, Garon, Baribeau — Rivière Dufresne — Rivière Rouge.

— 1) Lacs Clef, Garon, Baribeau : voir plus haut, circuit.

— 2) Rivière Dufresne : *Rien.* Petite rivière souvent obstruée, à éviter par eau basse. Encore très sauvage. On peut essayer de la prendre au lac Gai, le long de la route 30, mais il serait plus prudent de mettre à l'eau à l'un des ponts que l'on passe en prenant le chemin vers l'est entre les lacs Gai et Dufresne. Longueur totale : 20M., classe probable II/III.

C. T. : 31-J/1 E, 31-J/8 E, 31-I/5 O.

— 3) Rivière Rouge : (Ne pas confondre avec la plus connue, qui passe par Labelle et est un gros affluent de la rivière des Outaouais). *Rien, Première.* Affluent qui longe assez curieusement la rivière Ouareau sur la presque totalité de son parcours. Passe par Rawdon et se jette dans la Ouareau peu avant Crabtree. A deux branches à son début ; la branche ouest : à part le lac Rawdon et une section d'un mille à son amont, cette rivière n'est canotable qu'en aval de la courbe de niveau de 200', environ 3 milles en aval du lac. De là, 19M. jusqu'au confluent. Classe probable I et II+ dans les derniers milles. La branche est : elle pourrait peut-être être commencée par son affluent, la rivière Blanche, au pont de la route 42, plus en aval si l'eau est insuffisante. 9 milles jusqu'au confluent avec la branche ouest.

C. T. : 31-I/4 E, 31-H/13 E, 31-H/14 O.

Cette rivière coule entre des champs, et il est à craindre qu'en plus de n'être pas sauvage, son eau soit à la fois polluée et sale.

La rivière St-Esprit

— *Rien, Première :* Affluent qui coule dans la plaine du St-Laurent ; donc, peu sauvage, sauf peut-être quelques milles vers la fin. Peut-être canotable un peu après Ste-Julienne, plus probablement à partir de St-Esprit ; 18.5M. jusqu'à sa fin. Classe probable I jusqu'à Laurence, II/III jusqu'à la fin. Points d'accès nombreux par la route.

C. T. : 1/50.000 : 31-H/13 E, 31-H/14 O.

La rivière l'Achigan

— *Rien :* Affluent du même type que le précédent, mais un peu plus gros. Canotable à partir de New Glasgow, soit sur 28 milles ; avec de l'eau très haute, pourrait être tentée plus haut, soit du lac l'Achigan, soit de St-Calixte (riv. Beauport), mais sa pente est très forte. Nombreux points d'accès par la route. Classe probable : 1 jusqu'à St-Roch-de-l'Achigan, II+ pendant 5M. 1/II pour le reste.

C. T. : Les mêmes que pour la St-Esprit, plus : 31-H/13 O.

Le ruisseau du Point du Jour

— *Rien, première :* Petit affluent qui finit à l'Assomption, approximativement 10M., à partir du pont de Beausoleil. Classe I.

C. T. : 31-H/14 O.

Intérêt douteux.

La rivière du Loup

Carte-guide

— *Situation géographique :* Affluent rive gauche du St-Laurent, entre Montréal et Trois-Rivières. Se jette dans le St-Laurent à Louiseville. Direction générale S.S.-E.

— *Longueur :* 65 milles canotables et relevés sauf une section de 4¾M.

— *Intérêts divers :* L'une des rivières les plus sauvages accessibles en fins de semaines de Montréal, mais la première partie est réservée aux canot-campeurs d'expérience. La partie supérieure de la rivière étant maintenant dans le nouveau parc Mastigouche, ce caractère sauvage sera préservé.

— *Difficultés et Hauteurs d'eau :* Dénivellation 900' soit 14'/M. ou 0.26%. 4 sections : 1) De la fin des Sept Chutes après le lac Bourassa jusqu'au mille 19 : classe II+. 2) Jusqu'à Hunterstown, 20¼ M. classe I (pas un rapide). 3) De Hunterstown au pont de la route 44, 4¾ M., pas relevé parce que jugé trop difficile après évaluation sur carte. 4) Jusqu'au confluent, 38¾ M. et à part 2M. de rapides au début, classe I. Cette rivière ayant déjà un vaste bassin quand elle devient canotable, elle est probablement canotable même par eau moyennement basse.

— *Canoë-kayak :* Deux séries de rapides, aux milles 7 et 18 de la carte-guide, sont suffisamment longs pour mériter un déplacement : 1¼ M. chacun. Mais il y a un infran. dans le premier. La partie non relevée en aval d'Hunterstown comprend de nombreux rapides, mais également plusieurs infran. De Hunterstown au seuil IV du mille 47 : 7,5M. Enfin, pour les canoë-kayakistes que des rapides II-III contentent, la première section est assez soutenue, c'est-à-dire du début jusqu'au mille 7 où on peut reprendre la route pour éviter les rapides violents et les chutes qui suivent.

— *Portages :* Existent, mais ne sont pas en bon état. Cette rivière ne semble pas très fréquentée par les canot-campeurs ; la seule raison évidente est qu'elle est peu connue.

— *Camping :* Emplacements suffisamment nombreux.

— *Civilisation :* Le premier village, St-Alexis des Monts est à 27½M. du début ; Hunterstown, au mille 39¼ ; Louiseville, une petite ville, quelques milles avant la fin. Pas de drave.

— *Eau potable :* L'eau de la rivière est potable jusqu'à St-Alexis, probablement potable jusqu'à Devault (56¼ M.), douteuse après, surtout à cause des fermes.

— *Accès :*
— *Route :* Nombreux points d'accès le long de la rivière. Distance : de Montréal à Louiseville : 60M. De Québec à Louiseville : 105M.

— *Train :* A St-Paulin seulement (C.N.R.), début de la dernière section, et à Louiseville pour le retour.

— *Hydravion :* Lac Bourassa, au début de la rivière, mais aucune base près de la fin de la rivière.

— Documentation : Carte-guide du club Les Portageurs, disponible à la F.Q.C.K. $1.50. Relevé par Pierre Leroux ; dessin par G. Vialle.

La rivière a été relevée de la fin des Sept Chutes à son confluent, à l'exception de la section 3. Il serait possible de la prendre plus haut, probablement du lac Soufflet, mais les chemins pour cette région, s'il y en a, nous sont inconnus.

— *Parc :* Les 10 ou 12 premiers milles de la rivière sont maintenant dans le parc Mastigouche. Le canot-camping n'est autorisé dans le parc qu'avec une autorisation du chef de district, Monsieur André Laforte, 5075 Fullum, Mtl (514) 873-2969. Mais il est possible de mettre à l'eau près de la limite du parc. Ce parc est l'un des trois nouveaux des environs de Montréal, et il faut donner aux autorités le temps de les organiser.

— *Cartes topographiques :* 1/50.000 : 31-I/11 O — 31-I/11 E — 31-I/6 E — 31-I/7 O — 31-I/2 O.

— *Affluents canotables :* La rivières des Iles — Le ruisseau des Pins Rouges.

Affluents de la rivière du Loup

— 1) RIVIERE DES ILES. *Rien, première.* A partir du lac des Iles, 11M., ou par son affluent, la rivière sans bout, à partir du lac Jimmy, 13½ M. Classe probable 2+ jusqu'au lac Sorcier. Du lac Sorcier à la rivière Ruban, s'attendre à une suite ininterrompue de chutes, cascades, rapides dangereux (300 pieds de dénivellation en 3.8M!) Accès par chemin forestier ou hydravion.

— 2) RUISSEAU DES PINS ROUGES. *Rien, première.* A partir du lac Larose, 7.5M. Chemin au moins jusqu'au lac des Pins Rouges, d'après les cartes. Classe probable 2+ (portages). Par eau haute seulement.

Bassin du St-Maurice

Situé entre Montréal et Québec, mais commençant 200M. au nord de Montréal, le bassin de la rivière St-Maurice est l'un des plus propices à la fois aux canot-camping des fins de semaines et expéditions plus longues.

La St-Maurice est réputée pour être l'eau la plus utilisée au monde : centrales hydro-électriques, flottage du bois ; les lacs artificiels (réservoirs) sont donc nombreux sur toute l'étendue de son bassin. Trois-Rivières, à son embouchure, est la capitale mondiale de la pâte à papier, ce qui donne une idée de l'importance des opérations forestières et de flottage.

La St-Maurice a un bassin de 16,700 milles carrés, ce qui en fait une grosse rivière (7 fois la Rouge !)

Grâce, ou à cause, des opérations forestières, les chemins sont relativement nombreux dans ce bassin. En outre, le chemin de fer de l'Abitibi traverse le bassin dans sa longueur. Ce chemin de fer (C.N.) part de Montréal et Québec, les rames sont réunies à Hervey Junction, un peu au nord-est de Grand-Mère, part vers le nord jusqu'à La Tuque, puis vers le nord-ouest et l'ouest où il passe à la tête des eaux entre les bassins de la Baie d'Hudson et du St-Laurent, plus précisément Nottaway et Outaouais.

La rivière St-Maurice
Renseignements ci-dessous.

— *Situation géographique :* La St-Maurice est le déversoir du réservoir Gouin ; elle coule vers le sud-est pour 130M., soit jusque vers La Tuque, puis vers le sud jusqu'au St-Laurent où elle se jette à Trois-Rivières.

— *Longueur :* 235M. Canotable au complet.

— *Intérêts divers :* Accès facile à la fois de Montréal et Québec en fins de semaines. Très belle vallée, restée assez sauvage jusqu'à Grand-Mère.

— *Inconvénients :* Drave.

— *Difficultés et Hauteurs d'eau :* 3 sections : 1) Du réservoir Gouin à La Tuque, 135M., 5 rapides rapportés comme non canotables obligeant à portager pour un total de 4 à 5M., plus des rapides navigables, et des barrages aux endroits suivants : — A la fin du réservoir Gouin — A Rapide Blanc (P. à G.) — Le barrage La Trenche (P. à G. puis à D.) — Le barrage Beaumont (P. à G.) 6M. avant La Tuque. — La Tuque.

Renseignements fournis par B. Goodfellow, compagnie C.I.P., La Tuque, et L. Anctil, compagnie Consolidated Bathurst, Grand-Mère.

2) De La Tuque à Grand-Mère, 70M. Classe générale I. Aucun rapide : E.V. après le confluent de la rivière Mattawin. Par eau basse, il est parfois facile de s'échouer dans des veines d'eau trop maigres.

3) De Grand-Mère à la fin, 30M. : Barrage à Grand-Mère. R. facile 1M. plus loin, R. difficile à 4½M. de Grand-Mère (première grande île), P. sur l'île. Barrage à Shawinigan, P. à D. Barrage à La Gabelle, P. à D. Rapide facile 6½M. plus loin. Renseignements fournis par L. Anctil compagnie Consolidated Bathurst, Grand-Mère.

— *Canoë-kayak :* Nous n'avons pas de détails assez précis sur les R. de la première section, mais certains seraient intéressants.

— *Portages :* Existent, mais état inconnu.

— *Camping :* ?

— *Civilisation :* A part la 3ième section, la rivière est restée assez sauvage, très sauvage en amont de La Tuque. Mais la rivière est intensément utilisée pour le flottage du bois, et il est prudent de vérifier avec la compagnie St-Maurice River Boom, à Trois-Rivières, que la rivière n'est pas bloquée avant d'en entreprendre la descente. Les estacades (booms) sont nombreuses sur cette rivière, mais la plupart sont disposées de façon à permettre le passage sur l'eau.

— *Eau potable :* Eviter l'eau de la rivière en aval de La Tuque, à cause tant de la drave que de l'usine.

— *Accès :*

— *Route :* A partir de Montréal ou de Québec, atteindre La Tuque par la route 19, puis, continuer vers le nord par les chemins de la compagnie C.I.P. No. 11 et 13 jusqu'au réservoir Gouin. Distance à partir de La Tuque : environ 125M. Se procurer la carte « St-Maurice » des chemins forestiers de la compagnie C.I.P. Le chemin longe plus ou moins la rivière du réservoir Gouin à Sanmaur.

— *Train :* Gares à : Sanmaur, Weymont, St-Maurice, River Boom, Nat. Defence, Dessane, Vandry, Club Whigman, Nat-Defence, Ferguson, Windigo, McTavish Club, Rapide Blanc, Club Vermillon, Cressman, Fitzpatrick, La Tuque, puis, plus au sud, à Grand-Mère, Shawinigan, et Trois-Rivières.

— *Avion :* Bases à La Tuque, (La compagnie de Service aérien La Tuque Ltée) et, Parent (Brochu Industries Ltée, Labelle Touristair Inc., Morin Air Service Ltée). Voir carte.

— *C. T. :* 1/250.000 : 32-B, A ; 31-P, I. Et au 1/50.000.

— *Affluents :* Réservoir Gouin — Pierriche — Ruban — Vermillon — Bostonnais — Mattawin — Lac Taureau — Mattawin — Mekinac.

Le réservoir Gouin

C'est la tête du St-Maurice. C'est un immense réservoir qui régularise le St-Maurice en contrôlant ses premiers 3,500M^2.

Par l'eau, sa plus grande longueur est 80M. !

Plusieurs raisons rendent ce lac très important pour le canot-camping :

1) Le début de la rivière Mégiscane y a été détourné, ce qui offre des possibilités d'itinéraires.

2) Deux de ses affluents sont accessibles par train et se remontent.

3) Il est possible de rejoindre, à partir du réservoir, et en plus de la Mégiscane, le St-Maurice bien sûr, et, par le nord-est, les bassins du Saguenay et de la Rupert.

4) Le réservoir fourmille d'îles, ce qui le rend assez agréable pour du canot-camping de lac.

Les sites n'y sont pas nombreux, sauf sur la baie du Sud ; ailleurs, il faut surtout compter sur des emplacements défrichés par les indiens de la réserve d'Obiduan, au nord du lac.

Les seules traces de civilisation sont la réserve, 45M. au nord d'Oskelanéo, et le barrage Gouin (ou à la Loutre), à la fin du lac.

L'eau est propre ; pas de drave.

— *Accès :*

— *Route :* 1) En venant par la route de l'Abitibi (58), prendre dans le parc la route de Clova, qui continue jusqu'à Oskelanéo, 375M. de Montréal. 2) En venant par La Tuque, une route continue jusqu'au barrage. 3) Enfin, on peut rejoindre Parent, soit à partir de la route de Clova, soit à partir de Mont-Laurier : prendre la route 309 vers Mont St-Michel, et continuer vers le nord. La route est signalisée tous les dix milles ; Mont-Laurier à Parent : 130M.

— Train : Gare (C.N.R.) à Parent (pas d'accès au lac par eau), Oskelanéo, Clova. Le train quitte Montréal et Québec le soir et arrive à Oskelanéo ou Clova très tôt le lendemain matin ; dans l'autre sens il passe à Clova et Oskelanéo le soir et arrive à Montréal et Québec, respectivement vers 9:00 heures et 7:00 heures.

Plusieurs expéditions ont été organisées dans cette région pour des fins de semaines de 3 jours. Grâce aux gares de Rivière Suzie, Monet, Clova, et Oskelanéo, il est possible de figurer plusieurs itinéraires.

— Hydravion : Bases à La Tuque (La Tuque Air Service) 100M. ligne droite, Clova (Tamarac Air Service) d'où l'on peut atteindre le lac par canot, et du parc de La Vérendrye, soit du Domaine (Laurentian Air Service) ou de l'Auberge Dorval (écrire à l'Auberge) 110M. du lac. C. T. : 1/250.000 : 32-B. 1/125.000 pour le tiers sud du barrage, et toutes les cartes au 1/50.000.

Affluents : La Mégiscane, Lac Tessier, l'Oskelanéo, la Toussaint, le ruisseau Verreau.

1) La Mégiscane : voir bassin de la Nottaway, 267M².

2) La Tessier : N'a pas de nom officiel, mais c'est la décharge du lac Tessier. Elle permet de rejoindre le lac à partir de Clova, et, se remontant facilement, d'en revenir. 35½M., surtout en lacs.

3) L'Oskelanéo, 239M.[2]. Le moyen d'accès le plus court et le plus facile au lac, exception faite du barrage à l'est. 13M., se remonte presque aussi facilement qu'elle se descend : une chute au mille 9, avec une vieille écluse ou un P. de 150', puis un R-II+ de 500' que l'on peut passer facilement dans les 2 sens en halage grâce à un quai de bois qui longe la rivière.

4) La Toussaint n'est indiquée que pour son importance relative (206M.[2]). Aucun renseignement. Coule du nord au sud, et se jette au nord du lac près de la réserve. Accès par avion seulement.

5) Le ruisseau Verreau : Voir Itinéraires composés, à la fin du bassin de la St-Maurice.

Les amateurs de premières et de petites rivières sauvages trouveront d'autres possibilités dans cette région en se penchant sur les cartes. La rivière Flapjask : A déjà été faite. Portages inexistants. En outre, le train n'accepte plus de s'arrêter entre les gares, ce qui rend cette rivière inaccessible. Il se peut qu'il soit possible de la rejoindre à partir de Clova par chemin (6M. ?).

La rivière Pierriche
Carte-guide

— *Situation Géographique :* Affluent rive gauche de la partie supérieure du St-Maurice, qui coule vers le sud et se jette dans le lac-réservoir Blanc, 30M. au nord-ouest de La Tuque.

— *Longueur :* 28M., plus 14M. sur le lac ; relevée et cartographiée au complet.

— *Intérêts divers :* Rivière pittoresque et sauvage.

— *Difficultés et hauteurs d'eau :* Difficulté générale assez uniforme classe I+, avec cependant une série de chutes et rapides de 2.5M., entre les M. 20 et 22.5 peu avant le lac. Longueurs totales des rapides : R-I : 0.5 ; R-II : 200' ; R-III : 250' ; R-V : 75' ; R-VI : 0.7. Dénivellation 200' soit 4.62'/M. ou 0.08%.

Attention : on peut rencontrer des embâcles de bois (jams) sur le lac ; une patrouille est en mouvement de Rapide Blanc à Windigo et peut aider à passer.

— *Canoë-kayak :* Aucun intérêt.

— *Portages :* Un seul en mauvais état.

— *Camping :* Emplacements suffisants, nombreux vers la fin de la rivière.

— *Civilisation :* Aucune. Drave à partir de la fin des 2.5M. de rapide (M. 22.7).

— *Eau potable :* La rivière.

— *Accès :* — *Route :* (19) jusqu'à La Tuque, puis, chemin de la compagnie C.I.P. pendant 56M. environ, puis, No. 12 jusqu'au lac Martel pendant 7M. A Rapide Blanc, on peut rejoindre le chemin ci-dessus (50M. de La Tuque).

— *Hydravion :* On peut se faire déposer au lac Martel, à partir de La Tuque ; compagnie : La Tuque Air Service 50M. ligne droite. Pour le retour, on peut continuer par le St-Maurice jusqu'à La Tuque, ou prendre le train à Duplessis ou Windigo pour La Tuque ou ailleurs.

— *Documentation :* Carte-guide du club Kanakedak disponible à la F.Q.C.K. $1.50. Relevé P. Trudel et G. Doucet. Dessin P. Trudel, fin juillet 1972. C'est la première fois qu'une carte-guide est réalisée par quelqu'un d'autre que les Vialle, Lalonde, Leroux et Bauchet ; félicitations et espérons que d'autres suivront l'exemple.

— *C. T. :* 1/50.000 : 32-A/3-E, 31-P/14-E, 31-P/15-O.

La rivière Ruban
Carte-guide

— *Situation géographique :* Affluent rive droite du haut St-Maurice, dans lequel il se jette à Sanmaur, après un cours général vers l'est.

139

— *Longueur :* 47 milles, canotables ,accessibles et relevés au complet.

— *Intérêts divers :* Très belle petite rivière, sauvage. Peut être descendue en une fin de semaine de 3 jours malgré son éloignement, grâce à l'horaire des trains. Un peu court pour des vacances d'une semaine, mais nous avons appris depuis qu'il était possible de partir de Parent et, par un court portage, de rejoindre le bassin de la rivière Ruban.

— *Difficultés et hauteurs d'eau :* C'est une rivière de difficulté uniforme moyenne classe II. Dénivellation : 300' soit 6'/M. ou 0.11%.
Longueurs des difficultés : lacs : 11M. (en général très étroits), R-I : 650' ; R-II : 0.9M. ; R-III : 0.4M. ; R-IV : 0.1M ; R-V : 0 ; R-VI : 0.4M.

— *Canoë-kayak :* Les rapides sont trop espacés pour que la rivière vaille le déplacement. Mentionnons la section de 2 milles peu après Casey, pour ceux qui voudraient concilier eau-vive et camp fixe sauvage.

— *Portages :* En bon état.

— *Camping :* Emplacements suffisamment nombreux, sans plus.

— *Civilisation :* McCarthy n'est qu'un arrêt du chemin de fer, où personne n'habite. Casey, au mille 11.5, sur le chemin de fer. Puis, la rivière s'éloigne du chemin de fer, qu'elle ne rejoint qu'à Sanmaur. Plus de drave.

— *Eau potable :* L'eau de la rivière.

— *Accès :*
— *Route :* Il est possible de rejoindre Parent, Casey et Sanmaur, par les chemins forestiers (voir carte routière de la province) : mais, à cause des distances, il est préférable de prendre le train. Aux dernières nouvelles, Parent et Casey ne sont pas encore reliés par un chemin ; pour aller à Parent, il faut passer par la route 11 ; pour aller à Sanmaur et Casey, par la route de la Tuque, le long de la rivière St-Maurice.

— *Train :* Ligne du C.N.R. à partir de Montréal et Québec, avec gares au début à Sisco club et McCarthy, à la fin de la rivière, et à Casey. Le train quitte Montréal et Québec le soir et arrive tôt le lendemain matin. Il y a un train pour le retour, le soir, à Sanmaur, sauf le dimanche soir.

— *Hydravion :* Lac Letondal (McCarthy) ; base à Parent seulement, aucune à Sanmaur.

— *Documentation :* Carde-guide du club Les Portageurs, disponible à la F.Q.C.K. $1.00. Très précise. Relevé de M. Bauchet ; dessin : G. Vialle, Oct. 67.

— *Cartes topographiques :* 1/50.000 — 31-O/16 O et E — 31-P/13-O.

— *Affluents :* Rivière Pichoui — Rivière Huot.

Affluents de la rivière Ruban

— 1) RIVIERE PICHOUI : *Rien, première.* Affluent rive gauche qui se jette dans la rivière Ruban peu après son début dans le lac Huldah. **Direction générale S-E.** Canotable probablement sur 11 milles, à partir du lac en amont du lac Ayer. Possibilités d'accès (chemins forestiers) inconnues. Classe probable : II.

— 2) RIVIERE HUOT : *Rien, première.* Affluent rive gauche qui se jette dans la rivière Ruban un peu avant Casey. Direction générale S. Probablement canotable à partir du lac Albert, soit 9½M. Il doit y avoir un chemin à partir de Casey. Classe probable : II.

La rivière Vermillon
Description détaillée

Affluent rive droite du haut St-Maurice, qui coule vers le nord-est et se jette dans le St-Maurice 15M. au nord-ouest de La Tuque. 58M., portages assez nombreux et parfois longs. Eau propre.

Accès : Soit par hydravion à l'un des lacs du début, à partir de St-Michel des Saints, 45M. au sud ; compagnie : Brochu Industries. Soit en venant depuis St-Michel des Saints ou, au nord, Sanmaur (la description disponible part de Sanmaur). (Voir : itinéraires composés, à la fin du bassin de la St-Maurice). A la fin de la Vermillon, on peut prendre le train à

Rapide Blanc, et éviter ainsi les difficiles six derniers milles de la rivière.

Bonne description disponible à la F.Q.C.K., $0.50 pour frais.

C. T. : 31-O/8-E, 31-P/4-O, 31-P/5-O et E, 31-P/6-O, 31-P/11-O et E, 31-P/10-O, 1/50.000.

La rivière Bostonnais
Carte-guide

— *Situation géographique :* Affluent rive gauche du milieu du St-Maurice, qui coule vers S.S.-O. et finit à La Tuque.

— *Longueur :* 58M. ; canotable et relevée au complet. Plus 8½M. si on commence à la gare de Van Bruyssel.

— *Intérêts divers :* Belle rivière sauvage, et très sportive quoique irrégulière. Facile d'accès par train et route.

— *Difficultés et hauteurs d'eau :* 4 sections : 1) les 21 premiers milles, jusqu'au confluent de la rivière Borgia, nombreux rapides, classe générale II+. 2) Les 8M. qui suivent sont une suite de R-II et III avec des passages difficiles. Embarcations pontées recommandées, classe générale III. 3) Jusqu'au début des rapides Potvin, 23M., classe I, avec quatre courts R-I ou II. 4) Quatre M. de rapides suivis d'une chute et 2M. calmes avant le St-Maurice.

Il est possible, par la route, d'avoir accès au début et à la fin de chacune des sections ; ainsi, on pourra éviter au complet la 2ième section ou, pour les canoë-kayakistes, se contenter des deux premières. Un groupe peut demander à la compagnie Consolidated Bathurst, à Roberval, de régler le débit d'eau. Voir carte-guide.

— *Canoë-kayak :* La 2ième section vaut le dérangement, mais quant à aller si loin autant commencer au début et faire les 2 sections puisque environ la moitié de la première section est en rapides ou eaux vives.

— *Portages :* En mauvais état, quand il y en a.

— *Camping :* Emplacements rares.

— *Civilisation :* Aucune. Drave.

— *Eau potable :* La rivière.

— *Accès :*
— *Route :* A partir de la route La Tuque — lac St-Jean
voir carte-guide.
— *Train :* Gare au début (Van Bruyssel) et à la fin (La Tu-
que) ; C.N. ; mais ce ne sont pas les mêmes lignes. Changer
à Hervey Jonction.
— *Hydravion :* Base à La Tuque. Compagnie : La Tuque
Air Service.
— *Documentation :* Carte-guide du club Les Portageurs, dis-
ponible à la F.Q.C.K. $2.00. Relevé et Dessin : G. Vialle.
— *C. T. :* 1/50.000 : 31-P/16-O et E, 31-P/9-O, 31-P/10-E,
31-P/7-E.

La rivière Mattawin
(en amont du réservoir Taureau)
Carte-guide

— *Situation géographique :* Coule vers l'est, du parc du Mont-
Tremblant jusqu'au réservoir Taureau, à St-Michel des
Saints.
— *Longueur :* 42 milles du lac Odelin (ou des Baies) au lac
Taureau. En partant du lac Odelin, à partir d'où la rivière
a été relevée, on prend pour 5 milles la branche ouest de
la rivière. Des pêcheurs disent qu'il est possible de commencer au lac Mosquic, environ 4M. plus en amont, sans
portage par eau assez haute.
— *Intérêts divers :* C'est la partie supérieure de l'un des plus
gros affluents du St-Maurice. Une très belle petite rivière,
accessible de Montréal en fins de semaines, et qui restera
sauvage parce qu'elle coule en partie dans le parc du Mont-
Tremblant.
— *Difficultés et hauteurs d'eau :* Dénivellation 300'/42M.,
soit 7'/M. ou 0.13%. Difficultés assez régulières, classe générale II.
— *Canoë-kayak :* Guère d'intérêt ; quelques courts rapides,
dont celui du mille 34, 3 milles par la route de St-Michel des
Saints, le plus long mais un peu facile : 1M. de long, classe
III, II, III, II.

— *Portages :* En bon état.

— *Camping :* Emplacements nombreux et souvent très beaux.

— *Civilisation :* Peu : Un ancien camp forestier récupéré par le parc, au mille 18, puis le petit village de St-Guillaume Nord au M. 22, et St-Michel des Saints. Hélas, la rivière est dravée, surtout après le confluent du ruisseau Cyprès (mille 16). Il peut être prudent d'appeler la compagnie C.I.P. avant d'entreprendre une expédition ; la Consolidated Bathurst aurait également des concessions forestières dans la partie supérieure de la rivière.

— *Eau potable :* En dépit de la drave, l'eau de la rivière est probablement potable.

— *Accès :*

— *Route :* Route 43 par Joliette. Bonnes indications sur la carte-guide, plusieurs points d'accès à la rivière de Montréal à St-Michel des Saints : 100M. de St-Michel des Saints au Lac Odelin : 30M.

— Aucune gare proche.

— *Hydravion :* Lac Odelin. Base à St-Michel des Saints. (Brochu Industries, base au lac Kaïagamac).

— *Documentation :* Carte-guide du club Les Portageurs, publiée par le service de l'animation de la direction générale des parcs, gratuite. Incidemment, si ce guide des rivières est le premier au Québec, la carte-guide de la Haute Mattawin fut la première du genre en 1966. Relevé de M. Bauchet : Dessin G. Vialle.

— *Parc :* Jusque vers le mille 18, la rivière coule dans le parc du Mont-Tremblant. Jusqu'à récemment, l'accès au parc par ce côté était entièrement libre, mais il faut s'attendre qu'il n'en soit pas toujours ainsi. De toute façon, le parc du Mont-Tremblant est exceptionnellement ouvert, au sens propre comme au figuré, aux activités de plein air et c'est le seul parc qui a un responsable à plein temps canot/ski-randonnée. N'hésitez pas à l'appeler pour tous renseignements : Monsieur André Bouchard, parc du Mont-Tremblant 688-2833.

— *C. T. :* 31-J/9-O, 31-J/9-E, 31-I/12-O, 1/50.000.

Affluents canotables : Ruisseau Escalier, Branche supé-
rieure principale de la rivière. Ruisseau Savanne E. et O.
Ruisseau Cyprès. Ruisseau Lusignan. Ruisseau l'Eau Morte.
Rivière Sauvage et Ruisseau des Pins.

Affluents canotables

— 1) RUISSEAU ESCALIER :
   Rien, première. Se jette dans le lac Odelin, après un
   cours S.S.-E. Probablement canotable depuis le lac Tisson
   6 milles, classe probable I+. Moyens d'accès inconnus.

— 2) BRANCHE SUPÉRIEURE PRINCIPALE DE LA RI-
   VIÈRE :
   Rien, première. Probablement canotable à partir du
   confluent de la branche venant du lac Hardinge (lac
   près du chemin) 20M., peut-être, avec suffisamment
   d'eau du lac Hardinge lui-même (accès ?). Bon chemin
   d'accès. Classe probable II+.

— 3) RUISSEAU SAVANNE :
   Rien, première. La branche ouest est peut-être canotable à partir du lac Le Tars. Chemin. Environ 7M. La
   branche E. est probablement canotable à partir du lac
   Coin. Chemin. Approximativement 7M. Très petites rivières, donc, obstructions possibles.

— 4) RUISSEAU CYPRÈS :
   Rien, première. Court ruisseau canotable seulement à
   partir du lac Forbès (ou Cyprès) 2M. ; 7 en partant du
   début du lac. Classe I. Le chemin d'accès est celui du
   lac Ouareau au camp forestier.

— 5) RUISSEAU LUSIGNAN :
   Rien, première. Se jette dans la Mattawin à St-Guillaume Nord. 3 milles seulement à partir de la décharge
   du lac Lusignan ; classe probable II+. Chemin. Le lac
   lui-même a 6M., mais chemin inconnu.

— 6) RUISSEAU L'EAU MORTE :
   Rien, première. Probablement canotable un peu en

amont de la première limite des comtés Berthier et Joliette, approximativement 8M. Accès ?

— 7) RIVIÈRE SAUVAGE :

Rien, première. Probablement canotable à partir de ½ mille à l'Ouest de St-Zénon, approximativement 15 milles. Chemin. Classe probable I+ mais III pour le mille avant le pont de la route 43. Son affluent, le ruisseau PIN ROUGE probablement canotable à partir du lac Poisson. Chemin approximativement 8M.

Un groupe typique sur l'un des millions de lacs du Québec.

Le lac Taureau

C'est un lac artificiel qui a été créé par un barrage sur la rivière Mattawin. Malgré ses 20M. de long, de St-Michel des Saints au barrage, il est assez plaisant à canoter parce qu'il n'est jamais large à l'excès. Il est formé de 7 grandes baies. A 105M. seulement de Montréal, ce lac offre de belles possibilités, même de vacances, car il est resté étonnamment sauvage, à part la côte ouest de la baie St-Ignace. La partie Est du lac au moins restera sauvage, grâce à la création du parc Mastigouche.

De St-Michel des Saints, en allant au fond de chaque baie, on peut ainsi parcourir 90M.

Accès : St-Michel des Saints seulement. Pas de train.

Les sites de camping sont rares sauf près du barrage, au fond de la baie de la Bouteille, sur l'Ile de la baie St-Ignace. L'eau est probableemnt potable.

C. T. : 31-I/12-E et O, 31-I/13-E et O.

La rivière Mattawin

Du lac Taureau à la rivière St-Maurice
Description ci-dessous

C'est l'une des rivières les plus difficiles des environs de Montréal.

Longueur : 50M. ; coule d'ouest en est. Cette rivière est intensément utilisée pour la drave, et en outre le barrage du lac Taureau fait varier considérablement la hauteur d'eau dans la rivière suivant les besoins des barrages de la rivière St-Maurice.

Il y a un total de 24 chutes et rapides, dont le dernier a plus de 5M. Heureusement, les portages sont en bon état, et les emplacements de camping nombreux.

Dénivellation : 750', soit 15'/M. ou 0.3%.

Accès :

— *Route :* Un chemin va de St-Michel des Saints au barrage du lac Taureau, mais il est difficilement carros-

147

sable pour les voitures. Quelques milles avant le barrage, un autre chemin rejoint la rivière 5M. plus loin, au rapide Oxbow, 7M. en aval du barrage ; ce chemin n'est plus praticable plus loin. Le meilleur moyen d'accès par la route consiste à traverser la rivière St-Maurice par le bac de la compagnie, près de la fin de la Mattawin (fonctionne jusqu'à 11:00 heures du soir), et à remonter le long de la rivière par le chemin qui est en bon état jusqu'au ruisseau Boisvert, où le pont n'est plus utilisable ; ce pont n'est qu'à environ 2M. de la fin du R. Oxbow. En partant de ce point, on ne manque que 9M. de la Mattawin.

Un autre moyen d'accès consisterait à se faire transporter ou à se faire tirer à travers le réservoir par l'un des 2 pourvoyeurs installés au début du réservoir Taureau, peu après St-Michel des Saints.

Pour ce qui est du retour, on peut soit continuer par le St-Maurice jusqu'à Grand'Mère pour y prendre le train, soit prendre le bus qui vient de La Tuque sur la route 19.

— *Avion* : Le meilleur point de départ est la base de Lac à la Tortue, près de Grand'Mère ; là encore, il faudra continuer par l'eau jusqu'à Grand'Mère, ou aller chercher les voitures avec le bus ou sur le pouce.

Compagnie : Bel-Air Laurentien Aviation Inc.

Il est recommandé de ne pas entreprendre cette descente sans avoir pris des renseignements au sujet de la drave et de la hauteur d'eau ; on peut appeler à Grand'Mère, monsieur L. Anctil (538-3341), à qui nous devons les renseignements ci-dessus. (Compagnie Consolidated Bathurst).

C. T. : 1/50.000 : 31-I/13-E, 14-E et O, 15-O.

Rivière du milieu
Carte-guide

— *Situation géographique* : Affluent rive gauche de la Mattawin ; se jette dans le lac Taureau (100M. au nord de Montréal) après un cours sud-est.

— *Longueur* : 37M. Canotable et relevée presque au complet.

148

Descente d'un R-II au cours d'un stage de formation de cadres de la F.Q.C.K.

— *Intérêts divers :* Belle petite rivière sauvage accessible de Montréal en fins de semaines, si possible de 3 jours.

— *Difficultés et hauteurs d'eau :* Difficulté assez uniforme classe II+, avec une section de 6M. avant le lac Charland classe III. Dénivellation 400' soit 10'/M. ou 0.2%.

— *Canoë-kayak :* La section en amont du lac Charland est sans doute intéressante au printemps ou par eau haute ; un chemin la longe plus ou moins.

— *Portages :* En bon état.

— *Camping :* Emplacements suffisants.

— *Civilisation :* Quelques camps de pêche et, sur le lac Charland, des chalets d'été. Pas de drave.

— *Eau potable :* La rivière.

— *Accès :*

— *Route :* Route 48 à partir de Montréal, puis, 43 jusqu'à St-Michel des Saints (105M.). Le chemin qui remonte presque jusqu'au début de la rivière est peu ou pas entretenu ; ne pas l'emprunter au printemps.

— *Hydravion :* C'est de loin le meilleur moyen d'accès, grâce à la base de St-Michel des Saints (Brochu Industries Ltée), à 35M. du début de la rivière. On peut soit aller porter assez de véhicules à la fin de la rivière pour redescendre tout le monde et le matériel (11M. de St-Michel), soit continuer jusqu'à St-Michel des Saints et prendre un taxi pour aller chercher les voitures à la base (9M. de canot sur le lac + 3M. de taxi).

— *Documentation :* Carte-guide du club Les Portageurs, disponible à la F.Q.C.K., $1.00. Relevé : P. Leroux — P. Lalonde — G. Vialle (il ne devrait pas y avoir beaucoup d'erreurs !) Dessin : G. Vialle. Les six premiers milles entre les lacs Cormier et Du Milieu n'ont pas été relevés.

— *C. T. :* 1/50.000 : 31-O/1-O, 31-J/16-E et O, 31-I/13-O, 31-I/12-O.

— *Affluents :* Les ruisseaux Algonquin et McDougal, rivière Laviolette.

1) **RUISSEAU ALGONQUIN :**
Accessible seulement par avion, du lac Laverdière par
eau très haute, de l'un des lacs en amont par eau moins
haute, mais jamais par eau basse. Devrait être très sauvage, 17M. maximum. Reconnaissance à faire par équipe solide : obstructions possibles, état des P. inconnus,
etc... De vieilles cartes indiquent 9 P., pour un total
de 4M., mais certains rapides doivent se sauter ou, à
tout le moins se hâler.
C. T. : 31-J/16-O.

2) **RUISSEAU McDOUGAL :**
Probablement canotable 4-5 milles.

3) **RIVIÈRE LAVIOLETTE :**
Canotable à partir du lac Pradier, soit sur 10M. jusqu'à
son confluent vers la fin de la rivière du Milieu. Accessible par la route au début et à la fin (22 et 11M. de
St-Michel). Les derniers 2M. sont probablement assez
difficiles.
C. T. : 31-J/16-E, 31-I/13-O.

La rivière Mekinac
Carte-guide

— *Situation géographique :* Coule du lac Mekinac vers le
sud-ouest pour se jeter dans le St-Maurice 20M. en amont
de Grand'Mère.

— *Longueur :* 17M., canotable et relevée au complet.

— *Intérêts divers :* Belle petite rivière, facile d'accès, sauvage,
plutôt facile.

— *Inconvénients et problèmes :* Drave.

— *Difficultés et hauteurs d'eau :* Classe générale II⁻, 2 rapides
assez longs. Longueurs totales des R : R-I : 0.1M., R-II :
0.6M., R-III : 1.4M. (dont certains coupés de planiols
et de R-I et II) ; R-IV : une partie du dernier R, par eau
moyenne ou plus. Peut se descendre en tout temps.

— *Canoë-kayak :* Nous n'avons pas encore assez de précisions
sur les 2 longs rapides.

— *Portages :* Existent, mais état exact inconnu.

— *Camping :* Deux sites pour groupes indiqués sur la carte-guide.

— *Civilisation :* Petit village de St-Joseph de Mékinac. La rivière est dravée.

— *Eau :* Rivière apparemment propre.

— *Accès :* Route 19 à partir de Grand'Mère, le long du St-Maurice ; environ 24 milles au nord de Grand'Mère, prendre à droite le chemin vers St-Joseph de Mékinac ; le début de la rivière est 5M. passé le village.

— *Documentation :* Carte-guide du club Les Portageurs, disponible à la F.Q.C.K., $0.40. Relevé P. Leroux et P. Lalonde, 1972. Eau moyenne.

— *C. T. :* 1/50.000 : 31-I/15-E et O.

Bassin du St-Maurice

Itinéraires composés

1) St-Michel des Saints à Sanmaur, ou l'inverse, 175M. Par le lac Taureau, la rivière Du Poste, le lac Clair, la rivière Vermillon, les lacs Des Sables, Launay, Du Repos, Morialice, Madon, Obascou, Kempt, Manouane, Châteauvert et la rivière Manouane.

Les portages existent, mais leur état est inconnu.

Itinéraire très sauvage, rarement emprunté, mais réservé à des groupes que 30 à 35 portages n'effraient pas. Village indien de Manouane (Lac Nadon).

Accès à St-Michel des Saints : route 105M. de Montréal. Base d'hydravion (Brochu Industries) ; accès à Sanmaur : train C.N.

Renseignements sûrs, mais aucune documentation.

2) St-Michel des Saints, rivière Vermillon, 125M. ; permet de descendre presque au complet la rivière Vermillon. Lac Taureau, rivière Du Poste, lacs Clair, Des Pins Rouges, puis, rivière Vermillon (voir rivière Vermillon).

Renseignements sûrs, mais aucune documentation.

3) Sanmaur — Rivière Vermillon, 112M. Description détaillée. Mais le portage entre les lacs Mondonak et Des Sables ou Croche, 4.5M., est dans un état effrayant. Description disponible à la F.Q.C.K., $0.50 pour frais.

4) Oskelanéo aux lacs Chibougamau et Mistassini, 208M. Par : Rivière Oskelanéo, réservoir Gouin, ruisseau Verreau, lac Dubois (Clearwater), Normandin, rivière Normandin, lacs Nicabau, Jordain, Liane, puis, soit par les lacs Neminjisk, Watouche, Obatogamau, soit par les lacs Branche, Poisson Blanc, Obatogamau. Puis, lac Chibougamau, Waconichi, Mistassini.

Variante, entre les lacs Obatogamau et Dubois : lacs Petit Neminjisk, Brochet (Gabriel), Lynx-Eye (Robert), Little Lynx-Eye (Ventadour), puis par la route principale.

Bonne mais vieille description disponible à la F.Q.C.K., $1.00 pour frais. Les portages ne sont probablement plus ce qu'ils étaient. Anglais et français.

Accès : Oskelanéo : voir réservoir Gouin. Chibougamau-Mistassini : voir rivière Rupert.

5) A partir du lac Nicabau, il est possible de rejoindre le lac St-Jean (voir bassin du Saguenay).

6) Le lac Brochet ou Gabriel est la tête de la rivière Opawica, l'une des branches de la Waswanipi (voir ces noms).

7) Le lac Obatogamau est la tête de la rivière du même nom, qui se jette dans la rivière Chibougamau (voir ces noms).

C. T. : 1/250.000 : 32-A, B, G, H, I et J. Au 1/125.000 : Aucune. Au 1/50.000 : pour environ la moitié de ces régions ; voir carte-index No 2.

Parc : Une partie de ces routes d'eau passe par les parcs Chibougamau et Mistassini ; voir à Parcs Provinciaux.

Bien entendu, dans toutes ces régions, aucune civilisation, pas de drave, de l'eau propre.

Les P. existent encore, d'Oskelanéo à St-Félicien, mais ils sont en mauvais état ; il y en a une cinquantaine.

Renseignements : A. Thériault.

8) Casey-Sanmaur, par : lac Lavigne, rivière Atim (Du Chef), lacs Manouane, Châteauvert, rivière Manouane, 55M. Cet

itinéraire a déjà été fait au cours d'une fin de semaine de 3 jours.

Accès : Train (C.N.) à Casey et pour le retour Sanmaur Il faut trouver un camion à Casey pour transporter le groupe au lac Lavigne, 8M. au sud. Voir à rivière Manouane.

Portages en bon état. Emplacements de camping rares. Eau propre.

C. T. : 31-O/16-E, 31-O/9-E, 31-P/12-O, 31-P/13-O, 1/50.000.

La rivière Batiscan
Description partielle ci-dessous

— *Situation géographique :* Rivière qui coule du nord au sud, à l'est du St-Maurice, et se jette dans le St-Laurent 60M. à l'ouest de Québec.

— *Longueur :* 120M. à partir du lac Edouard. Relevée seulement sur les 26M., en amont de Lac aux Sables.

— *Intérêts divers :* Rivière facile d'accès à partir de Québec en fin de semaine. Belle forêt. Rivière sauvage dans ses 2 premiers tiers. (N.D. des Anges).

— *Difficultés et hauteurs d'eau :* Dénivellation 1150', soit 10'/M. ou 0.2%. Partie relevée : 2 sections : 1) 12 premiers milles, classe générale II— ; dénivellation 75'. E.V. et environ 5 R., dont un IV. 2) Une cascade en haut du pont à N.D. des Anges, P. 0.5M. à D. par la route. Une chute 3M. plus loin, P. 200' à G., 2ième chute 4M. plus loin, P à G. Plats entre ces difficultés ; classe générale II—. Pour tous.

— *Canoë-kayak :* Aucun intérêt.

— *Portages :* En bon état.

— *Camping :* Pas très nombreux ; un au départ, un autre au début d'un P. Le terrain en haut de la cascade est vaste et accessible par la route.

— *Civilisation :* Des habitations en amont et en aval de N.D. des Anges.

— *Eau :* Douteuse, peut-être polluée après N.D. des Anges.

— *Accès* : A N.D. des A., route de terre à l'ouest de la rivière ; mettre à l'eau au pont à 47° 3' lat. n.

— Renseignements fournis par A. Richard.

— *C. T. :* 1/50.00 : 31-P/1-O, 31-I/16-O, 21-I/9-O.

La rivière Ste-Anne

Carte-guide

— *Situation géographique :* Affluent rive gauche du St-Laurent qui coule vers le sud-ouest et finit entre Trois-Rivières et Québec, à l'ouest de cette dernière.

— *Longueur :* 45M. canotables et relevés, à partir de 12M. au nord de St-Raymond.

— *Intérêts divers :* Proche de Québec, à la rigueur accessible de Montréal en fins de semaines. Rivière très pittoresque ; canyons sans danger. Sauvage jusqu'à St-Raymond.

— *Difficultés* & *hauteurs d'eau :* Difficulté assez uniforme classe II. Hauteur d'eau recommandée : plutôt basse. Les rapides sont assez groupés, aux endroits suivants : 1) sur 1.5M. à partir du pont de Ste-Christine, six R. courts classe III/IV, II/III, II/III, III, II, II. 2) 1½M. plus loin, sur ¾M. : V/VI, II/III, V/VI, C, court II., P.0,5. 3) A partir du pont de St-Alban, sur 1¼M. : B, II, III/IV, II ; un peu plus loin, deux courts II/III. 4) A partir de 4M. en amont de Ste-Anne de La Pérade, sur 1M. ; courts R. I/II, III, II, II/III.

Ailleurs, les R. sont courts, sauf un de ¼M., II/III, à la forêt de Bourglouis ; grâce aux nombreux points d'accès, et avec la carte, il est possible d'éviter en bonne partie les R. ou les E.C. suivant les groupes.

— *Canoë-kayak :* Les groupes de R. indiqués ci-dessus, ainsi que le R. de Bourglouis.

— *Portages :* En bon état.

— *Camping :* Emplacements suffisants (souvent des champs).

— *Civilisation :* St-Raymond, Chutes Panet, St-Alban, St-Casimir, La Pérade. Drave.

— *Eau potable :* Eviter l'eau de la rivière à cause de la drave, puis, des villages.

— *Accès :*
  — *Routes :* Plusieurs points d'accès le long de la rivière. (Voir carte-guide).
  — *Chemin de fer :* Gares à St-Raymond et La Pérade, permettant de faire la rivière sauf les premiers 5.5M.

— *Possibilité de camps fixes :* A la forêt de Bourglouis ; centre du trajet et pratique de rapide dans le R-III. Demander l'autorisation à M. Roger Gosselin, directeur des stations de recherche, Faculté de Foresterie, Université Laval, Québec.

— *Documentation :* Carte-guide du club Rabaska, disponible à la F.Q.C.K., $1.50. Relevé P. Lalonde, A. Bouillon, P. Blanchet ; Dessin A. Bouillon.

— *C. T. :* 1/50.000 : 21-L/13-O, 21-M/4-O, 31-I/9-E et 16-E.

— *Affluents :* — Rivière Bras du Nord. — Rivière Noire.

La rivière Bras du Nord
Renseignements partiels ci-dessous

Affluent rive droite de la partie supérieure de la Ste-Anne. Relevée et canotable sur 20M., 2 sections : 1) Début 13M. au nord du lac Alain et Rita, fin au 1er pont ; 12M. Classe I, F.C. pendant 3M., puis, E.C. 2) A partir de 2M. en aval du pont précédent, pour éviter un P. long et sale, au pont de la route 269 entre St-Léonard et St-Raymond ; 8M. Classe I, E.C., avec un R-II (200') au M.6.

C. T. : 1/50.000 : 21-M/4-O et 21-L/13-O.

La carte-guide de la rivière Ste-Anne n'indique que la 2ième section ; la 1ère section sera incluse dans la prochaine édition.

La rivière Noire (Ste-Anne)
Carte-guide

Affluent rive droite de la rivière Ste-Anne 31M. Relevé de Perthuis à St-Casimir : 27M. Cours N-S.

Accessible en fins de semaines de Québec. Rivière sauvage en général sauf pour la 2ième section qui passe à travers champs et une petite section de 2M. au nord du lac Montauban.

Trois sections : 1) De Perthuis au lac Montauban, 5.5M., dénivellation : 40' ; longueurs totales des rapides : E.C. : 4¼M. ; R-I/II : 250', R-11 : 100', R-II/III : 150', R-III : 50', INFRAN. : 0.2M.
2) Du lac Montauban au sud du lac Long : E.C. 7M. 3) Du pont au nord de St-Alban à la rivière Ste-Anne, 11M. dénivellation 125', E.V. 11M.

Hauteur d'eau recommandée pour chaque section : 1) Haute ou crue. 2) Toute hauteur d'eau ; cette section se remonte. 3) Haute ou crue.

— *Canoë-kayak :* Aucun intérêt.

— *Portages :* Inexistants.

— *Camping :* Emplacements suffisants, mais seulement aux alentours des lacs.

— *Civilisation* : Gare de Perthuis. Camp Kéno sur le lac Long. St-Casimir. Opérations forestières. Club de pêche (pêche interdite). Pas de drave.

— *Eau potable :* La rivière probablement jusqu'au lac Long. Douteuse après.

— *Accès :*
— *Route :* No. 367 de St-Raymond à Perthuis ; chemin jusqu'au lac Long.
— *Train :* Gare C.N. à Perthuis.

— *Documentation :* Carte-guide du club Rabaska disponible à la F.Q.C.K., $0.75. Edition préliminaire, 1970. Relevé A. Bouillon & P. Lalonde ; Dessin A. Bouillon.

— *C. T. :* 1/50.000 : 31-I/9-E, 31-I/16-E.

La rivière Jacques-Cartier
Carte-guide

— *Situation géographique :* Coule du nord au sud et se jette dans le St-Laurent 25M. à l'ouest de Québec.

— *Longueur* : 70M. ; canotable mais avec de longs portages par endroits. Relevée pour les premiers 22 milles.

— *Intérêts divers* : Proche et facile d'accès de Québec. La partie supérieure restera sauvage parce qu'elle coule dans un parc.

— *Difficultés et hauteurs d'eau* : Partie relevée : Difficulté assez uniforme classe II jusqu'à Tewkesbury.

Les quelques milles qui suivent et sont indiqués sur la carte-guide sont en général trop violents pour les canots, et en outre la rivière entre ensuite dans le camp militaire Valcartier ; à cause des risques d'accident (exercices de tir), ou à moins de demander à l'avance un feu vert aux autorités du camp, nous déconseillons cette section. Après le camp Valcartier, la rivière comprend de nombreux barrages, chutes. Longueur à partir du début du camp Valcartier : 30M.

— *Canoë-kayak* : 1) Une belle section de 2M., classe III, immédiatement en amont du point de départ indiqué sur la carte-guide. 2) Après Tewkesbury : C-V, C., suite de III et IV sur 1¾M., suivie par ¾M. de R-III, puis, 2¼M. de R-II.

— *Portages* : Pas en bon état.

— *Camping* : Emplacements nombreux.

— *Civilisation* : Aucune dans la partie relevée. Drave.

— *Eau potable* : La rivière, jusqu'au camp Valcartier.

— *Accès* : Route 54 à partir de Québec. Prendre le chemin à gauche 9.3M., passé le feu de circulation de Stoneham. Le point de départ est 19M. plus loin, à un pont. De la fin de la section relevée, on peut regagner la route 54. Barrière de la compagnie Domtar, mais on laisse passer ceux qui veulent descendre la Jacques-Cartier.

— *Documentation* : Carte-guide du club Rabaska dessinée et publiée par le service de l'animation, qui la distribue gratuitement sur demande.
Relevé : P. Lalonde et P. Grondin. Une édition plus précise est en préparation.

— *Parc* : Les premiers 10 milles coulent dans le parc des Laurentides, mais le contrôle du chemin est assuré par la compagnie Domtar.

— *C. T.* : 1/50.000 : 21-M/6-O, 21-M/4-O, 21-L/14-O.

La rivière Huron/St-Charles

Renseignements détaillés, ci-dessous

— Petit affluent du St-Laurent qui coule du nord au sud, puis vers l'est et se jette dans le fleuve à Québec après un cours de 34M. Relevé au complet.

— (6) sections : 1) Du camping Stoneham, 4.5M. par eau moyenne seulement : impossible par eau basse et dangereuse en crue. Classe moyenne de canotiers.

Assez sauvage.

Dénivellation : 145', soit 32'/M., R-II/III continu.

2) Du mille 4.5 au M. 18.9 (14.4M.) : E.C. ou f.c. Pour tous par tous les temps, dans les 2 sens. Sauvage sur 4M. ; assez sauvage après. Un R-II, 40', P. 75'.

3) Infran. du M. 19 au M. 20.5. Sauvage ; magnifique gorge et chutes. Dénivellation : 250' en 1½M.

4) Du M. 20.5 au M. 24, 3.5M. Par eau moyenne seulement. Limite du canot et canoë-kayak surtout. Bonne section pour jouer en eau vive et pour la compétition. Assez sauvage, dans une gorge de plus de 3.5M. Total des rapides : E.C. 1,700' : R-I : 1M., R-I/II : 2M., R-II : 575', R-II/III : 2,000', R-III : 1,200' et 14 planiols (plats).

5) Du M. 24 au M. 30, 6M. Pour tous, E.V., que l'on peut remonter avec une « pôle ». Eau moyenne à haute. Zone urbaine, mais bords un peu sauvages.

6) Du M. 30 au M. 34, 4M. En tous temps. Compétitions : a) Longs parcours. b) Vitesse plat, courte distance : olympique. Murs de béton.

— *Portages :* Ils varient de bons à sales.

— *Camping :* Nombreux emplacements.

— *Accès :* route (54) 175, via Boul. Laurentien et Talbot.

159

Partir à l'entrée du camping Stoneham ; stationnement gratuit avant la barrière.

— Une carte-guide sera publiée bientôt.

— *C. T. :* 1/50.000 : 21-M/3-O, 21-L/14-O et E.

— Possibilité d'aller-retour : à partir de l'endroit de location de bateaux, au M. 18. 75, on peut remonter la rivière, traverser le lac et coucher au nord du lac, pour revenir le lendemain.

— Renseignements fournis par P. Lalonde, club Rabaska, 1972.

— Eau entre basse et moyenne.

La rivière Montmorency
Etude cartographique partielle

— Affluent rive gauche du St-Laurent qui se termine à côté de Québec après un cours N-S d'une soixantaine de milles.

— Une section de 12 milles, exceptionnellement propice au canoë-kayak a été relevée par Pierre Blanchet, du club Rabaska qui a préparé une étude cartographique de 18 pages à l'échelle ⅛M. au pouce ou 1/8.000 environ. 1971.
Cette section est dans la partie inférieure de la rivière, vers Ste-Brigitte de Laval. La plupart des rapides sont des III ; quatre IV et un V, aucun infran.
Il existe un P. pour chaque R. difficile, en bon état.
Eau douteuse.
Les points d'accès sur la rivière sont uniquement les entrées de chalets ; demander la permission pour passer.

— *C. T. :* 1/50.000 : 21-M/3-E, 21-L/14-E.
L'étude cartographique est disponible à la F.Q.C.K. pour $1.00.

La rivière du Gouffre
Description ci-dessous

— Affluent rive gauche du St-Laurent qui se jette à Baie St-Paul, 65M. en aval de Québec, après un cours N-S d'environ 31M. Reconnue de St-Urbain à Baie St-Paul : 17M.

- Rivière sauvage, rapide, facile d'accès en fins de semaines de Québec et du Saguenay-Lac St-Jean.
- Trois (3) sections : 1) E.C. et un peu E.V., 11M. Eau moyenne. Très sauvage. 2) R-III+, 3.5M. Très sauvage. Portages sales. Par eau haute pour canoë-kayak. 3) Deux R-III, quatre R-II, nombreuses E.V. : 17M. Dénivellation : 300' soit 20'/M. Hauteur d'eau : moyenne.
- Camps fixes : 1) au mille 5.4 : techniques en E.C., canotage ; accès via St-Urbain ou St-Aimé des Lacs jusqu'à N.-D. des Monts ; de là, continuer 2½M. vers l'ouest jusqu'au champ près de la rivière. 2) au mille 16.5 : pratique R-II et III.
- *Civilisation :* St-Urbain et Baie St-Paul. Pas de drave.
- *Eau :* Douteuse après St-Urbain.
- *Accès :* De Québec, route 138 (15) jusqu'à Baie St-Paul, puis route 56 jusqu'au centre de St-Urbain ; départ possible au pont, ou 5 M. en amont. De Chicoutimi, route 16 jusqu'à Bagotville, puis route 56 jusqu'au centre de St-Urbain.
- *Documentation :* le club Rabaska à l'intention d'effectuer un relevé détaillé de cette rivière en 1973 et de préparer une carte-guide.
- *C. T. :* 1/50.000 : 21-M/9-O, 21-M/10-E, 21-M/7-E, 21-M/8-O.
- Renseignements fournis par P. Lalonde.

La rivière Malbaie
Renseignements ci-dessous

- *Situation géographique :* Affluent rive gauche du St-Laurent qui coule vers le N.N.-E. pour la moitié de son cours puis vers le S.-S.-E. pour l'autre moitié, et finit à La Malbaie, 90M. en aval de Québec.

La rivière prend sa source au lac Malbaie. Elle a été reconnue sur 28M. au début, du petit lac en aval du lac Malbaie (lac à Jack) au pont de la route 56, et sur 38 milles depuis 11M. en amont du barrage des Erables jusqu'à Clermont.

— *Longueur :* Longueur totale de la rivière : 95M.

— *Intérêts :* Splendide rivière sauvage accessible de Québec en fin de semaine.

— *Difficultés et hauteurs d'eau :* 2725' de dénivellation, soit 28'/M. ou 0.52% ! !

1) Partie supérieure relevée : 675' de dénivellation en 28M., soit 24'/M., mais la rivière est encore petite. Classe moyenne III. Suite continuelle de R-I surtout II, quelques III et IV ; par eau haute, s'attendre à une section très difficile.

2) Partie non relevée : du pont de la route 56 au nord du lac Porc-Epic, la rivière a été reconnue à pied, et est considérée dangereuse, pas navigable en tout cas pour des embarcations non pontées ; 22M. Un chemin, pas indiqué sur les C. T., rejoint la rivière par le nord (rive gauche) le long du ruisseau au nord du lac Porc-Epic, à la fin de cette partie. Dénivellation : 1,150' soit 52'/M. ou 1% ! !

3) Cette troisième partie comprend jusqu'à Clermont, 38M., 4 sections : a) Deux R-II, un R-III/IV P. à G. 5M. b) Jusqu'au barrage des Erables : E.C., 6M. P. du B. par la route. c) Jusque vers le ruisseau du Pied des Monts, 15M., succession d'E.V. et de R-I et II. Les R-II sont longs et manoeuvriers. d) Jusqu'au lac à Clermont, 12M. Cette section devient peu à peu plus difficile, les R. plus forts et plus courts. Plusieurs R-III, et un R-IV P. à D.

— *Canoë-kayak :* La 4ième section. Des volontaires sont demandés pour la partie non relevée de 22M.

— *Camping :* Quelques emplacements de camping : 1) Un peu en amont du point de départ, près de vieux camps. 2) Au barrage des Erables. 3) 1M. en amont du pont. 4) 3 ou 4M. en aval du camp situé au début de la 4ième section.

— *Eau potable :* Eau douteuse à cause de la drave. La rivière est utilisée pour le flottage du bois par la compagnie Donohue ; il est recommandé de ne pas s'engager dans la rivière sans avoir vérifié qu'elle n'est pas bloquée.

— *Accès :* Partie supérieure : la route se rend jusqu'au début de la rivière, aux lacs Jack ou Malbaie, entre les route 54 et 56. Partie inférieure : route 15, 10M. passé St-Hilarion tourner à gauche vers St-Aimé. Toujours à droite par la suite.

— *C. T. :* 21-M/11-E, 10-O, 15-O et E, 22-D/2-E, 22-M/16-O, 9-E et O.

— *Parcs :* La première partie, jusqu'au pont de la route 56, coule dans le parc des Laurentides. Voir : parcs.

— *Documentation :* Renseignements fournis par Y. Léger et A. Richard, du club Rabaska 1969 et 1971.

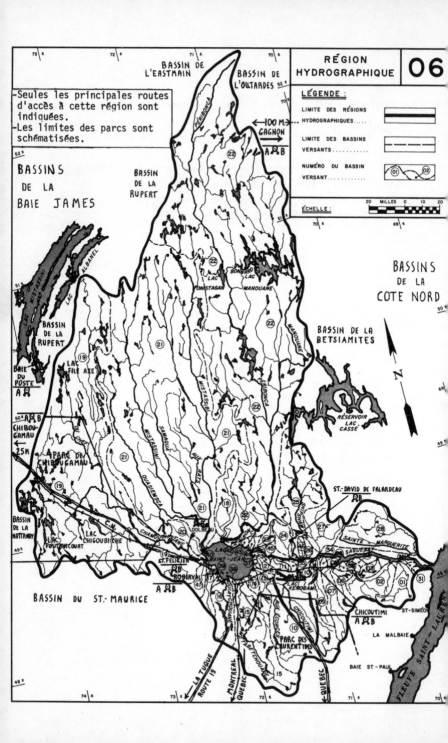

RIV. No	NOMS	SUPERFICIE (mi.ca.)
31	Rivière à David	8.99
32	Rivière des Petites Îles	22.8
01	Rivière Petit Saguenay	315
02	Rivière Saint-Jean	292
03	Rivière Éternité	73.5
33	Ruisseau à la Croix	18.3
04	Ruisseau aux Cailles	27.3
06	Rivière des Ha! Ha!	235
07	Rivière à Mars	255
08	Rivière Gauthier	27.6
34	Ruisseau Lachance	5.35
09	Rivière du Moulin	144
10	Rivière Chicoutimi	1350
35	Ruisseau Jean-Dechene	19.6
11	Rivière Dorval	29.8
36	Ruisseau Rouge	7.78
12	Rivière Bédard	51.1
37	Ruisseau Grandmont	12.5
13	Belle Rivière	194
14	Rivière Couchepaganiche	38.6
15	Rivière Métabetchouane	898
38	Ruisseau Grignon	10.3
16	Rivière Ouiatchouane	369
39	Rivière Ouananiche	7.37
17	Rivière Ouiatchouaniche	136
40	Rivière à la Chasse	12.6
41	Rivière aux Iroquois	80.3
19	Rivière Chamouchouane	6080
20	Rivière Ticouape	257
21	Rivière Mistassini	8450
18	Petite Rivière Peribonca	493
22	Rivière Peribonca	10400
42	Ruisseau aux Cochons	15.0
43	Ruisseau des Chicots	19.7
44	Ruisseau des Harts	9.73
23	Rivière Mistouc	83.1
45	Ruisseau Gervais	34.2
24	Rivière des Aulnaies	154
25	Rivière Shipshaw	878
46	Rivière des Vases	45.5
26	Ruisseau Tremblay	51.8
27	Rivière Valin	292
28	Rivière Sainte-Marguerite	823
29	Rivière Saguenay	34000

Le bassin du Saguenay

C'est après celui de la Koksoak et avec la partie québécoise de celui de l'Outaouais, le plus vaste du Québec, et en tout cas le plus vaste de ceux qui sont assez facilement accessibles pour des vacances d'une semaine : 34,000M.².

Plusieurs des cours d'eau du Saguenay sont des routes d'eau historiques, dont bien sûr le Saguenay lui-même.

A partir du bassin du Saguenay, il est possible de rejoindre les bassins de la baie d'Hudson et le bassin du St-Maurice.

Certaines rivières de ce bassin sont déjà connues comme exceptionnellement propices au canoë-kayac.

Accès :

— *Route :* Nombreuses autour du lac St-Jean. Une route longe le Saguenay de chaque côté, mais parfois à plusieurs milles. Vers le nord, une seule route, qui monte jusqu'au lac Mistassini. D'autres chemins forestiers montent vers le nord du lac St-Jean, mais leur tracé, leur état, nous sont inconnus. On pourrait avoir des précisions en s'adressant aux compagnies qui ont les concessions forestières de ces régions : St-Lawrence Corp., la Compagnie Price Ltée., et la Consolidated-Bathurst Ltée (voir à adresses utiles).

— Train : voir « Le Saguenay ».

— Avion : Bases à St-Félicien (St-Félicien Air Service), Dolbeau (Dolbeau Air Service), Roberval (Bert-Air Ltée — Roberval Air Services — St-Félicien Air Service), Alma (Alma Air Service Ltd.), Chicoutimi (Gagnon Air Service Ltée), St-Honoré (15M. au nord de Chicoutimi, de l'autre côté du Saguenay ; Mont-Valin Aviation Inc. et Air Saguenay Inc.), St-David de Falardeau (Gagnon Air Service).

Le Saguenay
Bons renseignements ci-dessous

— *Situation géographique :* C'est le déversoir du lac St-Jean, d'où il coule vers le E.S.-E. pour se jeter dans le St-Laurent à Tadoussac, 125M. en aval de Québec.

— *Longueur :* 160M. ; canotable au complet.

— *Intérêts divers :* C'est une rivière exceptionnellement grosse. A partir de Chicoutimi, c'est un fiord typique, large et très profond (500' à 900'), entre des bords escarpés de 600 à 1,000' de haut. Les cargos remontent jusqu'à Chicoutimi. On peut voir des belugas, ou baleines blanches, sauter en bande comme les marsouins. Enfin, le Saguenay est l'ancienne route de canot pour la baie d'Hudson. Un bel itinéraire pour des vacances. Ne pas manquer de visiter tous les pittoresques villages en aval de Chicoutimi.

— *Difficultés :* Deux sections : 1) Du lac St-Jean au dernier barrage de Shipshaw, 30M. A partir du lac St-Jean, prendre la Grande Décharge, et portager le B. à D., 0.5M., 6.5M. du lac St-Jean. Par la Petite Décharge, le P. est plus long. Puis, 21M. plus loin, à St-Léonard (Shipshaw), P. de 1M. approximativement à G. ; ¾M. plus loin, R-I+ d'¼M. Aucun autre obstacle vers l'aval. Attention : il arrive que cette partie soit encombrée par du bois flotté.

Renseignements fournis par L. Amarnier.

2) Jusqu'à la fin : aucun rapide. Les seuls problèmes sont : les cargos ; rester près du bord afin de ne pas être surpris par les vagues. Les vents et les vagues sur ce cours d'eau de 1½M. de large : là encore, le mieux est de longer les bords. Les vents de l'O.S.-O. étant fréquents, on aura intérêt à longer la droite. La marée est très forte sur le Saguenay, mais elle n'affecte pas la vitesse de façon appréciable, dans un sens ou dans l'autre, probablement à cause de l'énorme volume de la rivière. Voir camping.

— *Canoë-kayak :* Aucun intérêt connu.

— *Portages :* Bons.

— *Camping :* Emplacements assez rares. La carte-guide (voir documentation) en indiquera plusieurs. Attention : à cause de la marée, camper suffisamment haut pour ne pas être obligé de déménager pendant la nuit. Le mieux est de se procurer la table des marées pour l'année, disponible à Information Canada.

— *Civilisation :* Très peu, exception faite de la région Kéno-gami-Chicoutimi. Quelques rares et pittoresques villages.

— *Eau potable :* Eviter l'eau de la rivière, elle est parfois recouverte d'un film d'huile. Emporter des contenants : les sources sont nombreuses, et finissent toutes dans le Saguenay en chutes ou cascades visibles ou audibles de loin.

— *Accès :*

— *Route :* Plusieurs points d'accès le long de la rivière.

— *Train :* A partir de Montréal et Québec : villes desservies : Chambord, St-Gédéon, Jonquière, Arvida, Chicoutimi. A Chambord, on peut prendre vers l'ouest un train pour Roberval, Pointe Bleue, St-Félicien et Dolbeau.

—Avion : Aucune base vers la fin du Saguenay.

— *Documentation :* La F.Q.C.K. compte sortir une carte-guide pour le printemps 75. Mais il est possible d'entreprendre cette descente avec les renseignements ci-dessus, la table des marées, et, c'est moins utile, la carte hydrographique du Saguenay, qui indique les profondeurs et le chenal pour les gros bateaux.

— *C. T. :* 1/50.000 : 22-D/12-O et E, 22-D/11-O, 22-D/6-O et E, 22-D/7-O et E, 22-D/8-O et E, 22-D/1-E, 22-C/4-O et E, 22-C/5-O.

— *Affluents :* Il y en a environ 50 ayant un bassin de plus de 150M²., c'est-à-dire au moins partiellement canotables ; sans compter les autres. Il faudra un jour un guide séparé pour le seul bassin du Saguenay. En attendant ce jour heureux, voici quelques-uns de ces affluents sur lesquels nous savons quelque chose. Pour faciliter la classification de ces affluents, nous avons groupés ceux qui se jettent dans le lac St-Jean et ceux qui se jettent directement dans le Saguenay.

1) Dans le lac St-Jean (Le lac St-Jean est une petite mer intérieure, ronde et sans île, et est à la fois sans intérêt et trop dangereux pour les canots).

— LA RIVIÈRE MISTASSINI :

Rien, première. 8,500M.². Réputée canotable. Très sauvage.

Accès à sa partie supérieure en avion seulement. Plusieurs gros affluents. Un beau défi à relever, 200M.

— LA RIVIÈRE CHAMOUCHOUANE :
Description. C'est l'ancienne route historique de la baie d'Hudson. Voir itinéraires composés, à la fin de ce bassin.

— LA RIVIÈRE DU CHEF :
Affluent de la Chamouchouane, fait partie de la même route historique.

— LA RIVIÈRE PÉRIBONCA :
A déjà été descendue, mais nous n'avons aucun renseignement. 10,400M.^{2}. 350M.

Les renseignements qui vont suivre nous ont été communiqués par G. Gingras, du club Keno, plus canoë-kayakiste que canot-campeur ce qui explique que c'est surtout de courtes sections qu'il s'agit.

— LA RIVIÈRE MÉTABETCHOUANE :
Carte-guide et description. Deux parties sont connues : le début et la fin. Le début est dans le parc des Laurentides, et une carte-guide est disponible, voir Parc des Laurentides.

Les derniers 20M., à partir de Rivière aux Canots, 3 sections : 1) Rivière aux Canots à St-André, 12M., classe IV, 0.6% : E.C. : 3M., B., R-III : 3M. chute, R-III : 2M., R-V court, R-III : 2M., E.C. : 2M., barrage St-André. 2) De St-André au Trou de la Fée, 5M., classe II, 0.7%. R-II : 2M., E.C. : 1M., chutes extraordinaires en gradins (50') P : 1M., R.-III : ½M., barrage pittoresque et chute 70', P. très difficile ½M. mais décor fantastique. 3) De l'auberge au lac St-Jean, classe IV, 1.2%, R-V : 1M, R-IV : 3M. Fin de parcours sur le lac St-Jean. Accessible par route. Eau potable.
C. T. : 1/50.000 : 22-D/4-O et 22-D/5-O.
Renseignements G. Gingras et L. Amarnier, S.P.A.K.

— BELLE RIVIÈRE :
4 milles reconnus, de N.-D. d'Héberville au lac St-Jean. Classe I. Un barrage infranchissable.
2) Dans le Saguenay.

— LA RIVIÈRE CHICOUTIMI :

Prend sa source dans le parc des Laurentides, coule vers le nord, l'est, puis le nord, et se jette dans le Saguenay à Chicoutimi. Un barrage a inondé sa partie inférieure et formé, ou agrandi, le lac Kénogami. Reconnue du lac Kénogami à la route 16-A, soit sur 17M., classe moyenne II, R-I : ¼M. R-IV, R-II : 1M., R-III : ¼M. Chalets tout le long de la rivière. Eau douteuse. Intéressant surtout pour des pratiques d'une journée. Deux terrains de camping, payants, sur la rive gauche : à 1,000' du portage des Roches, l'autre 3M. plus loin. Un autre terrain à droite, après le barrage sur le terrain du Ministère des Terres et Forêts. Accès facile en tous points.

— C. T. : 1/50.000 : 22-D/6-E.

Renseignements R. Dumouchel et G. Gingras, S.P.A.K.

— LA RIVIÈRE AUX ÉCORCES :

C'est un affluent de la rivière Chicoutimi ; reconnue sur ses derniers 24M., de la route 54A au lac Kénogami.

De la route 54A à la rivière Sawine, 6M., classe II et passage IV. Le reste, classe IV et V avec 4 chutes de 5 à 10' franchissables, et 2 chutes infran. Pour experts aventureux seulement, et par eau pas trop haute. Très sauvage. Peu de place pour camper. Aucun autre point d'accès. Eau potable.

C. T. : 1/50.000 : 22-D/4-E, 22-D/5-E.

Renseignements L. Amarnier, R. Dumouchel, G. Gingras.

— LA RIVIÈRE CYRIAC :

Affluent de la rivière Chicoutimi. Reconnue sur ses 8 derniers milles ; classe III-IV, dernier passage V. Accès : Route 54. Niveau d'eau réglable à volonté. Renseignements fournis par S.P.A.K.

C. T. : 1/50.000 : 22-D/3-E et O, 22-D/6-O.

— LA RIVIÈRE AUX SABLES :

Du lac Kénogami au Saguenay, 7M., classe II et III sur ¼M. suivant le niveau d'eau, qui est réglable. Idéale pour un slalom. Renseignements fournis par S.P.A.K.

C. T. : 1/50.000 : 22-D/6-E et O.

— LA RIVIÈRE SHIPSHAW :

Reconnue sur 20M., de Chutes aux Galets au Saguenay. Rapides classe III à V. Pour experts seulement. Renseignements fournis par S.P.A.K.

C. T. : 1/50.000 : 22-D/11-E et O, 22-D/6-E et O.

— LA RIVIÈRE À MARS :

Reconnue sur ses derniers 6M. Rapides continus II+, avec ¼M. R-III sur début. Idéale pour initier en canoë-kayak ; intermédiaire en canot. Pas assez d'eau si niveau bas. Chalets et pollution.

Accès : route 16-A, puis petit chemin de gravier longeant la rivière.

C. T. : 1/50.000 : 22-D/7-O. Renseignements G. Gingras.

— LA RIVIÈRE STE-MARGUERITE :

Description détaillée ci-dessous

— *Situation géographique :* Rivière qui coule parallèlement au Saguenay, 4 à 6M. au nord, du nord de Ste-Rose à 15M. en amont de Tadoussac.

— *Longueur :* 40M., reconnue au complet.

— *Intérêts divers :* Une rivière idéale pour le canot-camping (enfin). Rives généralement sablonneuses et sauvages. Nature grandiose et pittoresque.

Aucune chute.

— *Difficulté et hauteurs d'eau :* 3 sections : 1) Du lac Resimond au 2ième pont, 16M. Très beaux rapides au milieu du parcours : R-I/10½M., R-II/2M., R-I/3½M. Classe moyenne II⁻. 2) Du 2ième au 3ième pont, 16M., classe I. Très facile, avec quelques plats. Décor grandiose. 3) Du 3ième pont à l'embouchure, 8M., classe moyenne III : R-II/3M., R-III/3M., R-II/2M. Cette dernière section est à éviter pour les canots.

— *Canoë-kayak :* Les 1ère et 3ième sections.

— *Portages :* Aucun obligatoire, faciles si nécessaires.

— *Camping :* Emplacements nombreux. Pas de drave.

— *Eau potable :* La rivière.

— *Accès :* Facile tout le long de la rivière, par le chemin Chicoutimi-Tadoussac.

— *Parc :* Cette rivière coule en bonne partie dans un nouveau parc provincial et le Service de l'animation des parcs va peut-être publier une carte-guide de la rivière.

— *C. T. :* 1/50.000 : 22-D/8-O et E, 22-C/5-O. Renseignements : G. Gingras du club Kéno.

Bassin du Saguenay

Itinéraires composés

1) Du lac Mistassini (Baie du Poste) au lac St-Jean (St-Félicien). 238M. Soit par la rivière à la Perche, le lac File-Axe, puis les rivières Du Chef et Chamouchouane, soit par : les lacs Waconicki, Chibougamau, Obatogamau, Poisson blanc, Branche, Jordan, Nicabau, la rivière Nicabau (Normandin), puis la rivière Chamouchouane.

Bonne description, mais vieillie pour ce qui est des portages ; disponible à la F.Q.C.K., $0.50 pour frais.

C'est l'ancienne route de canot historique pour la baie d'Hudson (par le lac Mistassini, les rivières Rupert et Martre).

Les variantes à cet itinéraire sont innombrables ; il suffit de se pencher sur de bonnes cartes. Voir également : itinéraires composés du bassin du St-Maurice.

Accès : — Mistassini : voir rivière Rupert — Lac St-Jean : voir bassin du Saguenay, transport.

Cet itinéraire est situé presque en entier dans les parcs Mistassini et Chibougamau ; voir la section qui leur est consacrée.

2) Itinéraire dans la partie supérieure du bassin de la rivière Shipshaw, 80 milles ; Lac Rouvray, rivière jusqu'au lac La Sorbière (courts portages), portage au lac au Menton, portage à la rivière aux Sables, le réservoir Pipmuacan vers le nord, l'ouest, puis le sud, jusqu'à sa fin au barrage, la rivière Shipshaw, enfin le lac Onatchiway, jusqu'au camp forestier Onatchiway.

— *Camping :* A la fin du lac Rouvray, N.E. du lac La Sorbière, côté est de la longue péninsule du lac Menton, au début du réservoir Pipmuacan. Accès : chemin de la compagnie Price, vers le nord à partir de Chicoutimi, jusqu'au lac Rouvray (approximativement 80M.).

— *C. T. :* 1/250.000 : 22-E et cartes au 1/50.000.

Renseignements fournis par : The Boy Scouts of Canada.

3) Grand parcours avec les rivières Péribonca et Manouane, 250M., par : Départ aux Passes Dangereuses, au sud du lac Péribonca, sur la rivière du même nom, la rivière Péribonca vers l'amont jusqu'au lac Onistagan, *camping* à la fin du chemin Alcan qui mène au lac Manouane, se faire transporter par camion au lac Manouane (approximativement 12M.), traverser le lac Manouane jusqu'au barrage à l'est du lac (29M.) ; on peut s'arranger pour se faire traverser par un bateau de l'Alcan ; continuer par la rivière Manouane, soit jusqu'à la route à Canal Sec, soit jusqu'au lac Tchitogama.

C. T. : 1/250.000 : 22-L, 22-E, 22-D, et cartes au 1/50.000.

Renseignements fournis par : The Boy Scouts of Canada.

4) Parcours lac Kénomagi — rivière Saguenay : approximativement 60M. Départ à l'extrémité est du lac Kénogami, au barrage ; le lac Kénogami vers l'ouest ; portager dans le ruisseau qui tombe dans la Belle Rivière ; La Belle Rivière jusqu'au lac St-Jean, où l'on peut camper ; le lac St-Jean jusqu'à la Petite Décharge ; le Saguenay jusqu'au barrage de Shipshaw, pas loin du point de départ.

C. T. : 1/250.000 : 22-D, et cartes au 1/50.000.

Renseignements fournis par : The Boy Scouts of Canada.

Voici (4) itinéraires qui nous sont suggérés par N.A. Schoch, gérant, base du Lac Sébastien, Gagnon Air Service :

a) Du Lac Sébastien au Lac Perdu en avion. Du Lac Perdu au lac des Prairies, au lac Du Bouchon, à la rivière Betsiamites et de là au lac Pipmaucan en canot. La distance estimée en canot est d'environ cent milles.

b) Du Lac Sébastien au Lac Raymond en avion. Du Lac Raymond au lac Piacoudie, au lac des Sept Milles, à White Mountains River, au lac Manouane, au lac Opitounis, au Lac Otapoco, au lac Raccourci, à la Rivière Manouane et enfin terminer au lac Du Grand Détour en canot. La distance estimée en canot est d'environ 150 milles.

c) Du Lac Sébastien à la Rivière Tourette en avion. De la rivière Tourette au lac Pipmaucan en canot. La distance entre ces deux endroits est d'environ 50 milles.

d) Du Lac Sébastien au lac Raccourci en avion. Du lac Raccourci à la Rivière Manouane, de la Rivière Manouane au Lac du Grand Détour en canot. La distance estimée est d'environ 60 milles.

A chaque point terminal de l'excursion en canot se trouvent des camps. Au Camp Pipmaucan se trouve une radio où vous pouvez communiquer avec la base au lac Sébastien.

Pour les voyages (a) et (b) proposés, il faut des excursionnistes d'expérience ; les deux derniers voyages sont un peu plus faciles.

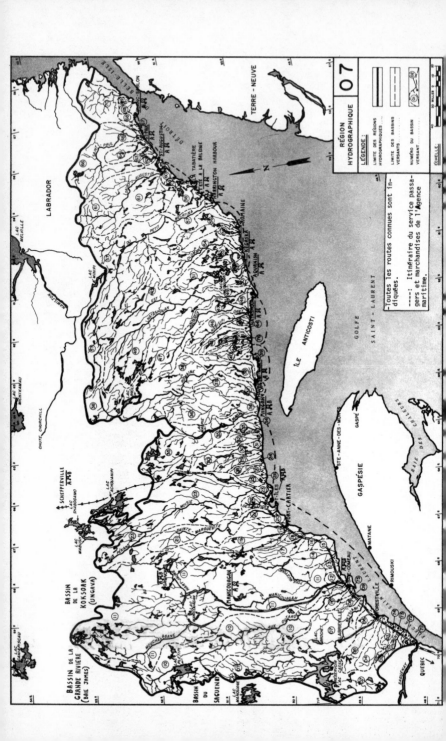

RÉGION HYDROGRAPHIQUE **07**

LÉGENDE :

LIMITE DES RÉGIONS HYDROGRAPHIQUES

LIMITE DES BASSINS VERSANTS

NUMÉRO DU BASSIN VERSANT

- Toutes les routes connues sont indiquées.

-----: Itinéraire du service passagers et marchandises de l'Agence maritime.

RIV. No	NOMS	SUPERFICIE (mi.ca.)	RIV. No	NOMS	SUPERFICIE (mi.ca.)
71	Rivière du Moulin à Baude	54.5	31	Rivière à la Chaloupe	79.2
01	Rivière des Petites Bergeronnes	89.1	32	Rivière Sheldrake	599
72	Rivière des Grandes Bergeronnes	44.2	33	Rivière au Tonnerre	268
02	Rivière des Escoumains	308	34	Rivière Jupitagon	84.3
73	Ruisseau Moreau	10.0	35	Rivière Magpie	2950
74	Rivière des Petits Escoumains	53.7	36	Rivière Saint-Jean	2160
03	Rivière du Sault au Mouton	178	37	Rivière Mingan	905
04	Rivière Portneuf	1020	38	Rivière Romaine	5540
05	Rivière du Sault aux Cochons	785	39	Rivière à l'Ours	99.9
06	Rivière Laval	250	40	Rivière de la Corneille	216
07	Rivière Betsiamites (Bersimis)	7220	41	Rivière Piashti	149
08	Rivière de Papinachois	108	42	Rivière Quetachou	392
09	Rivière aux Rosiers	70.6	76	Rivière Véronique	42.6
75	Rivière Raqueneau	40.1	43	Rivière Watshishou	411
10	Rivière aux Outardes	7360	44	Petite Rivière Watshishou	157
11	Rivière Manicouagan	17700	45	Rivière Pashashibou	62.7
12	Rivière des Anglais	172	46	Rivière Nabisipi	796
13	Rivière Franquelin	225	47	Rivière Aguanus	2230
14	Rivière Godbout	608	49	Rivière Natashquan	6220
15	Rivière de la Trinité	217	50	Rivière Kegashka	283
16	Petite Rivière de la Trinité	76.6	51	Rivière Musquaro	1400
17	Rivière Pentecôte	761	52	Rivière Musquanousse	128
18	Rivière Riverin	85.1	53	Rivière Washicoutai	593
19	Rivière aux Rochers	1610	54	Rivière Olomane	2100
20	Rivière Dominique	104	55	Rivière Coacoachou	164
21	Rivière Sainte-Marguerite	2390	56	Rivière Etamamiou	1170
22	Rivière des Rapides	221	57	Rivière du Petit Mecatina	7560
23	Rivière Moisie	7410	58	Rivière du Gros Mecatina	383
25	Rivière Matamec	264	61	Rivière Saint-Augustin	3820
26	Rivière aux Loups Marins	75.6	62	Rivière Coxipi	641
27	Rivière Pigou	66.6	63	Rivière Checatica	77.3
28	Rivière au Bouleau	264	64	Rivière Napetipi	482
24	Rivière du Sault Plat	33.4	66	Rivière Saint-Paul	2730
29	Rivière Tortue	306	67	Ruisseau des Belles Amours	115
30	Rivière Manitou	1020			

Les rivières de la Côte Nord

On appelle communément la Côte Nord toute la région du Québec à l'est du Saguenay.

C'est une région restée très sauvage, où les routes sont rares. Peu ou pas d'opération forestière à l'est de Baie Comeau.

Les rivières ont souvent une forte pente, et les portages sont rarement ouverts. Par contre, c'est un paradis pour le pêcheur.

C'est une région à déconseiller aux débutants ou au canot-camping familial, sauf sur certains circuits ou sections de rivières plus faciles et à la condition d'avoir des renseignements sûrs à l'avance.

Accès : La route se termine à Sept-Iles. Les localités plus à l'est sont desservies par avion ou par bateau (voir article suivant). Les deux lignes de chemin de fer permettent d'avoir facilement accès à la partie ouest de la Côte Nord.

— *Bateau :* L'Agence Maritime assure, une fois par semaine dans les deux sens, un service passagers et marchandises sur l'itinéraire suivant : Rimouski, Sept-Iles, Mingan, Havre St-Pierre, Baie Johan-Beetz, Natashquan, Kégashka, Romaine, Harrington, Tête-à-la-Baleine, Baie des Moutons, Tabatière, St-Augustin, Vieux-Fort, St-Paul, Blanc Sablon.

Le bateau quitte Rimouski, le mardi matin à 8:00 heures et arrive à Blanc Sablon le vendredi à 21:45 heures. Dans l'autre sens, il part de Blanc Sablon à 13:00 heures le samedi et arrive à Rimouski le mardi suivant vers 20:00 heures. Renseignements supplémentaires : Agence Maritime, 360 St-Jacques, Montréal, Tél. : 842-2791.

La rivière Moisie
Renseignements ci-dessous

— *Situation géographique :* Rivière de la Côte Nord qui coule du nord au sud et se jette dans le St-Laurent vers Sept-Iles.
— *Longueur :* 265M., à partir de son tout début au nord du lac Menistouc. Canotable et reconnue au complet.

— *Intérêts divers :* Très sauvage. Facile d'accès par train. Probablement l'une des moins difficiles des rivières de la région.

— *Difficultés et hauteurs d'eau :* 3 sections : 1) Du nord du lac Menistouc à la fin du lac Felix 56M., classe I+ ; trois courts R. dans le bout de la rivière entre les deux lacs, et quelques autres en aval. 2) Les 26M. suivants descendent d'environ 500', et sont une suite quasi-ininterrompue de rapides ; après le lac Felix, la rivière se divise en deux branches : prendre celle de gauche, et, au début du R., P. à G. Le P. suivant, peu après, est à D. 3) Tout le reste de la rivière est de difficulté assez uniforme, classe II. Au confluent de la rivière Ouapetec (M. 195), camp de pêche gardé. Un autre au confluent de la rivière à l'Eau dorée (M. 210), et au confluent de la rivière Nipisso (M. 230). Le long R-III à la fin peut se passer en hâlage.

Par marée basse, la fin de la rivière se perd dans les sables, et il est alors préférable de terminer 3M. avant, à l'hôtel Laurent Val.

— *Portages :* Quelques-uns sont ouverts.

— *Camping :* En nombre suffisant.

— *Civilisation :* Aucune autre civilisation que les camps mentionnés plus haut.

— *Eau :* Potable.

— *Accès :*

— *Train :* Compagnie Quebec North Shore et Labrador, à Sept-Iles ; bien indiquer que l'on va à Wabush, qui est un embranchement de la ligne principale, et se faire débarquer au M. 19, lac Mille, d'où, par un court P. on rejoint au S. la rivière Moisie. D'après la carte, il serait possible de commencer à partir de la ligne de chemin de fer principale en partant du lac Wightman, puis en rejoignant le lac Mille par la rivière et le lac Shabogamo, et le Bras Sud.

— *Avion :* On peut noliser un avion à Sept-Iles, mieux, à Gagnon (voir carte), à seulement 90M. de la rivière même.

— Renseignements fournis par Jean Smith, juillet 1971, eau basse.

— *C. T.* : 1/250.000 : 22-J, 22-O, 23-B et 23-G. Ainsi que toutes les cartes au 1/50.000.

Lac Tremblay & lac Mule

Description ci-dessous

Ce sont deux tributaires de la rivière Wacouno, elle-même un affluent de la Magpie. Lacs sauvages et facilement accessibles par le chemin de fer Quebec North Shore & Labrador, à Waco, 102M. au nord de Sept-Iles.

Idéal pour du canot-camping avec des enfants, en campant plusieurs jours aux mêmes endroits. 20M. en ligne droite, mais nombreuses baies, ainsi que des petits lacs et ruisseaux proches.

— *Portages* En très bon état

— *Camping* : En face de la gare de Waco, camping sur ½M. ; dans le P. entre les lacs Tremblay et Mule ; emplacement avec plage sur 200' à la fin du lac Mule. Les autres emplacements sont rares.

Variantes : De Waco, on peut remonter le lac Wacouno, long (22M) mais étroit, qui longe la voie ferrée, avec une partie de 6M. vers le sud. Ce lac est la tête de la rivière Wacouno.

— *Civilisation* : La gare de Waco : 1 cantine pour les ouvriers et un dortoir.

— *Eau* : Propre.

— *C. T.* : 22-P/5-E, 22-P/12-E.

— *Avion* : Base à Sept-Iles (Air Gaspé Inc., les Ailes du Nord Ltée). Renseignements fournis par Claude Vergniol, 1971.

La rivière Manitou

Renseignements ci-dessous

— *Situation géographique* : Rivière de la Côte Nord qui coule du nord au sud et se jette dans le St-Laurent environ 50M. à l'est de Sept-Iles.

— *Longueur :* 35M., jusqu'au début du lac Manitou ; 16M. sur le lac ; 44M., jusqu'au St-Laurent, soit un total de 95M. Reconnue à partir du lac Manitou.

— *Intérêts divers :* Très sauvage.

— *Difficultés :* 3 sections : 1) Le lac, très beau. 2) La rivière, du lac Manitou à la fin du lac des Eudistes, 30M. : aucun rapide. 3) La dernière partie, 14M. : à la décharge du lac, chute à Wallace, puis, série de R pour approximativement 3M. ; courts P. et hâlages par eau basse, mais un seul P. à G. par eau plus haute (P. 4M. ! ! et mauvais !)

— *Camping :* Rares jusqu'au lac Brezel.

— *Accès :* Par avion seulement, à partir de Sept-Iles ou de Mingan.

— Renseignements fournis par Jean De Grosbois, 1972.

— *C. T. :* 1/250.000 : 22-I, et, cartes au 1/50.000.

La rivière Magpie

Renseignements ci-dessous

— *Situation géographique :* Rivière de la Côte Nord qui coule du nord au sud et se jette dans le St-Laurent environ 20M. à l'ouest de Mingan.

— *Longueur :* 170M., de Eric à la fin, canotable et reconnue au complet. De Eric au lac Magpie il s'agit en réalité de la branche ouest de la rivière, plus facile d'accès et plus longue que la branche principale qui arrive au nord du lac Magpie.

— *Intérêts divers :* Très sauvage. Facile d'accès par train.

— *Difficultés :* 4 sections : 1) Les premiers 64M. sont faciles, avec seulement quelques R. jusqu'à la hauteur du lac Constantin (à l'ouest de la rivière). 2) Jusqu'au lac Magpie, 45 M., suite de rapides dont la plupart se passent en hâlage. Pour le dernier, un P. a été ouvert à G. par Jean Smith. Classe moyenne II ; à éviter par eau haute. 3) Le lac Magpie, long lac de 46M., mais sur lequel on n'a que 25M. à faire en venant de Eric. Camp de chasse et pêche gardé sur la pointe 1M. au sud du confluent de la Magpie ouest. A la sortie du lac, camps abandonnés. 4) Jusqu'au St-Laurent, 36M., classe moyenne III ; pour canoteurs experts seulement.

— *Portages :* Aucun portage ouvert, sauf dans les derniers 5M.

— *Camping :* Rares dans la dernière section.

— *Civilisation :* Aucune. Pas de drave.

— *Eau :* Eau potable.

— *Accès :*

— *Train :* De Sept-Iles à Eric, 137M. Départ le dimanche à 8:00 A.M.

— *Avion :* A partir de Sept-Iles ou de Mingan.

— *Bateau :* Voir l'article après la carte de la Côte Nord.

— *C. T. :* 1/250.000 : 22-P et I, et toutes au 1/50.000.

— Renseignements fournis par Jean Smith, août 1972, eau basse.

La rivière Romaine

Renseignements ci-dessous

C'est une rivière de la Côte Nord qui coule du nord au sud et se jette dans le St-Laurent (Passage Jacques-Cartier) vers Havre St-Pierre.

C'est une rivière rapportée comme extrêmement difficile dans sa partie nord, et il est recommandé de ne la commencer qu'à la hauteur du lac Buit ; un hydravion peut atterrir au nord de la grande île sur la rivière, 80M. jusqu'au St-Laurent.

— *Portages* inexistants.

— *Camping* nombreux.

— *Civilisation :* Aucune trace.

— *Difficultés :* 3 ou 4 rapides jusqu'aux « Murailles » ; une partie des « Murailles » se sautent : plusieurs chutes, un

P. de ¾M. quelques autres courts, suivis d'un long P. 1½M. à la fin, à travers bois. Plusieurs autres P. courts, sur les roches, vers l'aval. Une grande chute, puis, 3 ou 4 R. courts mais difficiles.

— *Accès* : Avion seulement, à partir de Mingan (voir carte). Voir article sur le transport par bateau après la carte de la Côte Nord.

— Renseignements fournis par Jean De Grosbois, 1972.

LE BASSIN DE LA BAIE JAMES ET
DE LA BAIE D'HUDSON

Plus du tiers du territoire québécois envoie ses eaux dans la baie d'Hudson. Mis à part la partie sud, c'est-à-dire le début, des rivières Harricana et Nottaway, toutes les rivières de ces régions sont absolument sauvages. C'est d'ailleurs le charme principal de ces régions, avec la pêche et les aurores boréales magnifiques que l'on peut admirer sous leurs cieux. Pour les naturalistes, signalons que flore et faune de ce bassin sont assez originales, en particulier celles du lac Mistassini et celles des baies Hudson et James.

Le relief est peu accidenté ; quelques régions de collines, mais la plupart du temps le paysage est plutôt plat. La tête des eaux dépasse rarement 1400 pieds et les rivières sont en général canotables, moyennant quelques portages et des sections moins faciles.

La végétation est dominée par l'épinette noire, qui devient de plus en plus petite et n'a plus de valeur marchande à la hauteur de la baie James. Plus au nord, c'est le royaume de la toundra.

L'eau reste encore la principale voie de communication des indiens Cris de ces régions et les portages sont en général en bon état sur la plupart des cours d'eau.

D'après les récits dont nous disposons les poissons courants sont le brochet, le doré, le poisson blanc, l'esturgeon sur certains grands lacs et rivières, la truite grise, enfin, plus rarement la truite mouchetée.

Ces régions sont très sauvages ; certains lacs sont immenses et ils sont dangereux tant à cause des vagues que du danger de se perdre. Si un accident arrive, « on n'est pas sorti du bois » ; en conclusion, sauf dans le bassin de la Mégiscane, relativement proche de la civilisation, aucune expédition ne devrait s'aventurer dans ces régions sans un chef d'expédition très expérimenté.

Climat : L'été, la température est sensiblement la même qu'à Montréal. Mais les lacs ne dégèlent pas avant la mi-mai, un peu plus tard plus au nord ; et dès la mi-septembre les nuits de gel sont fréquentes. Compte tenu des mouches, dont la pire période dure jusqu'au milieu de juillet, il ne reste pas une longue saison pour le canot-campeur.

Accès :

— *Routes :* Elles permettent un accès facile des rivières Harricana, Nottaway, Rupert et Eastmain et sont le seul moyen d'accès terrestre des deux dernières. Il y a un service d'autobus entre Senneterre et Chibougamau, et le lac St-Jean et Chibougamau ; les canots devront être envoyés par transport routier ou par train à l'avance. Cartes en main, on peut découvrir, le long des routes du nord, un grand nombre de points de départ et de retour possibles, quelquefois des circuits. Voir l'article sur l'aménagement hydroélectrique de la Baie James.

— *Chemins de fer :* Il n'y a plus de service passager sur les lignes Senneterre-Chibougamau et Lac St-Jean-Chibougamau ; mais on peut y faire transporter les canots (C.N.R.). En outre, le train mixte Parent-Senneterre n'existe plus, et le train Montréal-Québec à Senneterre (C.N.R.) ne s'arrête maintenant qu'aux gares ou arrêts facultatifs (flag-stop) suivants, entre Parent et Senneterre : Timbrell, Strachan, Greening, Oskelaneo, Clova, Coquart, Monet, Bourmont, Langlade, Dix, Forsythe, Paradis, Press, Signai, Megiscane.

— *Hydravion :* Les différents endroits accessibles par route d'où l'on peut noliser un hydravion pour les rivières de ce bassin, sont :

— Amos. Compagnies :   — A. Fecteau Transport Aérien Ltée.
                         Amos Aviation Ltée.

— Senneterre. Compagnie :   — A. Fecteau Transport Aérien Ltée.

— Mattagami. Compagnie :   — A. Fecteau Transport Aérien Ltée.

— Chibougamau (Lac Caché) Compagnies :	— A. Fecteau Transport Aérien Ltée. — Dolbeau Air Service.
— Clova. Compagnie :	— Tamarac Air Service Ltée.
— Moosonee. Compagnies : (en Ontario mais près de la baie James et accessi- ble par train).	— Austin Airways Ltd. — White River Air.
— Parent. Compagnies :	— Brochu Industries Ltée. — Labelle Touristair Inc. — Morin Air Service Ltée.
— Roberbal. Compagnies :	— Bert-Air Ltée. — Roberval Air Services. — St. Felicien Air Service Ltée.
— St. Felicien. Compagnies :	— Bellevue Air Service. — St. Felicien Air Service Ltée.
— Schefferville. Compagnies: (au Labrador, accessible par train ; à l'est de la rivière Grande Baleine)	— Larivière Air Service Ltée. — Laurentian Air Services Ltd.

L'aménagement hydro-électrique de la baie James :

Il a été décidé en 1971 d'utiliser la houille blanche des énormes rivières de ce bassin ; la première phase, et la seule qui soit à la fois définitivement décidée et commencée, est le harnachement de la Grande Rivière. Une route est en construction, qui, du sud au nord, en longeant la baie James à une cinquantaine de milles de distance, va rejoindre Fort-George, à l'embouchure de la rivière. Une partie des bassins des rivières Koksoak, Eastmain et Grande Baleine, sera détournée dans le bassin de la Grande Rivière. Les projets consisteraient en l'aménagement des rivières Eastmain, Rupert, Nottaway, Harricana. C'est dire que toute la région se trouverait éventuellement transformée, pour le meilleur ou pour le pire.

La route est déjà terminée jusqu'à la rivière Rupert (voir carte), et sera terminée jusqu'à Fort-George fin 1975.

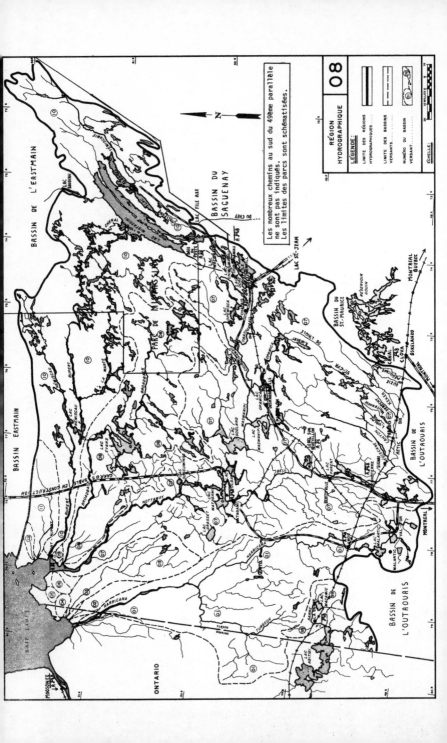

RÉGION HYDROGRAPHIQUE

08

LÉGENDE:

LIMITE DES RÉGIONS HYDROGRAPHIQUES

LIMITE DES BASSINS VERSANTS

NUMÉRO DU BASSIN VERSANT

ÉCHELLE:

Les nombreux chemins au sud du 49ème parallèle ne sont pas indiqués. Les limites des parcs sont schématisées.

N

BASSIN DE L'EASTMAIN

BASSIN DU SAGUENAY

BASSIN EASTMAIN

PARC DE MISTASSINI

LAC ST-JEAN

BASSIN DU ST-MAURICE

BASSIN DE L'OUTAOUAIS

BASSIN DE L'OUTAOUAIS

MONTRÉAL QUÉBEC

ONTARIO

BAIE JAMES

MINNISONEE

MONTRÉAL

RÉGION 08

RIV. No	NOMS	SUPERFICIE (mi.ca.)
01	Rivière Harricana	11300
02	Rivière Piscapocassy	170
03	Rivière Missisicabi	1660
05	Rivière Novide	174
06	Rivière Octave	118
07	Rivière Nottaway	25400
08	Rivière Broadback	8050
10	Rivière de Rupert	16700
11	Rivière Pontax	3140
12	Rivière à la Truite	263
99	Rivière la Sarre	741

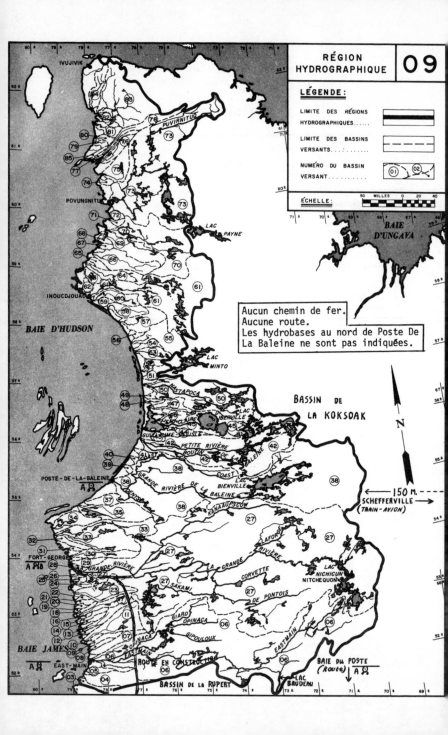

RIV. No	NOMS	SUPERFICIE (mi.ca.)	RIV. No	NOMS	SUPERFICIE (mi.ca.)
04	Rivière Jolicoeur	1020	46	Rivière au Caribou	430
05	Rivière Au Mouton	176	47	Rivière du Nord	555
06	Rivière Eastmain	17900	48	Rivière Sheldrake	65.9
07	Rivière Conn	450	50	Rivière Nastapoca	5160
11	Rivière Du Vieux Comptoir	1050	52	Rivière Biscarat	221
13	Rivière Du Peuplier	488	53	Rivière Longland	625
15	Rivière Clergue	312	54	Rivière Brot	152
17	Rivière Maquatua	417	55	Rivière Boniface	1440
20	Rivière Suaganstuc	108	56	Rivière Gassot	9.74
21	Rivière Comb	78.7	57	Rivière Kikkerteluc	915
23	Rivière du Castor	1160	58	Rivière Gladel	378
24	Rivière Caillet	191	60	Rivière Kongut	1030
25	Rivière À la Truite	50.9	61	Rivière Innuksuac	4390
26	Rivière Aquatuc	96.0	63	Rivière Nauberakvik	194
27	La Grande Rivière	37700	64	Rivière Koktac	967
28	Rivière Guillaume	349	65	Rivière Alinotte	46.0
30	Rivière Piagochioui	632	66	Rivière Mariet	1440
02	Tributaire (X-122)	58.3	67	Rivière Beriau	141
32	Rivière Kapsaouis	234	69	Rivière Polemond	1270
33	Rivière Roggan	3700	70	Rivière Kogaluc	4460
36	Rivière au Phoque	571	73	Rivière de Povungnituk	11000
81	Rivière au Saumon	42.6	75	Rivière Sorehead	813
35	Rivière Vauquelin	1230	76	Rivière Korak	364
37	Ruisseau Sucker	452	77	Rivière Iktotat	131
38	Grande Rivière de la Baleine	16500	78	Rivière Chukotat	399
41	Rivière Second	119	85	Petite Rivière de Povungnituk	100
42	Petite Rivière de la Baleine	6120	79	Rivière Déguisé	247
43	Rivière Guérin	326	80	Rivière Delaize	304
44	Rivière de Troyes	592	82	Rivière Frichet	168
45	Rivière à l'Eau Claire	1840	83	Rivière Kovic	3300

Les rivières du bassin des Baies James et Hudson

— Harricana — Nottaway — Broadback — Rupert — Eastmain
— La Grande — Grande Baleine — Petite Baleine.

La rivière Harricana

Description

— *Situation géographique :* C'est la rivière la plus à l'ouest du Québec, et elle coule même ses derniers milles en Ontario. Cours général N.N.-O.
— *Longueur :* 240 milles à partir d'Amos jusqu'à la Baie James, auxquels il faut ajouter 30 milles le long de la Baie James et 10 milles à remonter la rivière Abitibi pour rejoindre le train à Moosonee.
— *Intérêts divers :* C'est la seule rivière qui permet d'aller à la Baie James en 2 semaines sans avoir à prendre l'avion. C'est une rivière moins grosse que la Nottaway, et, sauf erreur, l'eau n'en est pas polluée.
— *Difficultés et hauteurs d'eau :* 5 sections : 1) de Amos à la rivière Octave, 50M., classe II ; des rapides en général courts. 2) une section parfaitement calme de 70M. 3) une section avec quelques rapides et portages, jusqu'à 2M. passé la rivière Samson, 27M., classe II. 4) une section très difficile de 35M., où les rapides et chutes se suivent. 5) une section facile jusqu'à la fin, sans aucun portage ; un peu d'eau vive, classe 1+, 58M.
— *Canoë kayak :* Aucun intérêt.
— *Portages :* En excellent état.
— *Camping :* Très rares. Ne pas attendre trop tard pour en chercher un, surtout avec un groupe.
— *Civilisation :* Aucune, quelques milles passé Amos. Pas de drave.
— *Eau potable :* La rivière, sous réserve, à cause des mines à son amont.
— *Accès :*
  — *Route :* Jusqu'à Amos. — *Train :* Ligne du C.N.R.,

de Montréal et Québec. — *Hydravion :* Lac Figuery (Amos). Retour : Prendre le train à Moosonee, ou l'avion (compagnies : Austin Airways Ltd., et White River Air Services Ltd.).

Il est possible de commencer avant, à Val d'Or par exemple, mais la rivière dans sa partie supérieure coule dans une région peu sauvage.

— *Documentation :* Une description suffisamment précise, disponible à la F.Q.C.K., $0.50. M. Bauchet.

— *C. T. :* 1/250.000: 32-C, D, E, L, M et 42-P. Au 1/125.000 et 1/50.000 seulement pour le tout début de la rivière.

Le bassin de la rivière Nottaway

La rivière Nottaway

- La rivière Waswanipi
  - La rivière Chibougamau
    - La rivière Obatogamau
  - La rivière Opawica
    - La rivière de l'Aigle
    - La rivière Hébert
    - La rivière St-Cyr
- La rivière Bell
  - La rivière Megiscane
    - Rivières Suzie, Kekek, Serpent, Berthelot, Canyon, Attic.

Cet immense bassin de 25,000 milles carrés a l'avantage d'être situé à la limite des voies de communication, la route et le train, et d'avoir sa partie supérieure située sur un plateau si plat que certains lacs se déversent dans deux bassins différents, ce qui permet de nombreuses combinaisons de circuits et fait en outre que les rivières sont accessibles à la plupart des canot-campeurs.

Le nombre des rivières de ce bassin est trop grand, et nous nous contentons ici de parler de celles sur lesquelles nous avons au moins quelques renseignements.

193

La rivière Nottaway

Description ci-dessous et carte pour consultation au bureau de la F.Q.C.K.

- *Situation géographique :* Coule vers le nord-ouest, en drainant une bonne partie des eaux de l'Abitibi vers le sud de la baie James.

- *Longueur :* 160M., à partir du lac Mattagami. En réalité, cette rivière est beaucoup plus longue, mais elle est formée de deux bras importants qui se jettent dans le lac Mattagami. Ces bras ont pour nom : la rivière Bell et la rivière Waswanipi.

- *Intérêts divers :* Enorme volume, avec un bassin de 21,000 milles carrés à son début, de 25,000 au total.

- *Difficultés :* Dénivellation 814', soit 5'/M. ou 0.09%. Là encore, la faiblesse du pourcentage ne reflète pas la difficulté réelle de la rivière, à cause de sa taille. La rivière est plutôt facile jusqu'au lac Kelvin, alors qu'elle descend de 636' dans les 48M. qui restent. La majorité des rapides est infranchissables à cause du volume d'eau.

- *Portages :* En bon état. Il y a en tout 9 portages obligatoires, car on peut en général hâler les embarcations.

- *Camping :* Emplacements rares sur la rivière, plus fréquents sur les lacs.

- *Eau potable :* On nous rapporte que l'eau est polluée au mercure à cause de déchets d'usine à Mattagami. Voir article sur l'eau au début de ce guide.

  Il est recommandé de ne manger aucun poisson de cette rivière, mais il est probable que la consommation de l'eau pendant quelques jours n'aura aucun effet nocif sur l'organisme des canot-campeurs. Nous n'avons hélas ! pas de renseignements plus précis pour l'instant.

- *Accès :*

  - *Route :* Jusqu'à Mattagami, au début de la rivière ; de Montréal, route 11, puis 58 et continuer jusqu'à Amos ; là, prendre la route 61. Distance Montréal-Mattagami : 478M.

— *Train :* Aucun service passager à Mattagami.

— *Avion :* A. Fecteau Transport Aérien, de Senneterre.

Retour : Continuer à Rupert, en longeant la côte pour 15M. Voir rivière Rupert.

— *Documentation :* Renseignements précis mais sans les distances, notés à la main sur une carte très détaillée. En attendant qu'une carte-guide soit préparée à partir de ces renseignements, il est possible de les consulter au bureau de la F.Q.C.K. seulement. Relevé P. Paradis. Relevé en juillet, par eau moyenne.

— *C. T. :* 1/250.000 : 32-F, K, L et M. Deux C. T. au 1/50.000 seulement : 32-K/5-E et O, et 32-K/12-O.

La rivière Waswanipi
Renseignements partiels, ci-dessous

La rivière Waswanipi est, comme la Nottaway, une grosse rivière mais courte parce que ses deux branches supérieures s'appellent autrement : c'est la jonction des rivières Chibougamau et Opawica qui forme la rivière Waswanipi. Longueur : 78M., jusqu'au lac Mattagami. Nous n'avons de renseignements que pour la première section, du début au lac Waswanipi : cette section comprend approximativement 12 rapides, dont seul le dernier est dangereux (P. à droite), environ 2M. avant le lac (renseignements M. Bauchet).

Le chemin Senneterre-Chibougamau traverse la rivière exactement à son début. En cas de difficultés seulement, la gare de Waswanipi, sur la ligne de Chibougamau (C.N.R., est au bord du lac Waswanipi.

D'après la carte, la navigation serait aisée du lac Waswanipi au lac Mattagami, avec seulement 2 rapides au début.

En général, la rivière Waswanipi ne serait entreprise que comme partie d'une expédition plus longue.

— *C. T. :* 1/250.000 : 32-G et F.

La rivière Chibougamau
Rien

Nous n'avons aucun renseignement sur cette rivière, si ce

n'est qu'elle est réputée canotable. C'est la décharge du lac Chibougamau, elle est donc d'accès facile, par la route, ou par avion. 156M. à partir de la décharge du lac. 250' de dénivellation.

A la fin de la rivière, on peut soit s'arrêter au pont (voir rivière Waswanipi), soit continuer par la rivière Waswanipi, soit remonter la rivière Opawica pour rejoindre le bassin de la Mégiscane par la rivière à l'Aigle (voir ces noms).

— C. T. : 1/250.000 : 32-G et J. Au 1/50.000 pour les ⅔ de la rivière.

La rivière Obatogamau
Rien, première

Cet affluent de la rivière Chibougamau, de 92M., offre l'avantage d'être facilement accessible par la route au début comme à la fin. Il est en effet la décharge du lac Obatogamau (750 îles), près de la route lac St-Jean - Chibougamau, et se jette dans la rivière Chibougamau près du pont qui traverse cette dernière. Dénivellation : approximativement 175'. Renseignement rassurant, mais en cas de difficultés seulement : le chemin de fer traverse la rivière dans son dernier tiers.

— C. T. : 1/250.000 : 32-G, et au 1/50.000 ou 1/63.360 pour toute la rivière.

Il existe une route de canot pour rejoindre, au lac Obatogamau, le lac Chibougamau et, au sud, les rivières Normandin, puis, Chamouchouane (voir à Bassin du Saguenay, rivière Chamouchouane).

La rivière Opawica
Renseignements partiels, ci-dessous

Rivière moyenne de 150M., dont le début n'est accessible que par avion (lac Gabriel).
Dénivellation : approximativement : 200'.
C. T. : 1/250.000 : 32-G et au 1/50.000 pour les trois premiers quarts de la rivière.

Cette rivière doit être très rarement faite dans sa partie supérieure. La rivière se termine en se joignant à la Chibougamau pour devenir la rivière Waswanipi. Pour le retour, voir rivière Chibougamau.

A voir les cartes, il doit y avoir une route de canot pour rejoindre la tête de la rivière à partir de la route Lac St-Jean-Chibougamau. Mais cette rivière intéresse les canot-campeurs surtout parce que 3 de ses affluents permettent de rejoindre, vers le sud, le bassin de la Mégiscane.

1) Rivière St-Cyr : Cette rivière communique avec les 2 bassins, mais est trop difficile et n'est pas la route habituellement prise : conséquemment, il n'y a pas de sentiers de portage à partir du portage de la rivière Hébert.

2) Rivière Hébert : C'est la route de canot habituelle. Portager de la rivière St-Cyr dans le petit lac Hébert à l'endroit le plus évident sur la carte. Le début du P. est bien visible, le sentier est en bon état.

3) Rivière à l'Aigle : Il y aurait un P. pour la rejoindre, au sud du lac Bailly sur la rivière St-Cyr.

— *C. T.* : Pour ces trois rivières : 1/250.000 : 32-G et B, et au 1/50.000.

Distance, par les rivières St-Cyr et Hébert, entre les rivières Opawica et Mégiscane : 72M.

Renseignements : M. Bauchet.

La rivière Bell

Cette branche de la rivière Nottaway coule vers le nord, depuis le lac Tiblemont, un peu au sud de Senneterre, où elle passe. Longueur : 145M. depuis Senneterre. Il est possible de la commencer un peu plus au sud par les rivières Louvicourt, Villebon, ou Marquis.

Cette rivière permet, en continuant par la Nottaway, l'accès à la Baie James. On peut également, à sa fin dans le lac Mattagami, soit arrêter et revenir par route ou avion, soit remonter la Waswanipi et la rivière Sullivan jusqu'à Miquelon (route de Chibougamau). Ne pas essayer de remonter plus haut, la rivière devenant trop rapide.

Dénivellation : approximativement 175'. C'est une rivière assez fréquemment descendue et qui, moyennant quelques portages, ne présente pas de problème.

— *C. T.* : 1/250.000 : 32-C et F, et au 1/50.000 pour la première moitié de la rivière.

— Pourvoyeur : Au lac Parent, près de Senneterre, un pourvoyeur s'occupe de canot-camping et peut fournir tout le matériel nécessaire, des cartes, un guide. Ecrire à : Les Frères Sanford, C.P. 1000, Senneterre.

La rivière Mégiscane
Renseignements ci-dessous

C'est l'un des paradis du canot-camping, pour ceux qui ne disposent que d'une semaine, qui n'ont pas trop d'argent, mais recherchent quand même une rivière assez sauvage, facile d'accès, pas trop grosse. C'est pourquoi le club Les Portageurs a parcouru son bassin en tous sens. La ligne de chemin de fer Montréal-Québec à l'Abitibi longe le bassin de la Mégiscane vers le sud et coupe la plupart de ses affluents de ce côté à leur début ; certains de ces affluents se remontent. En outre, il est possible de passer du bassin de la Mégiscane à ceux de la rivière Opawica et du St-Maurice ; les possibilités d'itinéraires et circuits sont donc nombreuses dans cette région de la tête des eaux.

La Mégiscane prend sa source près de Monet sur le chemin de fer (C.N.R.) Montréal-Québec - Abitibi, 90M. à l'est de Senneterre, coule vers le nord pour une trentaine de milles, puis part vers l'ouest, pour enfin se rapprocher à nouveau du chemin de fer, passer 2 fois dessous, et se jeter dans le lac Parent, sur la rivière Bell, 9M. au nord de Senneterre, 180 milles plus loin.

C'est donc une rivière facile d'accès. De Monet, qui n'est pas accessible par route, la rivière est plutôt un ruisseau. 24M. au nord de Monet, un barrage a été construit à la sortie du lac du Poète pour détourner les eaux dans la rivière St-Maurice.

Ce n'est pas grave, car d'autres lacs suivent et, après un court portage, il est possible de continuer avec assez d'eau.

Difficultés : Assez curieusement, il n'y a aucune chute sur cette rivière, même petite. Une équipe prudente peut sauter la moitié des rapides, et tous les autres sont navigables, ne dépassant jamais la cote IV.

Dénivellation : 400', soit 2.2'/M. ou 0.04% ; cette rivière variant de petite à moyenne, sa pente indique une rivière facile.

Les portages sont bons ; le gouvernement paierait une équipe qui les entretiendrait ; c'est moins cher que de faire des routes, et ça fait l'affaire des canot-campeurs.

Emplacements de camping suffisamment nombreux.

— *Accès :*

— *Route :* Des chemins forestiers mènent, à partir de Senneterre, aux points d'accès suivants : le lac Berthelot, le lac Girouard, le début et la fin du lac Faillon, le lac Valets, le lac et la rivière Attic.

— *Train :* Par le chemin de fer, en venant soit de Senneterre, où l'on peut laisser ses voitures, soit de Montréal-Québec, où l'on peut revenir de la fin de la rivière à Senneterre.

— *Civilisation :* Les opérations forestières sont hélas ! rendues dans cette région, et il faut s'attendre à voir, de temps en temps, un pont, un bulldozer, une coupe de bois. Mais cette rivière et ses affluents restent à recommander pour ceux qui veulent avoir un avant-goût d'expéditions complètement sauvages.

— *Renseignements :* M. Bauchet, ainsi que pour les affluents. 1960 à 1964.

— *C. T. :* 1/250.000 : 31-B et C, et toutes au 1/50.000.

— *Passages à d'autres bassins :* De la Mégiscane, il est possible de passer : au nord, dans le bassin de la rivière Opawica, en remontant la rivière St-Cyr ; voir à rivière Opawica. — A l'est, dans le bassin de la rivière Saint-Maurice de deux façons :

1. Par le lac Tête, en remontant deux petits lacs vers le nord-est, puis le sud-est, puis le sud. Au bout du lac en long, il y

a un portage qui rejoint le réservoir Gouin ; pour trouver le début de ce P, longer le ruisseau encombré qui se jette dans le lac. En venant du lac Tête, le P. pour le premier lac ne suit pas le ruisseau, mais commence dans la petite baie à l'est.

2. Par le lac du Poète. A l'est du lac, un canal déverse maintenant les eaux de la haute Mégiscane dans le réservoir Gouin.

— *Affluents :* — Rivière Suzie — Rivière Kekek — Rivière Serpent — Rivière Whitegoose — Rivière Attic — Rivière Canyon.

1) **Rivière Suzie :** C'est une très petite rivière, que l'on prend presqu'à son début au chemin de fer, entre Bourgmont et Monet. Se faire débarquer à Rivière Suzie (Autre nom : Murdock-Monet), et rejoindre la Suzie par la rivière Hudson. La rivière se jette dans la rivière Mégiscane 30M. approximativement au nord. Rivière facile, portages en bon état et jamais longs. Classe II—. C. T. : 32-B/4-E et 5-E. Eviter de la remonter.

2) **Rivière Kekek :** Rivière magnifique, sans aucun lac ce qui est rare dans ces régions. A l'ouest de la Suzie. Approximativement 22 milles depuis le chemin de fer jusqu'à la rivière Mégiscane. Eviter de remonter cette rivière. Le train ne s'arrêtant plus entre les gares, il faut atteindre cette rivière de l'une des gares voisines ; le ruisseau qui, de Bourmont, (¼ de mille à l'ouest), tombe dans la Kekek est navigable, moyennant plusieurs portages. Classe II. C. T. : 32-B/4-O, 5-O.

3) **Rivière Serpent :** A l'ouest de la Kekek. C'est une très petite rivière sans rapide, mais qui tourne sans arrêt pendant 30 milles du chemin de fer à la Mégiscane. Débarquer à Dix, descendre le petit ruisseau vers le nord-ouest, prendre à droite le lac Racine, et portager (0.2M.) pour tomber dans le bassin de la rivière Serpent. Classe I+. C. T. : 32-C/8-E, 32-B/5-O.

4) **Rivière Whitegoose :** A l'ouest de la Serpent, la rivière

Attic rejoint presque vers le nord la rivière Whitegoose ; on peut passer de l'une à l'autre par un P. entre les lacs Leinge et Couillard. Si on recherche le trajet le plus rapide, passer directement du lac Valmy au lac Berthelot, par un cours P. Ne choisir la rivière Whitegoose que si on la descend. Nous n'avons pas de renseignements sur cette rivière, du lac Valmy à la Mégiscane.

Au chemin de fer, gare de Forsythe. Mais on peut à partir de là, descendre la rivière Attic. Classe II—. C. T. : 32-C/9-E, 8-E et O.

5) **Rivière Attic** : Cette rivière longe le chemin de fer pour la moitié de son cours. On peut la prendre à Dix ou, un peu plus bas, à Forsythe. Longueur : 44 milles jusqu'à la rivière Mégiscane. C'est une rivière assez sportive, classe II+. Si on décide de la descendre au complet, il faut alors continuer la Mégiscane jusqu'à Signai ou jusqu'à Mégiscane. C. T. : 32-C/1-E et O, et 2-E, 8-E et O. Cette rivière ne se remonte pas.

6) **Rivière Canyon** : C'est un petit affluent de la rivière Attic ; on peut la prendre à partir de la rivière Mégiscane en prenant le lac Girouard. Attention ; au sud du lac Girouard, ne pas essayer de remonter le ruisseau qui est inutilisable : prenez l'autre baie au sud-ouest, où un P. de ½M. amène à un petit lac, puis un autre P. de 1,000' enfin un autre très court pour tomber au lac aux Loups, tête de la Canyon. Du sud du lac Girouard à la rivière Attic : 25M. Ne pas essayer de remonter cette rivière, sur laquelle les eaux vives sont nombreuses, mais elle n'est, par ailleurs, pas difficile pour des canot-campeurs capables de sauter des R-II. Un seul R ne se passe pas. On peut finir la descente à Paradis, en remontant la rivière Attic malgré un long portage à cause d'un rapide de ½M. C. T. : 32-C/8-O, 7-E, 2-E.

— *Possibilité de circuit :* Dans la rivière Mégiscane, remonter le lac Mégiscane vers le nord et prendre vers le nord-ouest puis vers l'ouest la route de canot qui emprunte le lac Arlette et la rivière Closse, jusqu'au lac Maricourt, qui se déverse dans la rivière Mégiscane. Longueur du détour à partir de la rivière Mégiscane : 24M. La rivière Closse est facile avec un court P. (B.C.), un court R., un autre R-II : 500'. C. T. : 32-B/12-O, 32-C/9-E.

La rivière Broadback

Grande rivière située entre les rivières Rupert et Nottaway. Il est possible de la rejoindre soit en partant de Baie du Poste (voir détail à rivière Rupert), soit en se faisant déposer par hydravion à la tête de la rivière. Longueur : De la fin du lac Troïlus au portage du lac Nemiskau : 182M. ; jusqu'à la Baie James : 100M. Retour : continuer jusqu'à Fort Rupert, en longeant la côte pour 12M. Voir à rivière **Rupert** pour le retour.

Attention : assurez-vous que les portages existent avant d'entreprendre cette rivière.
— *C. T. :* 1/250.000 : 32-M, N, K et J.

La rivière Rupert et la rivière à la Martre
Description détaillée

— *Situation géographique :* Cette rivière est la décharge du grand lac Mistassini ; elle coule vers l'ouest, entre les rivières Broadback et Eastmain, et se jette au sud de la Baie James.
— *Longueur :* De Baie du Poste à la Baie James : 375M. environ.
— *Intérêts divers :* C'est la route historique que les canots empruntaient pour aller du St-Laurent à la Baie James, en partant du Saguenay, puis en remontant la rivière Chamouchouane, puis son affluent la rivière du **Chef** ; à la tête de cette rivière, on portageait dans le sud du lac Mistassini.
C'est une grande rivière, au bassin de 17,000 milles carrés, mais qui a été souvent descendue et l'est apparemment encore. Rivière réservée aux équipes solides avec un chef d'expédition expérimenté.

—Difficultés : 3 sections : 1) Le lac Mistassini, 45M., très grand lac aux vagues dangereuses. 2) La rivière à la Martre : en effet, les canots empruntent, pour descendre la Rupert, l'un de ses affluents pour plus de la moitié de la distance. Cette rivière est de navigation assez facile, avec quelques courts portages au début et quelques-uns avant d'atteindre la Rupert. 180M. 3) La rivière Rupert, 150M. Rivière difficile, surtout vers la fin où les longs portages se suivent ; il y a 3 à 5 milles de portages sur la rivière Rupert même, souvent à cause des chutes (voir documentation).
Dénivellation totale : 1,250' soit 4'/M. ou 0.07%. Mais encore une fois c'est une forte pente pour une grosse rivière.

— *Portages :* En bon état.

— *Camping, civilisation, eau potable :* Aucun problème.

— *Accès :*

— *Route :* Par Baie du Poste (voir rivière Eastmain).

— *Hydravion :* Se faire déposer à la sortie de la rivière du lac Mistassini.

Pour le retour, prendre l'avion à Fort Rupert (compagnie A. Fecteau et Austin Airways) ; on peut alors envoyer les canots par bateau jusqu'à Moosonee, puis par le train, ou traverser la Baie James jusqu'à Moosonee et prendre le train (85M. de Rupert House à Moosonee).

— *Documentation :* Vieille description détaillée (3 pages) de l'Office Canadien du Tourisme, qui n'est plus publiée. Copie disponible à la F.Q.C.K., $0.50 pour frais. Cette description situe assez bien les rapides et les portages, surtout avec l'aide des cartes topographiques.

— *Parc :* Le lac Mistassini est situé dans le parc du même nom, il faut obtenir une autorisation à l'avance pour être sûr de pouvoir entreprendre cette rivière sans problème. Ecrire à : District de Roberval, Direction Générale des parcs, 748 boul. Marcotte, Roberval (Tel. : (418) 275-1702).

— *C. T. :* 1/250.000 : 32-I, 32-P, 32-O, 32-N, 32-M ; au 1/50.000 pour le début de la rivière seulement.

— *Affluents :* La description détaillée dont nous disposons signale qu'il est possible de rejoindre, à partir de la rivière

Rupert, les rivières Eastmain au nord, et Broadback au sud.

1) Rivière Nitchicoon : L'itinéraire donné ne correspond pas aux cartes. Il s'agit probablement de la rivière Nemiskau. Ne pas s'y aventurer sans renseignements plus précis.

2) Rivière Broadback : Une vieille carte indique un portage entre le lac Nemiskau, sur la Rupert, et la rivière Broadback, en passant par le lac Wettigo, au sud-ouest du lac Nemiskau. Ce portage aurait 3M, d'après la carte, mais son état nous est inconnu.

La rivière Eastmain

Récit

— *Situation géographique :* Rivière qui coule d'est en ouest entre les rivières Rupert et La Grande.

— *Longueur :* 440 milles à partir de Baie du Poste, sur le lac Mistassini, mais dans un autre bassin. Voir détails à « sections ».

— *Intérêts divers :* Grosse rivière avec un bassin de 18,000 milles carrés. C'est la rivière la plus au nord qui soit possible de rejoindre par route et par canot. C'est une rivière très dure, aux portages en mauvais état. Réservée aux équipes solides avec un chef d'expédition expérimenté.

— *Difficultés et hauteurs d'eau :* En partant de Baie du Poste : 5 sections : 1) Lac Mistassini, 60M. Très grand lac, vagues dangereuses. 2) La rivière Wabassinon, qu'il faut remonter sur 40M. Pente : 2¾'/M. Nombreux portages. 3) Le lac Baudeau, 15M. Ce lac a deux sorties, l'une vers le lac Mistassini, l'autre vers la rivière Eastmain. C'est grâce à lui qu'il est possible de rejoindre la rivière Eastmain.

4) La rivière Shigami, affluent de la Eastmain, 40M. Attention : cette rivière est très dure, et les indiens utilisent, pour rejoindre la Eastmain, une autre route : quelques milles passé le lac Baudeau, ils empruntent une chaîne de lacs vers le nord. Nous n'avons pas de détails plus précis au moment de mettre sous presse.

5) La rivière Eastmain, 290M., 1,150' de dénivellation, soit

4' au mille, ou 0.07%. Ne pas oublier que plus la rivière est grosse plus la pente rend la navigation difficile. Le récit que nous avons confirme la règle : la rivière est décrite comme très difficile surtout vers la fin.

— *Portages* : En très mauvais état, quand on les trouve.
— *Camping, civilisation, eau potable* : Aucun problème.
— *Accès* : On peut atteindre Baie du Poste par la route, par le lac St-Jean puis Chibougamau, ou par avion ; mais quant à se faire transporter par avion, il y aurait peut-être intérêt à continuer jusqu'à la rivière Eastmain, que l'on pourra ainsi commencer plus en amont, la rivière Shigami se jetant à la fin du premier tiers de la Eastmain.

Distance de Montréal à Baie du Poste par la route : environ 500 milles. Pour le retour, prendre l'avion à Eastmain : (Compagnie Austin Airways Ltée, Moosonee, Ontario).

— *Documentation* : Un récit de David Jarden extrait d'un magazine. Copie disponible à la F.Q.C.K., $0.50 pour frais divers.
— *Parc* : Même remarque que pour la rivière Rupert.
— *C. T.* : 1/250.000, 32-I et P, 33-A, B, C et D.

Les rivières de la partie nord du bassin de la Baie d'Hudson

Nous n'avons aucun renseignement sur les rivières au nord de la rivière Eastmain. Les principales sont la Grande Rivière, la Grande Rivière de la Baleine, la Petite Rivière de la Baleine. Ces rivières ne sont accessibles que par hydravion à leur début.

Mais il est impossible de ne pas dire un mot de la Grande Rivière : avec un bassin de 37,400 milles carrés, elle est plus grosse que la Nottaway ou le Saguenay et n'est dépassée au Québec que par les rivières Des Outaouais et Koksoak. Hélas ! pour les canot-campeurs, cette rivière va être la première victime de l'aménagement hydro-électrique de la Baie James, puisque c'est par elle que l'on a décidé de commencer. Il ne reste que bien peu de temps à ceux que cette descente tenterait.

LES BASSINS DE L'UNGAVA

Cette région n'est accessible que par bateau ou par avion, exception faite de la Caniapiscau qui peut être rejointe par train à Schefferville ; mais à cause des distances il faudra de nombreuses années avant que les bassins de l'Ungava deviennent accessibles aux canot-campeurs moyens.

Les principales rivières de l'Ungava sont :

— *La rivière Arnaud :* 29,000M.².

— *La rivière Aux Feuilles :* 16,500M.².

Ces deux grandes rivières seraient très faciles, et navigables même pour des embarcations à moteur.

— *La Koksoak,* énorme fleuve au bassin de 53,000M.², et son affluent la Caniapiscau.

— *La rivière La Baleine :* 12,300M.².

— *La rivière George :* 16,000M.², également réputée canotable et utilisée par les Indiens.

— *Accès :*

— *Route :* Aucune.

— *Train :* Jusqu'à Schefferville.

— *Avion :* Bases à Gagnon, 60M. au sud du début de la Caniapiscau et Schefferville.

Pour le retour, bases à Payne, Baie Aux Feuilles (Leaf Bay), Fort Chimo, Port Nouveau Québec (George River).

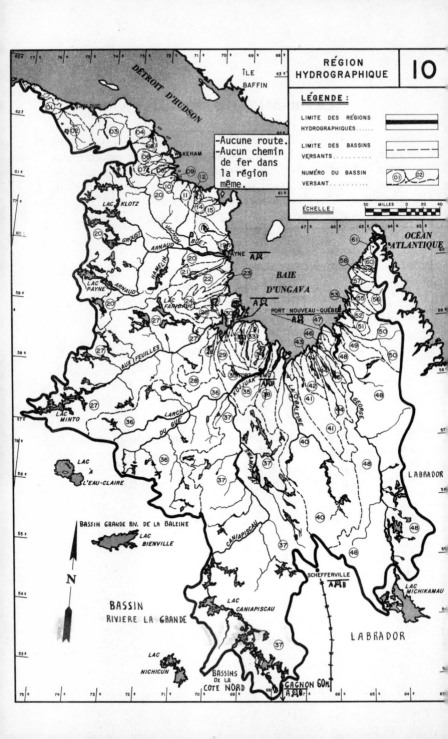

RIV. No	NOMS	SUPERFICIE (mi.ca.)	RIV. No	NOMS	SUPERFICIE (mi.ca.)
02	Rivière Foucault	1220	31	Rivière Conefroy	125
03	Rivière Déception	1500	32	Rivière Curot	206
39	Rivière Jacquère	180	33	Rivière Dancelou	413
04	Rivière Jorian	269	34	Rivière Nepihjee	645
06	Rivière Wakeham	322	35	Rivière Koksoak	52900
07	Rivière Laflau	444	36	Rivière Aux Mélèzes (Larch)	16500
08	Rivière Lataille	271	37	Rivière Caniapiscau	34600
15	Ruisseau Garnier	203	38	Rivière False	1750
61	Rivière Latourette	232	40	Rivière À la Baleine	12300
17	Rivière Gadois	761	41	Rivière Mucalic	1330
20	Rivière Arnaud (Payne)	19100	42	Rivière Tuctuc	711
21	Rivière Brochant	601	43	Rivière Guesnier	303
22	Rivière Lefroy	759	44	Rivière Tunulic	1990
23	Rivière Borel	91.1	48	Rivière George	16100
24	Rivière Saint-Fond	506	49	Rivière Barnoin	643
25	Rivière Au Chien Rouge	284	50	Rivière Koroc	1560
26	Rivière Buron	773	51	Rivière Baudan	364
27	Rivière Aux Feuilles	16400	52	Rivière Baudoncourt	158
28	Rivière Bérard	957	53	Rivière Abrat	126
29	Rivière Harveng	589	56	Rivière Alluviaq	347
30	Rivière Compeau	400	58	Rivière Lepers	118

La rivière Koksoak

Description ci-dessous

La rivière Koksoak ne prend ce nom qu'au confluent des rivières Larch et Caniapiscau, à seulement 80M. de la baie d'Ungava. Nous commencerons donc par la *rivière Caniapiscau,* qui est en réalité le début et la plus grande partie de la rivière Koksoak.

Le lac Sommet, véritable début de la rivière, se déverse à la fois vers le sud dans le St-Laurent par la rivière Manicouagan et vers le nord dans la Caniapiscau. A son entrée dans le lac Caniapiscau, la rivière a déjà 100M. et est assez importante, grâce aux nombreux lacs de ces territoires. Cette rivière est d'ailleurs surtout une suite de lacs.

Le lac Caniapiscau a trois décharges ; la plus facile est celle du milieu ; peu après, suite presque continue de 5M. de R. La décharge sud rejoint celle du milieu 1½M. en aval du lac. Un lac de 4M., puis, un faible R. pour 1M., puis, courant rapide pendant 1M. jusqu'au début du lac Delorme. A la décharge du lac Lemaître (160M. du lac Sommet), courant rapide pour 2M., puis, la rivière tourne vers l'est, et est coupée par de forts R. à la hauteur des deux îles où l'on peut voir les dernières roches en aval du lac Caniapiscau. La rivière repart vers le nord, et se divise à nouveau : suivre le passage de l'est, coupé par un fort R. Puis, ce sont des R. continus, et trois courts P. sont obligatoires à cause de petites chutes. La rivière s'engage alors dans la « Upper Gorge » : suite de dangereux rapides que l'on peut passer partie en hâlage, partie en portage. Les Indiens de Nichicun chassaient jusqu'au début de ces R., et vers l'aval il y a une section de 100M.. qui n'est pas empruntée parce qu'elle est impossible à remonter avec des canots chargés ; aucun P. n'est ouvert sur cette section.

Passé la « Upper Gorge », fort courant et légers rapides ; bien que la pente soit régulière à 10'/M., aucun R. n'est dangereux. Court rapide 3M. avant le confluent de la rivière Bras-de-Fer. Quelques M. plus loin, 6M. de forts rapides.

Puis, la rivière s'élargit. Un autre R.-¾M., puis, plusieurs M. de R. qui se terminent par une C. de 20' peu avant le confluent de la rivière Au Sable.

La rivière repart vers le nord-est pour 5M., avec un seul court et facile R., jusqu'à une suite de forts R., où la rivière descend de 110' en 1M. mais sans aucune C. de plus de 5', P. sur le roc à droite. Ensuite, fort courant et R. faciles pour 3M., suivis de «-Eaton Canyon » ; le canyon est impressionnant, les murs verticaux de 350' étant parfois inclinés vers la rivière. Après une C. de 30', la rivière est un torrent pour ⅓M., puis s'élargit et se calme « un peu » pendant ¼M. jusqu'à une C. de 100', suivie d'une autre de 30'. 2M. plus loin, fort R. encore dans un canyon, juste avant le confluent de la rivière Goodwood. P. du canyon : à G. mais s'attendre à y passer une bonne demi-journée. 263M. du début.

La rivière coule rapidement vers le nord pour 6M. ; puis vers le nord-ouest en s'élargissant à près de ½M., avec un courant modéré pendant 15M. Une C. de 20' suivie d'une autre de 60' (Chute du Granit). Puis, la rivière descend rapidement pour 10M., formant de dangereuses vagues dans les tournants. La rivière s'élargit progressivement et devient plus calme pour 25M. ; dans cette section se jette la rivière « Death » ou Tipa. Puis, la rivière Châteauguay (ou Piachikiastook), au M. 367. 7M plus loin les chutes Shale, 60'. 10M. plus loin, confluent de la rivière Swampy, par laquelle il est possible de rejoindre la Caniapiscau à partir de Schefferville, au M.385 du lac Sommet. La rivière continue sans rapide, pour 45M. jusqu'à la chute Pyrite, 30' de dénivellation en ½M. 4M. plus loin, la chute Limestone, 60'. Encore 4M., et la rivière s'engage dans la gorge Manitou, coupée de violents rapides pendant 5M, surtout vers la fin.

Au M. 450, la Caniapiscau se joint à la Larch pour former la rivière Koksoak.

La rivière Koksoak

La rivière Larch a environ la moitié du débit de la Caniapiscau ; aussi la Koksoak est-elle une très grosse rivière qui, peu après son début, devient très large, mais souvent maigre.

En aval de l'île Koksoak, probablement vers le M. 28, un assez fort R., 1M., (entre les îles plus petites), suivi, 2M. plus loin, par un autre de ¼M. La fin de ce R. marque la limite de la marée. Environ 20M. plus loin, Fort Chimo, où la plupart termineront la descente, à 500M. du lac Sommet. La rivière continue pour un autre 32M. jusqu'à la baie d'Ungava. La rivière Koksoak elle-même n'a donc que 82M.

Les portages en aval de la rivière Swampy sont probablement en bon état. Il n'y a bien sûr aucune drave sur ces rivières. Eau potable.

Accès : Voir bassins de l'Ungava.

Renseignements obtenus à partir d'un récit en anglais d'origine inconnu.

C. T. : au 1/250.000 : 23-F, K, N ; 24-C, F, K. au 1/50.000 : à partir du confluent de la rivière Sandy.

Affluents : Les rivières Swampy et Larch.

1) **La rivière Swampy :** Nous n'avons pu obtenir de renseignements à temps pour ce guide. Nous savons de cette rivière qu'elle est utilisée par les Indiens, donc qu'elle est canotable et les portages devraient être en bon état. Accessible de Schefferville, qu'il est possible d'atteindre par train ou par avion.

Longueur : Environ 200M. ; dénivellation : environ 1,250', soit 6'/M. ou 0.12%.

C'est le meilleur moyen de rejoindre la Caniapiscau et la Koksoak, d'abord parce que le début de la Canispiscau n'est guère canotable, que les P. y sont inexistants, ensuite parce que la Swampy est le seul affluent de la Caniapiscau accessible autrement que par avion.

2) **La rivière Larch :** (ou : Stillwater, Eau Calme, Natwakami). C'est par cette rivière que les Indiens rejoignent la baie d'Hudson : ils la remontent, portagent au lac Eau Claire, d'où ils descendent jusqu'au golfe Richmond.

Dernière heure : Au moment de mettre sous presse, Monsieur Roland Royer, chef forestier de la compagnie Consolidated Bathurst Ltée, nous informe qu'il nous fera parvenir, un peu à la fois, des renseignements sur les rivières suivantes : Manouane, Du Chef (Atim), Flamand, Vermillon, Aux Rats, Wissonneau, Trenche, Petite Croche, Lièvre, Saumons, Batiscan, Shawinigan, Mastigouche, Denis, Coulonge, Schyan, Noire, Dumoine, Mars, Ha ! Ha !, Aschamouchouane, Peribonca, Serpent, Escoumains, Portneuf, Cascapédia, Bonaventure (c'est tout . . .).

Autres sources possibles de renseignements

Nous croyons avoir réuni dans ce guide toutes les rivières pour lesquelles une carte-guide existe. Mais il existe sans aucun doute de bonnes descriptions, des récits, dont nous ignorons l'existence ; les rapports géologiques des ministères sont une mine d'or, mais toute une équipe serait requise, pendant des mois, pour les fouiller. En outre, dans chaque région il existe des gens qui connaissent les rivières, en général parce qu'ils y ont travaillé comme draveur ou guide. Les compagnies d'exploitation forestière, qui utilisent les cours d'eau pour le flottage du bois, ont bien sûr des renseignements détaillés sur ces cours d'eau.

En résumé, si vous cherchez des renseignements pour une rivière, un circuit, nous vous suggérons :

1) De demander, à la Fédération ou, pour avoir des renseignements plus à jour, au ministère des terres et forêts du Québec, quelle compagnie a la concession forestière de la région, et de lui écrire.

2) D'écrire au maire de l'agglomération la plus proche en lui expliquant ce que vous voulez, et en lui demandant, soit de remettre votre lettre à quelqu'un qui pourra y répondre, soit de vous envoyer le nom de la ou des personnes qui pourraient le mieux vous fournir les renseignements que vous cherchez.

3) De faire venir les meilleures cartes disponibles, qui donnent souvent de bons renseignements (voir chapitre Cartes).

4) D'écrire à la Fédération, qui aura peut-être entre-temps reçu des renseignements vous intéressant, ou qui connaîtra peut-être quelqu'un qui pourrait vous en fournir.

Quelques conseils et renseignements

Les sports et activités du canot

Les sports et activités du canot comprennent :

Le canotage : qui consiste en sorties d'une journée ou moins mais de longueurs et difficultés très variées, sur des lacs ou des rivières, avec ou sans portage, que ce soit pour faire un peu ou beaucoup d'exercices, pour se délasser, pour explorer une région, ou tout simplement pour prendre l'air. Dans une journée, on peut parcourir bien des milles, même sans faire la course, surtout si l'on prend un ou plusieurs repas au cours de la sortie.

Ce guide pourra peut-être vous suggérer de nouvelles sorties.

Le canot-camping : qui implique que l'on passe au moins une nuit en campant au cours d'une sortie et que l'on transporte tout le matériel nécessaire dans le canot. Il peut se pratiquer sur lacs ou sur rivières, avec ou sans rapides, et qu'il y ait ou non des portages.

Le canoë-kayak d'eau vive : on peut, avec une version modifiée du canot, le canoë (voir Embarcations), ou un kayak, descendre uniquement les rapides, se griser dans l'écume des bouillons.

Le canot-camping

Ce que c'est : Le canot-camping est une forme de loisir de plein air intégrale, c'est-à-dire qui dure 24 heures par jour, pour laquelle on utilise le canot comme moyen de déplacement et d'accès aux zones sauvages, parce que c'est le moyen le mieux adapté au Québec.

Pour le canot-campeur type, le canot est plus un moyen qu'un but : son principal but est de se retrouver dans la nature.

Le canot-camping se développe rapidement grâce, d'une

part, aux congés de fins de semaines, aux vacances, à l'accroissement du niveau de vie et, d'autre part, au besoin qu'éprouvent les citadins de se replonger de temps en temps dans la nature, pour leur plaisir, mais aussi pour leur santé physique et morale. Enfin, l'amélioration du matériel contribue à mettre le canot-camping à la portée du plus grand nombre.

Le canot est le seul moyen qui permette d'emporter du bagage pour plusieurs semaines, bagage qu'il faudra bien sûr portager quelquefois, mais au Québec les portages ne sont en général ni longs ni nombreux, grâce à son relief peu élevé.

Le canot-camping n'est pas seulement une forme de loisir : c'est une école de formation physique et surtout morale de premier plan pour les jeunes ; en outre, au Québec, on peut prévoir que le canot-camping deviendra une forme de tourisme importante.

Le canot-camping est relativement peu dispendieux, pas dangereux lorsque pratiqué avec prudence ; accessible à tous, c'est une activité que toute la famille peut entreprendre.

Enfin, ce sport offre des combinaisons de difficultés, longueurs, durées à l'infini, depuis la petite sortie de fin de semaine de quelques milles sur une rivière ou des lacs faciles jusqu'à l'expédition de plusieurs semaines et plusieurs centaines de milles.

«La nature nous en apprend plus long sur nous que tous les livres ; parce qu'elle nous résiste. » St-Exupéry.

Le canot-camping au Québec

C'est dans nos forêts du Nord que le canot a vu le jour. C'est assez dire qu'il y est chez lui. Avec son million de lacs, ses innombrables rivières, son relief modérément accidenté, ses bassins qui parfois se confondent, ses forêts, sa faible densité de population hors les bords du St-Laurent, le Québec est probablement le paradis mondial du canot-camping.

Les rivières du Québec ont de tout temps été utilisées par les Indiens, trappeurs, prospecteurs, etc., et il est surprenant de trouver sur des rivières lointaines et inconnues des portages en bon état. Car le canot reste le seul et meilleur moyen d'accès à la plus grande partie du Québec et surtout, c'est ce qui intéresse le canot-campeur, le seul moyen pratique d'accès aux régions sauvages, et le seul moyen qui permette de se déplacer sans être trop dérangé par les « mouches ».

D'aucuns se plaindront que peu de renseignements sont disponibles sur les routes d'eaux du Nord ; mais c'est précisément parce qu'elles sont encore peu fréquentées, donc sauvages et propres. Combien d'années le resteront-elles ? Cela dépend, en grande partie, de nous tous, canot-campeurs.

C2 — Baux-Baudry à Mérano '71 (championnat du monde).

Canoë-kayak d'eau vive

Le kayakiste et le canoëiste trouvent leurs plus grandes joies dans la maîtrise des rapides. C'est donc là où le canot-campeur portagera que le kayakiste élira domicile. S'il s'agit d'une longue section de rapides, le pagayeur cherchera à éviter les obstacles, à utiliser les mouvements d'eau pour se faciliter la tâche, à descendre le plus habilement et le plus rapidement possible. Il utilisera des embarcations pontées longues, rapides et peu manoeuvrables. C'est dans cet esprit qu'est née la discipline de descente en rivière sportive qui est devenue un vrai sport de compétition, sans toutefois que le compétiteur ne perde vraiment ce contact intime avec la nature sauvage.

Au contraire, si le rapide est court (moins d'un mille), le pagayeur cherchera à s'y amuser le plus longtemps possible, en s'arrêtant derrière le moindre caillou, en traversant les veines d'eau, en remontant dans les contre-courants. Il utilisera une embarcation plus courte qui tourne facilement, et suspendra au-dessus du rapide des portes analogues aux portes de ski alpin, qu'il s'amusera à négocier sans en toucher les fiches verticales, soit en marche avant, en marche arrière, soit en descendant ou en remontant la rivière. Ces tests de virtuosité ont donné naissance aux compétitions de slalom qui ont été inscrites pour la première fois aux Jeux Olympiques de Munich.

C'est l'affrontement sans cesse renouvelé de l'eau en mouvement, son utilisation à l'avantage du pagayeur, qui constitue le défi de l'eau vive : c'est un sport qui exige du sang-froid, une parfaite maîtrise de soi, un goût pour le défi de taille et surtout une solide technique qu'il est difficile d'acquérir par soi-même.

Le canoë-kayak au Québec

Le canoë-kayak d'eau vive a été introduit au Québec, il

y a à peine cinq ans, par des Européens de passage et surtout grâce aux efforts de René Bureaud. Et malgré les récents efforts promotionnels de la Fédération, la diffusion de cette activité reste plus limitée que le canot-camping, tout au moins quant au nombre d'adhérents.

Si certaines descentes de rivières sportives sont devenues classiques surtout dans la région de Montréal, de Québec et du Saguenay, il demeure que la majorité des rapides sportifs sont à découvrir.

Il ne faut donc pas s'étonner du peu de place qu'occupe le canoë-kayak dans cette première édition. Nous comptons sur votre aide pour la seconde.

Il convient de souligner de plus, qu'en raison du relief peu accidenté de la Belle Province en comparaison avec les Alpes, les Rocheuses, et même le Massif Central, les longues descentes de rapides classe III ou plus (celles qui intéressent le pagayeur d'eau vive) sont assez rares.

Les rivières sportives ont aussi le désavantage de se prêter fort bien à la production d'énergie hydro-électrique ; nos plus belles rivières sont donc depuis longtemps coupées de barrages ou sur le point d'être harnachées (la Baie James)... Dans quelques années, nos enfants seront donc probablement obligés de se construire des rapides artificiels comme ce fut le cas à Augsburg pour les Jeux Olympiques de Munich.

Les embarcations

Les embarcations, ou bateaux, utilisées en rivière sont de trois sortes :

1) Le canot, qui est l'embarcation la plus connue des Québécois, utilisé pour la chasse, la pêche, la promenade, certains travaux et, encore de nos jours, pour le transport et les déplacements dans le Nord.

221

Souper et camping sous la pluie.

2) Le canoë, qui est un canot ponté, c'est-à-dire dont le
dessus est fermé, recouvert d'un pontage amovible ou
fixe, en toile ou en fibre de verre ; le fait qu'il soit
ponté a permis de transformer légèrement la forme du
canoë par rapport au canot pour le rendre plus manoeu-
vrable. Mais c'est un bateau plutôt lent, où on ne peut
changer de position, malaisé à portager, mal adapté pour
le transport des bagages, où il est difficile d'embarquer
comme de débarquer ; il est donc inadéquat pour le
canot-camping.

Un modèle qui serait un heureux compromis, probablement un canot avec un pontage amovible souple, est à
l'étude à la Fédération.

Dans le canot, la position est à genoux ou assise en hauteur ; dans le canoë, toujours à genoux. Le moyen de

propulsion est l'aviron ou pagaie simple, c'est-à-dire à une seule pale.

3) Le kayak est une embarcation où la position est assise au fond et le moyen de propulsion une pagaie double, c'est-à-dire avec une pale à chaque extrémité du manche. Les canoës et kayaks sont souvent désignés, par les termes C-1, C-2 (canoë monoplace, canoë biplace), et K-1 (kayak monoplace). Le kayak de rivière n'est efficace qu'en solo (seul).

Les dérivés de ces embarcations qui sont utilisés pour les compétitions de plat gardent les mêmes caractéristiques de base, mais les techniques et formes ont été transformées au bénéfice de la seule vitesse.

Choix et organisation d'une sortie ou d'une expédition

L'organisation d'une activité comprend :
- Le choix de l'itinéraire
- Le choix des participants
- L'organisation elle-même : frais, transport, etc.
- La préparation morale, physique et matérielle
- La réunion préparatoire
- L'expédition
- Le retour

Pour bien choisir l'activité qui convient à un groupe, il faut tenir compte de :
- Le temps disponible, qui limite la longueur de la rivière ou du circuit ainsi que les régions accessibles.
- L'expérience, la force et le goût des participants.
- L'argent qu'on peut « investir », et qui, s'il est rare, limite le choix.
- Les moyens d'accès.

On peut dire qu'en gros les canot-campeurs partent soit pour une fin de semaine, soit pour une ou deux semaines, rarement plus. Les régions qui conviennent à ces deux catégories d'activités ne sont en général pas les mêmes.

Pour les activités de fin de semaine, le canot-campeur est limité à une zone qui varie suivant ses moyens, le temps qu'il est prêt à passer en déplacement. Au Québec, à cause de l'éloignement des grands centres de l'Ontario et des Etats-Unis, le canot-campeur de fin de semaine est pratiquement toujours un Québécois, en général des régions de Montréal, Québec ou Hull-Ottawa. Si l'on veut avoir accès à d'autres voies d'eau que les égouts et ne pas retourner toujours aux mêmes places, il faut être prêt à passer une partie de la fin de semaine en déplacement souvent jusqu'à 2 et 3 heures, dans chaque sens, quelquefois plus. Les Montréalais particulièrement, à cause à la fois de la taille de la ville et de l'étendue, vers le nord de la plaine du St-Laurent, trop peuplée, déboisée, cultivée, doivent parcourir des distances de plus en plus grandes. Mais à l'échelle du Québec ces distances restent petites, et le territoire accessible aux canot-campeurs québécois de fin de semaine ne représente qu'une infime partie de la province.

Quant au reste, il est accessible, d'une part, aux Québécois pendant leurs vacances et, d'autre part, aux Canadiens et Américains qui, ces derniers surtout, viennent chercher ce qu'ils trouvent de moins en moins chez eux : le calme et la nature. En prenant en considération les facteurs temps et argent, on peut facilement délimiter une zone dans laquelle il faudra choisir. Le choix lui-même se fera alors en tenant compte des goûts, expériences et forces des participants. En passant en revue les rivières, circuits accessibles, il est alors possible d'arrêter un choix.

Quelles distances choisir ? Pour un groupe en vacances, s'en tenir à une moyenne de 10 à 15M. par jour, parce qu'il faut tenir compte du vent contraire, de la pluie, des incidents toujours possibles. Au-dessus, l'expédition devient sportive. Pour « tenir » une moyenne de 25M. par jour il faudra pagayer certains jours 35 à 40 milles ! soit une dizaine d'heures. Pour une semaine, 100 milles est un maximum si l'on veut avoir le temps de se baigner, de donner quelques coups de lignes, etc. Mais un groupe de jeunes qui veulent réaliser un exploit peuvent parfaitement tenir une moyenne de 25M. pendant une ou plusieurs semaines.

En fins de semaines, compte tenu du temps perdu en déplacement, des sorties de 15 à 30 milles sont raisonnables, longueurs que l'on devra adapter suivant les points d'accès, les rapides, les portages, le groupe.

Se souvenir que plus un groupe est gros plus il est lent. **Le choix des participants :** on doit quelquefois choisir l'itinéraire en fonction des participants qui nous sont imposés (camps de vacances par exemple) ; dans d'autres cas, c'est l'inverse : un ou plusieurs canot-campeurs ont décidé de faire une certaine expédition et choisissent alors des compagnons à la fois intéressés et capables de la faire. Voici quelques recommandations :

— Eviter les groupes de plus de (10) canots : l'ambiance s'en ressent, il est difficile de trouver des emplacements de camping suffisamment grands, on perd trop de temps dans les portages, la sécurité est difficile à assurer dans les rapides, les chances que quelque chose arrive à quelqu'un augmentent, etc.

— L'idéal est 3 à 6 canots ; une équipe qui s'aventure seule assez loin prend des risques, et devra être d'une prudence absolue.

— Ne jamais emmener de débutants ou d'inconnus dans une expédition de plus d'une fin de semaine.

L'organisation elle-même : Moyens de transport, tous les frais, etc.

La préparation morale, physique et matérielle :

1) **Morale :** Consiste à bien expliquer à tous les participants le genre d'expédition, ses difficultés connues et possibles, la longueur des étapes, etc., afin qu'il n'y ait pas de malentendus, de déceptions et de mécontentement.

2) **Physique :** Demander aux participants qui ne seraient peut-être pas tout à fait assez entraînés de se préparer afin de pouvoir suivre sans faire attendre les autres et

de ne pas trouver l'expédition trop dure, donc désagréable. Gymnastique, marche, course, et bien sûr, canot.

3) **Matérielle :** Faire une liste de l'équipement individuel, par équipe, et pour le groupe, et vérifier son état. Emporter de quoi réparer : canot, tentes, vêtements, etc.
« L'imprévu n'est agréable qu'autant que l'on est paré pour lui faire face. » Jean Arlaud.

La réunion préparatoire : Pour les sorties d'une fin de semaine, une seule réunion suffit, le mercredi d'avant par exemple : plus tôt, il risque d'y avoir des défections ; plus tard, on n'aura pas le temps de faire ce qui aura été décidé à la réunion. Pour les expéditions, deux réunions sont préférables ; si on n'en fait qu'une, que ce soit au moins une semaine avant le départ, si possible plus tôt. Au cours de la réunion préparatoire, le chef d'expédition devra :

— Présenter entre eux les participants, si nécessaire.

— Donner tous les détails de l'expédition : difficultés, intérêt, transport, frais, etc.

— Former les équipes, en tenant compte des goûts, forces, expériences.

— S'entendre pour la cuisine : par équipe ou pour tout le groupe.

— Expliquer clairement les conditions : durée, frais, sécurité, autorité, propreté, couvre-feu, esprit (coopération, boisson, comportement), etc.

— Nommer les responsables (premiers soins, relevé cartographique, chef de file et serre-file . . .).

— Discuter du matériel individuel, par équipe, pour tout le groupe, et conseiller les participants.

— **Attention :** deux problèmes à prévoir : s'il y a des frais prévisibles, demander aux participants d'avancer un montant suffisant. Quant à la date du retour, il est fréquent au cours d'une expédition qu'un ou des participants expriment le souhait de revenir plus tôt, et boudent si le groupe ou le chef d'expédition refuse : bien avertir les participants à ce sujet.

Pendant l'expédition : Le chef d'expédition devrait désigner un chef de file expérimenté que personne ne devra dépasser, et un serre-file qui restera en arrière. Le chef de file devra s'assurer que le groupe ne s'étire pas trop.

- Le chef de file doit attendre le chef d'expédition au début de chaque rapide, grand lac, sauf si on s'est entendu autrement.
- Respecter rigoureusement les consignes de sécurité et de propreté.
- Il est bon de grouper les canots par deux, par mesure de sécurité supplémentaire.
- Régler toujours la vitesse sur l'équipe la plus lente, car cette équipe ne sera pas capable de forcer continuellement.
- Commencer à chercher un emplacement une heure avant l'heure limite, pour avoir une chance de trouver un bon site.

Un groupe quelque peu habitué peut être prêt le matin en 1½ heure, manger le midi en une heure, et s'installer, manger, le soir en deux heures, sans courir.

- Exiger que les couche-tard respectent le sommeil des autres. Il est bon d'avoir convenu d'un couvre-feu.
- On ne profite jamais autant d'une expédition si on se lève tard.

Retour : Le chef d'expédition doit s'assurer que le responsable du relevé cartographique reporte ses notes sur des cartes propres, et que le relevé soit utilisé pour la préparation d'une carte-guide. Il est bon d'organiser une soirée pour les films, diapositives et photos.

Une expédition est réussie quand :
- Tout le monde revient sain et sauf.
- Tout le monde revient content.
- Tout le monde a tiré quelque chose de l'expédition.
- L'expédition n'a laissé aucun mauvais souvenir de son passage, ni aux gens ni à la nature.

La pluie n'affecte guère un groupe bien équipé.

Le matériel de canot-camping

— Nous ne pouvons dans le cadre d'un guide parler en détail du matériel. Nous nous contenterons de donner les caractéristiques générales d'un bon matériel de canot-camping, et d'inclure une liste qui donnera une idée du matériel nécessaire.

— **Canot :** Des canots de 15 à 17 pieds, en fibre de verre ou en aluminium. Attention : Il y a de grandes différences entre les canots sur le marché, et le novice ne pourra s'en apercevoir seul.

— **Matériel :** Il doit être léger, peu encombrant, solide, peu salissant et facile à laver, pas affecté par l'eau (sauf le sac de couchage), simple à utiliser et facile à réparer, facile à sécher, pas trop cher (en cas de perte).

— **Vêtements** : En plus d'avoir les qualités ci-dessus, ils devront être confortables, c'est-à-dire un peu plus amples que les vêtements de ville. Plusieurs couches sont préférables à une seule plus épaisse, parce qu'il est alors possible de mieux s'ajuster à la température, et que des vêtements minces sèchent plus facilement. Pour les pieds, des souliers de course (basket) ; éviter les grosses bottes ; emporter de quoi se mettre les pieds au sec en arrivant au camp le soir.

— **Appareils photos, montres, lampes de poche :** Ce sont les trois articles qui peuvent être irrémédiablement endommagés par l'eau. Il est facile de s'équiper de montres et lampes de poche étanches. Pour ce qui est de l'appareil photo, la meilleure solution est de se procurer un appareil étanche (Nikonos), par exemple, ou un boîtier étanche.

Devant le choix de matériel disponible, le meilleur moyen de s'équiper est, soit de se faire accompagner par un canot-campeur d'expérience, soit d'aller à une sortie de fin de semaine avec un groupe, un club, pour se faire une bonne idée du matériel qu'on devra acheter.

Un système très populaire parmi les canot-campeurs.

Installés pour la nuit.

Fédération québécoise de canot-kayak

Liste de matériel

I = INDIVIDUEL   E = EQUIPE   G = GROUPE   FAC. = FACULTATIF

1) PORTAGE :
— Sac à dos   I

2) ABRI :
— Tente (mâts, piquets, cordes. sac)   E
— Toile bivouac ou abri (corde)   E/G

3) COUCHAGE :
— Sac de couchage (sac intérieur, étui)   I
— Fac.: matelas pneumatique ou autre isolant   I

4) FEUX ET LUMIERE :
— Hache (étui, lime)   E/G
— Allumettes (plusieurs étuis étanches)   I
— Allume-feu
— Lampe de poche (piles)   I/E

5) ORIENTATION :
— Boussole (corde graduée)   I
— Cartes (étui)   I/E/G
— Fac.: curvimètre   G

6) TOILETTE :
— Serviette (sac)   I
— Savon (étui)   I
— Peigne (étui, brosse)   I
— Brosse à dents (savon, étui)   I
— Fac.: rasoir (lames, blaireau, savon, miroir)   I
— Fac.: gant ou éponge (sac)   I

7) CUISINE :
— Gamelles et poêle (étui, supports, poignée)   E
— Assiette, verre/tasse   I
— Cuiller, fourchette, petite (?) cuiller   I
— Couteau (gaine, pierre)   I
— Ouvre-boîte, tire-bouchon (?)   E
— Laine plastique/métal, savon   E
— Fac.: vache à eau, grille, louche   E

8) VETEMENTS :   I
— Chaussures (de course, bottes, mocassins)
— Chaussettes (petites, grosses)
— Sous-vêtements
— Chemise
— Pantalon (bretelles, ceinture)
— Chandail, blouson
— Short, maillot de bain
— Imperméable (une ou deux pièces)
— Fac.: coiffure, verres fumés
— Vêtements de retour

9) CANOT :
— Avirons, cordes, corde à bagages, toile à bagages, vide-canot (tasse ?), ficelle, de quoi réparer, agrafes   E
— Gilet de sauvetage   I

10) DIVERS :

— Argent   I
— Papier d'identité   I
— Montre   I/E/G
— Clefs   I
— Couture   E/G
— Papier de toilette   I/E
— Insecticide   I
— Moustiquaire   I
— Livre   I
— Papier et crayon   I/E/G
— Chiffons   E
— Fils de fer et de laiton   E/G
— Cordes et ficelles   E
— Mouchoirs ou kleenex   I

11) PHOTOGRAPHIE :

— Appareil photo/caméra (étui, films, posemètre, élastique, pied . . .)   I

12) PECHE :

— Permis et règlements, ligne, moulinet, filament, bas de ligne, leurres, hameçons   I/E/G

13) SECOURISME :   G

— "Cold Cream" ou huile d'olive
— Aspirine
— Onguents pour les brûlures
— Pansements adhésifs assortis
— Crème pour les gerçures
— Cachets pour la diarrhée
— Alcool (à boire)

14) TROUSSE DE SURVIE :   I/E/G

— Allumettes, hameçons et fil, fil de laiton, insecticide, petite boussole

PAR TEMPS FROID :

— Vêtements supplémentaires, coiffure, gants, lampe, chauffe-tente . . .

LONGUE EXPEDITION :

— De quoi réparer tout le matériel, pinces, tournevis . . .

Location de matériel, guides

Il n'est pas économique de louer du matériel quand on fait du canot-camping plusieurs fois par an. Mais ceux qui craignent d'acheter trop tôt, ou qui ne peuvent ou ne veulent transporter leur canot pourront en général en louer dans les petites villes les plus proches de leur point de départ ou d'arrivée projeté. La meilleure façon de procéder est d'écrire au soin du maire, qui fournira la liste des maisons louant des canots ou qui leur remettra des copies de la demande de renseignements. A notre connaissance, il n'est pas possible de louer du matériel de camping léger au Québec.

On peut louer des canots dans les parcs provinciaux de La Vérendrye et du Mont-Tremblant (voir : Parcs provinciaux).

Enfin, le ministère du Tourisme publie un « répertoire des pourvoyeurs en chasse et pêche » de la province ; bien que ces pourvoyeurs se soient surtout occupés des chasseurs et des pêcheurs, qui constituaient la seule clientèle touristique des régions sauvages, il en est qui sont dès maintenant en mesure d'équiper, au moins partiellement, les canot-campeurs et nous espérons que le « répertoire des pourvoyeurs en chasse et pêche » deviendra le « répertoire des pourvoyeurs en chasse, pêche et canot-camping ».

Les cartes

Une carte est la représentation, vue d'en haut, d'une région. Une carte est dite topographique lorsqu'elle indique la topographie, le relief de la région qu'elle couvre, par opposition à la carte planimétrique.

L'échelle d'une carte est le rapport entre une distance sur le terrain et la représentation de cette même distance sur la carte. Si, par exemple, 1" sur la carte représente 10,000" sur le terrain, la carte est dite à l'échelle 1/10.000ème.

Les cartes usuelles sont publiées par les gouvernements fédéral et provincial. Les cartes du gouvernement fédéral sont des cartes topographiques aux échelles suivantes : 1/50.000 (1¼" = 1 mille), pour le tiers sud environ du Québec ; 1/125.000 (1" = 2 milles) ; 1/250.000 (1" = 4 milles), pour tout le Québec. Les autres échelles ne sont guère utiles au canot-campeur.

Pour commander ces cartes, écrire à : Bureau de distribution des cartes, 615, rue Booth, Ottawa 4, Canada. Tél. (613) 994-9663, en envoyant $0.50 par carte commandée. Si on ignore quelles cartes commander, demander simplement les meilleures cartes pour la région, que vous décrivez (ex.: pour la rivière Harricana). Les préposés sont habitués : ils vous enverront la liste des cartes et un état de compte.

Si vous prévoyez commander plusieurs fois des cartes vous avez intérêt à faire venir la publication CARTES (No MDO-79), et les cartes-index (gratuites) suivantes : Nos 1, 2, 10 et 11 pour les cartes au 1/50.000, No 23 pour les cartes au 1/125.000 et No 18 pour les cartes au 1/250.000. Vous pourrez ainsi trouver vous-même les cartes qu'il vous faut, et savoir quelles échelles sont disponibles pour les différentes régions.

Au Québec même, on peut se procurer ces cartes aux points de vente dont nous donnons une liste ci-après et à :
— Information Canada, 640 ouest, rue Ste-Catherine, Montréal 111 — Tél. 283-4821.
— Pisciculture de St-Faustin, au nord de St-Jovite sur la route 11.
— La base de canot-camping au parc de La Vérendrye, au Domaine, il est possible d'acheter les cartes au 1/50.000 pour toute l'étendue du parc.

Les cartes au 1/50.000 sont bien sûr les plus précises, au point qu'une plus grande précision serait inutile. Les cartes au 1/125.000 sont encore très satisfaisantes. Les cartes au 1/250.000 sont encore précises, mais demandent à être regardées de près parce que le moindre détail sur la carte représente quelque chose de grand sur le terrain : au début, nous vous suggérons d'essayer ces trois échelles pour un même endroit, pour vous familiariser avec.

Le gouvernement québécois n'a commencé qu'assez récemment à offrir un bon choix de cartes au public. On peut se procurer leur « répertoire des cartes géographiques et des photographies aériennes » en envoyant $1.00 à : Service de la Cartographie, Ministère des Terres et Forêts, Hôtel du Gouvernement, Québec.

Les cartes du gouvernement provincial sont parfois à une meilleure échelle que celle du fédéral, et il est utile de disposer des index pour les deux systèmes.

Dans le « répertoire », on trouvera une liste de cartes très détaillées de certaines rivières : ces cartes seront surtout utiles à ceux qui voudraient effectuer un relevé cartographique de la rivière (voir : relevés des eaux canotables). Nous reproduisons ci-après une carte-index du Ministère des Terres et Forêts du Québec ; les cartes-index régionales de ce même ministère sont à l'échelle 4M. au pouce et sont identifiées de la même façon que les cartes au 1/250.000 du gouvernement fédéral. Par exemple, pour avoir la carte-index des cartes du gouvernement du Québec disponibles pour la région de la ville de Québec, demander la carte-index No 21-L.

Voici maintenant comment se servir de la carte reproduite ci-après pour les cartes du gouvernement fédéral :

— Les numéros correspondent à des cartes au 1/1.000.000 (environ 16M. au pouce).
— Il faut 4 cartes au 1/500.000 (environ 8M. au pouce) pour couvrir le même territoire qu'une carte au 1/1.000.000. On se sert pour les désigner de leur orientation par rapport à la carte au 1/1.000.000 : N-O, N-E, S-O, S-E. Ainsi, la carte au 1/500.000 couvrant le lac Mistassini est désignée ainsi : 32-N.E, puisqu'elle est dans le coin nord-est de la carte correspondante au 1/1.000.000.
— Les lettres correspondent à des cartes au 1/250.000 (environ 4M. au pouce) ; ainsi, la carte au 1/250.000 couvrant Montréal sera la carte 31-H.

— Il faut à nouveau 4 cartes au 1/125.000 (environ 2 milles au pouce), pour couvrir le même territoire qu'une carte au 1/250.000. On se sert pour les désigner du même principe que pour les cartes au 1/500.000 : on prend l'indicatif de la carte au 1/250.000, et on ajoute N-O, N-E, S-O, ou S-E.

Le confluent du Saguenay est ainsi couvert par la carte au 1/125.000 : 22-C/S-O.

Comment trouver le numéro d'une carte au 1/50.000 (1 mille au 1¼") à partir d'une carte au 1/250.000 (4 milles au pouce) : les cartes au 1/250.000 ont un numéro suivi d'une lettre, ex.: 31-P. Il faut 16 cartes complètes (E et O) au 1/50.000 pour couvrir une carte au 1/250.000, et ces 16 cartes sont toujours numérotées de la même façon : en partant du coin S-E vers l'ouest, les cartes No. 31-P/1, 31-P/2, 31-P/3, 31-P/4 ; les cartes au-dessus des quatre premières vont de l'ouest à l'est : 31-P/5 à 31-P/8. Les quatre au-dessus vont de l'est à l'ouest : 31-P/9 à 31-P/12. Enfin la quatrième et dernière rangée, la plus au nord, est numérotée de l'ouest à l'est : 31-P/13 à 31-P/16. Comme la plupart des cartes au 1/50.000 sont publiées en demi-feuilles, on ajoute à leur numéro s'il s'agit de la moitié Est ou Ouest. Ainsi la carte au 1/50.000 au nord-est de la carte au 1/250.000 31-P sera la 31-P/16-E. Les cartes récentes au 1/250.000 ont des croix qui indiquent le point de jonction des 4 cartes au 1/50.000 qui se touchent à cet endroit.

Nous ne donnons souvent que le numéro des cartes au 1/250.000 ; il est facile, avec ces cartes, de trouver le No. des cartes au 1/50.000 dont on aura besoin.

Comme on le verra plus loin, les renseignements que donnent les cartes topographiques sur les rapides, portages, sont insuffisants ; avec un peu d'expérience, on réussit cependant à avoir une bonne idée de la grosseur d'une rivière d'après le bassin qu'elle draine et de sa difficulté grâce à sa pente moyenne, que l'on peut calculer en mesurant la longueur entre chacune des lignes de niveau qui coupent la rivière.

En règle générale en canot-camping, éviter toute rivière ayant une dénivellation supérieure à 10'/M. (0.2%) et même moins pour les grosses rivières.

Les photographies aériennes, en plus de coûter cher, ne se sont jamais révélées très utiles ou pratiques en expédition. Elles sont inutilement détaillées, il en faut un trop grand nombre, et, enfin, à cause des reflets des nuages, la rivière n'apparaît pas toujours avec netteté et les rapides ne peuvent pas être évalués.

Les cartes-guides de rivières

Mais même les cartes topographiques les plus détaillées ne sont guère exactes pour ce qui est des rapides, et les portages et emplacements de camping n'y figurent pas, ou rarement ; c'est que ces cartes sont préparées à partir de photographies aériennes, sur lesquelles, les rapides apparaissent mal, ou pas. Et les portages sont cachés, par la végétation ; les cartes plus anciennes étaient plus précises à ce sujet. C'est pourquoi une carte spéciale s'est imposée pour fournir aux canot-campeurs les renseignements dont ils ont besoin d'abord pour choisir un itinéraire, ensuite pour le faire en canot sans risque de surprises désagréables. Nous appelons ces cartes des cartes-guides de rivières.

Ce sont des cartes qui ne représentent que le tracé d'un itinéraire de canot-camping, avec les renseignements utiles au canot-campeur : rapides, portages, emplacements de camping, points d'accès.

Jusqu'à maintenant, ces cartes ont été préparées bénévolement à partir de relevés effectués non moins bénévolement, sauf celles publiées par le service de l'animation des parcs provinciaux pour les parcs La Vérendrye, Mont-Tremblant, Des Laurentides, Mistassini, et pour la Haute Rivière des Outaouais.

Les cartes-guides sont en général à l'échelle 1/50.000.

Ces relevés ont été effectués par des canot-campeurs expérimentés ; cependant, certains ont été effectués il y a une dizaine d'années, d'autres au cours d'expéditions où le temps a pu manquer ; enfin, c'est du bénévolat. Ceci étant dit, nous croyons pouvoir affirmer que ces cartes-guides sont en général assez justes. Voir chapitres « Relevés des eaux canotables et sources de renseignements ».

Orientation : Il est indispensable à chaque groupe d'avoir au moins une boussole, préférablement une par équipe, et de savoir s'en servir. Sur les rivières, le meilleur moyen de savoir où l'on est, c'est de suivre sa progression à mesure : courbes, affluents, ponts, chutes et rapides. Sur les lacs, c'est encore le meilleur moyen, les points de repère étant les îles, presqu'îles, caps, les baies, certaines montagnes plus hautes ; on peut vérifier avec la boussole en cas de doute.

En outre, personne ne devrait s'aventurer hors des sentiers ou du camp sans une boussole, car il n'est pas nécessaire d'aller loin pour ne plus retrouver son chemin.

Pour ceux qui aimeraient approfondir leurs connaissances de la cartographie et de la photogrammétrie, signalons les autres publications suivantes disponibles au bureau de distribution des cartes à Ottawa :

— « Les cartes, outils indispensables à l'expansion du Canada » (gratuit).

— « Tout soldat doit savoir utiliser une carte » (gratuit).

— « Manual of map reproduction techniques » ($1.25, en anglais seulement il y a quelque temps).

— « Comment se procurer une photo aérienne ».

Enfin, nous conseillons à ceux qui auraient l'intention de préparer eux-mêmes des expéditions de se procurer un curvimètre, petit instrument muni d'une roulette et qui permet de mesurer les distances courbes, comme par exemple le tracé d'une rivière, sur une carte. A Montréal, on peut s'en procurer chez HARRISON, 1448 ouest, rue Ste-Catherine, Montréal (près de Guy).

Liste des points de vente
des cartes topographiques du fédéral
au Québec

Lac Taureau	Le Domaine de la Passe
Beauce	Paquet Sporting Goods
Buckingham	Don's Sporting Goods
Cap-de-la-Madeleine ...	Pierre Duguay
Chibougamau	Pomerleau Gas Bar
Chicoutimi-Nord	Service de Cartes M. Bertrand Maltais
Dolbeau	Dolbeau Air Service Inc.
Gracefield	Lafrenière-Ethier Enreg.
Grande-Rivière	L.P.I. Photo Enreg.
Longueuil	Royaume de Sport Enreg.
Joliette	De Beaudry Sport Inc.
Kipawa	Kipawa Air Service Ltd.
Lac Bourget	J.-A. Larocque
Lac Mégantic	Megantic Sporting Goods Reg'd.
Lac Ste-Marie	M. Réjean Lafrenière
Laniel	Dorvals Camp-on-Kipawa Lake
La Sarre	Paul Tremblay
Lennoxville	Nelson Andrews Gun Shop
Maniwaki	J.O. Hubert Ltd.
Mont-Laurier	Paradis du Pêcheur

Montréal	J.-E. Beauséjour Inc.
	Information Canada
	Select Press Ltd.
	Sir George Williams University
	Smith Industries
	Fédération québécoise de la Faune
Québec	Librairie Garneau Corp. Ltd.
Rouyn	Paul Correil Inc.
Ste-Foy	Bureau Régional de Québec,
	Ministère de l'Energie, des Mines
	et des Ressources
St-Jean	Autair Helicopter Services Ltd.
St-Jérôme	Beaulieu Sport
Ville St-Michel	C.-E. Turcotte Sport
Senneterre	Sanfords Parent Lake Lodge
Shawinigan	Librairie Sauvageau Enreg.
Sherbrooke	Skinner & Nadeau Co.
Témiscamingue	W. Golinski
Terrebonne	Ministère du Tourisme du Québec
Val d'Or	G.-Léo Gagnon

Attention : la plupart de ces points de vente ne disposent en général que des cartes couvrant leurs régions respectives.

Les points de vente qui ont un choix plus grand sont soulignés.

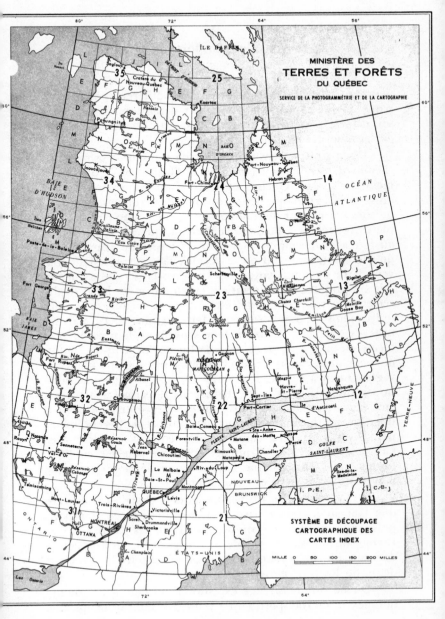

MINISTÈRE DES
TERRES ET FORÊTS
DU QUÉBEC

SERVICE DE LA PHOTOGRAMMÉTRIE ET DE LA CARTOGRAPHIE

SYSTÈME DE DÉCOUPAGE
CARTOGRAPHIQUE DES
CARTES INDEX

MILLE 0   50   100   150   200 MILLES

Les moyens de transport, au Québec

Le transport est l'un des problèmes que le canot-campeur doit résoudre à chaque expédition différente, d'une part parce qu'une expédition se fait, par définition, loin de chez soi, d'autre part parce que, sauf dans les cas de circuits, on ne termine pas où l'on a commencé.

Il y a trois moyens principaux de transport : la route, le chemin de fer, l'avion (en général l'hydravion) ; plus rarement, le bateau. Quels sont leurs avantages respectifs ? En gros, on peut dire que les autos sont plus économiques, puisqu'elles permettent de transporter au moins une équipe complète avec tout son matériel et le canot, qu'elles vont partout où il y a un chemin, qu'on peut les laisser où l'on veut, et qu'elles partent quand on le décide. Par contre, il faut souvent faire de longs voyages pour aller laisser les véhicules à la fin projetée de l'expédition, et, en outre, les longs déplacements en voiture peuvent être fatigants, surtout pour ceux qui conduisent. Les chemins de fer sont plus chers, mais on peut s'y reposer ; ils permettent souvent d'éliminer le problème du moyen de transport à la fin de l'expédition ; enfin, on peut grâce au train avoir accès à des régions plus sauvages. Quant à l'avion, il a toutes les qualités sauf une, hélas importante : il coûte assez cher ; mais il permet seul l'accès aux eaux canotables les plus sauvages ; en outre, ne pas oublier, quand on compare le prix du train et de l'avion, qu'un petit hydravion peut emporter une équipe complète avec sacs et canot, et que le millage que l'on paie est en ligne droite ; nous croyons que l'avion va se développer comme moyen de transport des canot-campeurs.

Ceci étant dit, on n'a pas toujours le choix, et il est rare que l'on ait à choisir parmi ces trois moyens de transport, puisque la route et le train ne se rendent pas partout et que l'avion, surtout sur de grandes distances, n'est pas à la portée de toutes les bourses. En pratique, on devra souvent combiner deux, ou les trois moyens de transport.

Quand on choisit une expédition, on doit tenir compte des moyens de transport, tant à cause du coût, du temps, que des possibilités d'accès aux diverses régions. Pour pouvoir faire un bon choix, il faut donc savoir pour un territoire donné, en l'occurrence le Québec, où peuvent nous mener les différents moyens de transport.

1) **La route** — Se procurer une carte routière de la province, à une station d'essence au Québec, ou à un poste d'information touristique, ou en écrivant au Service de la publicité (voir adresses). En gros, on peut dire que les routes sont nombreuses sur toute la rive droite du St-Laurent, sur la rive gauche jusqu'à une ligne Ottawa, parc de La Vérendrye, parc du Mont-Tremblant, parc St-Maurice, Lac-St-Jean, Saguenay ainsi qu'en Abitibi-Ouest. Un peu plus au nord, les chemins d'opérations forestières sont nombreux jusqu'à une ligne Senneterre, réservoir Gouin, lac St-Jean ; les principaux sont indiqués sur les cartes routières. Pour les autres, seuls les gens des environs, les responsables de la compagnie sont au courant. Se méfier des chemins secondaires indiqués sur de vieilles cartes topographiques (voir cartes). En dehors de ces régions, les routes sont rares ; d'ouest en est : une route relie Amos à Matagami, Senneterre à Chibougamau, Chibougamau au lac St-Jean ; une route est en construction vers la baie James (voir bassin de la baie James) ; une route va de Chibougamau au lac Mistassini ; enfin, une route longe la Côte-Nord jusqu'à Sept-Iles, une relie Forestville à Labrieville, une autre Baie-Comeau à Manicouagan ; il y a quelques autres chemins secondaires sur la Côte-Nord.

Pour ce qui est des chemins d'opérations forestières, il est prudent de vérifier si on a des renseignements qui datent de plus de 2 ans ; souvent les compagnies abandonnent des chemins quand il n'y a plus de bois à couper, et ces chemins deviennent vite impraticables sous l'effet de l'érosion, de la circulation. La Compagnie de Papier (C.I.P.) fournit gratuitement 5 cartes routières de ses concessions : vallée de la Gatineau, St-Maurice, vallée de la Rouge, Nord-Ouest québécois, Gaspésie.

Pour savoir à quelle compagnie appartient la concession forestière d'une région, s'adresser au ministère des Terres et Forêts du Québec (voir adresses).

Au lieu de se faire conduire, on peut souvent louer un camion ou un petit autobus avec remorque. Pour savoir avec qui faire affaires, écrire au maire, qui remettra la lettre à un propriétaire de camion ou autobus intéressé. Les autobus scolaires ne peuvent servir à d'autres fins qu'au transport des écoliers.

Les parcs de La Vérendrye et du Mont-Tremblant ont des remorques pour canots, et on peut s'y faire transporter après réservation.

2) **Les trains** — Le réseau n'est pas très dense au Québec, ce qui est normal compte tenu de la population ; cela a pour avantage que les cartes routières indiquent toutes les lignes. Les chemins de fer au Québec appartiennent à deux compagnies, le Canadien National (C.N.) et le Canadien Pacifique Rail (C.P.R.). Attention : il n'y a pas de service passager sur plusieurs lignes : voir nos cartes.

Pour tous renseignements concernant les horaires, tarifs, on peut appeler n'importe quelle gare de la compagnie, ou encore écrire ; pour ceux qui voudraient écrire à la direction des compagnies pour le Québec (voir adresses). Il n'y a hélas, plus de service passager sur les lignes qui intéressaient le plus le canot-campeur, Senneterre-Chibougamau-Matagami et lac St-Jean-Chibougamau.

Quelques lignes appartiennent à des compagnies minières, principalement celle qui relie, sur 350M., Sept-Iles à Schefferville, la compagnie Quebec North Shore & Labrador ; leurs trains acceptent de s'arrêter où l'on veut. Une autre ligne privée va de Shelter Bay à Gagnon, également sur la Côte-Nord.

Attention : tous les trains de passagers ne peuvent pas, ou n'ont pas toujours la place pour prendre les canots en même temps que les équipes ; il est donc prudent de se renseigner à l'avance, et au besoin d'envoyer les canots en premier.

244

3) **L'avion** — C'est-à-dire en principe l'hydravion. Car il y a plusieurs dizaines de milliers de lacs au Québec où un hydravion peut se poser facilement. Seule la Gaspésie manque de lacs sur les hauteurs, mais les distances y sont relativement faibles.

Pour les bassins où l'hydravion peut être un bon moyen de transport, nous donnons la ou les bases les plus proches, ainsi que le nom des compagnies. Pour ne pas avoir à répéter trop souvent les adresses, nous les donnons ci-après. La plupart de ces compagnies n'ont qu'un ou, à la rigueur, 2 hydravions sur les bases secondaires et il est indispensable de réserver si l'on veut être sûr de partir le jour désiré.

Les hydravions les plus courants sont des Cessnas et des Beavers qui peuvent emporter 2 personnes, sacs et un canot. Les Beavers sont beaucoup plus chers et peuvent emporter 2 équipes mais, hélas, un seul canot. Un Cessna ou un Beaver peut atterrir sur des lacs de 3/4M. de long.

Les combinaisons possibles entre ces moyens de transport sont nombreux et on aura souvent intérêt à prendre le temps de bien y penser, à plusieurs, autour des cartes, pour examiner toutes les solutions. A titre indicatif, voici quelques tarifs pour le train et l'avion.

Train — 4.6 cts le mille ; le double pour un aller-retour.
— Bagages gratuits jusqu'à 150 lb. pour le détenteur d'un billet.
— Canots : 5.58 cts le mille, minimum $2.50.

Ces prix sont ceux du C.P. Rail. Ceux du C.N. varient à cause de leur système bleu, blanc, rouge par lequel les prix sont plus bas en périodes « creuses ».

Le minimum pour un canot sur le C.N. est de $3.00.

Avion — Cessna : de $0.45 à $0.55 par mille, parfois jusqu'à $0.80 plus au nord.
— Beaver : de $0.75 à $0.80 par mille, parfois jusqu'à $1.35.

Mais, dans le cas d'un avion, ne pas oublier de multiplier par deux pour le retour. Ex.: de l'Auberge Dorval au début de la rivière Capitachouane, environ 100M., à $0.45 du mille approximativement $45.00 plus $45.00 pour le retour = $90.00. La loi autorise les Cessnas et les Beavers à ne transporter qu'un canot à la fois, ce qui veut dire qu'il faut compter un voyage par équipe (2 ou 3 personnes et les sacs, le canot).

Liste des compagnies de transport aérien

Les Ailes du Nord Ltée
C.P. 458 Sept-Iles
Province de Québec

Alma Air Service Ltd.
Alma, P.Q.

A. Fecteau Transport Aérien Ltée
C.P. 220
Senneterre, P.Q.

Amos Aviation Ltd.
C.P. 124
Amos, P.Q.
a/s M. Roland Dénommé

Nordair Ltée
Hangar #6
Aéroport de Montréal
Dorval, P.Q.

Kipawa Air Service Inc.
Kipawa (Québec)

Les Placements La Malbaie Ltée
3495 De La Montagne
Montréal, P.Q.

PAT'S CAMP
LANIEL
Témiscamingue, P.Q.

La Sarre Air Service Ltd.
P.O. Box 418
La Sarre, P.Q.

La Compagnie de Service Aérien
La Tuque Ltée
C.P. 846
La Tuque, P.Q.

Baie Comeau Air Service Ltée
C.P. 96
Hauterive, P.Q.

Gagnon Air Service Ltée
C.P. 341
Chicoutimi-Nord, P.Q.

Dolbeau Air Service Inc.
10305 Papineau
Montréal 359, P.Q.

Bertrand Airways
C.P. 10
Fort Coulonge, P.Q.

Hull Air Service Ltd.
291, rue St-Rédempteur
Hull, P.Q.

Bert-Air Ltée
1164, boul. St-Joseph
Roberval, P.Q.

Roberval Air Service Ltée
C.P. 400
Roberval, P.Q.

St-Félicien Air Service Ltée
C.P. 910
St-Félicien, P.Q.

Nord-Ouest Aviation Inc.
P.O. Box 244
Noranda, P.Q.

Ste-Anne du Lac Aviation Inc.
Ste-Anne du Lac
Labelle, P.Q.

Laurentian Air Services Ltd.
P.O. Box 4070
Postal Station E
Ottawa, Ontario

Labelle Touristair Inc.
Case Postale 610
Mont-Laurier, P.Q.

Austin Airways Ltd.
Toronto Island Airport
Toronto, Ontario

White River Air Services Ltd.
White River
Ontario

Brochu Industries Ltée
3700, boul. St-Joseph est
Montréal, P.Q.

Larivière Air Service Ltd.
Box 1950
Schefferville, P.Q.

Tamarac Air Service Ltée
Clova, P.Q.

Les parcs provinciaux du Québec

Le canot-camping dans les parcs du Québec

La plupart des grands parcs du Québec offrent des territoires propices à la pratique du canot-camping. La localisation et la topographie de certains d'entre eux leur réservent une vocation toute spéciale et des films ou des documentaires sur cette activité en grande nature ont été tournés dans les parcs provinciaux qui ont servi de cadre et de décor.

Le Service des parcs du ministère du Tourisme, de la Chasse et de la Pêche voulant favoriser le retour aux sources et à la nature, dès 1966 confiait à la Division de l'Interprétation de la nature le soin d'amorcer un programme de prospection et d'aménagement de circuits et trajets de canot à l'intérieur des parcs provinciaux. Un premier réseau de 75 milles de voies canotables était inauguré le 24 juin 1967 au Domaine, dans le parc de La Vérendrye. Ce premier embryon s'est fortement développé par la suite sous l'impulsion du Service de l'Animation qui a étendu le canot-camping aux rivières et aux plans d'eau des parcs des Laurentides, Mont-Tremblant, Mistassini.

Pour cela nous avons adopté et utilisé une signalisation standardisée et une légende uniforme pour baliser les voies canotables et illustrer les cartes des trajets et circuits de canot-camping. Une collaboration réciproque et de bon aloi s'est même établie entre la Direction générale des parcs, la F.Q.C.K. et les divers clubs de canot-camping pour la réalisation d'objectifs communs.

Même si le simple canotage est pratiquement possible à l'intérieur de tous les parcs provinciaux en respectant certaines dispositions locales, les adeptes du canot-camping qui fréquentent nos trajets et circuits de rivières disponibles sont toujours de plus en plus nombreux. L'ensemble des voies canotables aménagées et cartographiées par la Direction générale des parcs totalise 1,800 milles dont près de 1,000 milles sont balisés. On peut se procurer les cartes appropriées soit au bureau central de la Direction générale des parcs à Québec, soit dans les divers districts régionaux respectifs. Pour l'avenir selon les disponibilités ce réseau sera amélioré et étendu à d'autres parcs comme celui de Papineau-Labelle et de Chibougamau.

BENJAMIN BALATTI,
Service du Développement.
Direction générale des parcs.

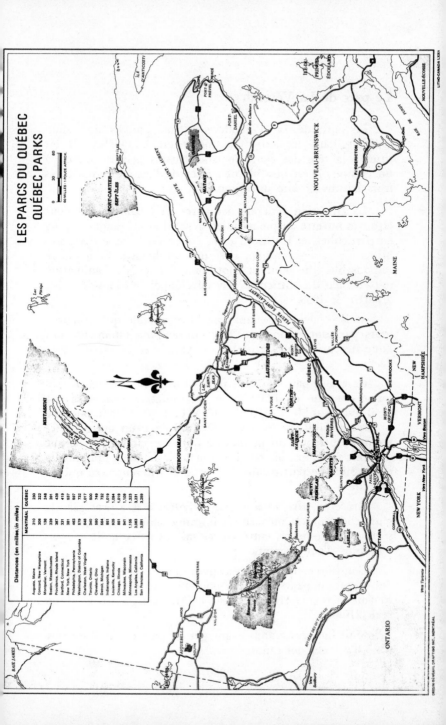

LES PARCS DU QUÉBEC
QUÉBEC PARKS

Distances (en milles/in milles)	MONTRÉAL	QUÉBEC
Augusta, Maine	310	230
Concord, New Hampshire	308	322
Montpelier, Vermont	138	248
Boston, Massachusetts	339	391
Providence, Rhode Island	387	439
Hartford, Connecticut	331	419
New York, New York	381	537
Philadelphia, Pennsylvania	463	597
Washington, District of Columbia	679	732
Charleston, West Virginia	848	1,017
Toronto, Ontario	340	500
Cleveland, Ohio	580	749
Detroit, Michigan	564	732
Indianapolis, Indiana	851	1,019
Louisville, Kentucky	925	1,094
Chicago, Illinois	881	1,019
Milwaukee, Wisconsin	941	1,109
Minneapolis, Minnesota	1,195	1,323
Los Angeles, California	3,063	3,231
San Francisco, California	3,091	3,259

0   30   60

60 MILLES : 1 POUCE APPROX.

DESSIN GÉNÉRALE DRAFTING INC., MONTRÉAL.

LITHO-CANADA LXXII

Le parc de La Vérendrye

Le parc de La Vérendrye est un paradis du canot-camping dans cet autre paradis qu'est le Québec. Il est situé à la tête des eaux de trois bassins principaux, et, à un endroit, il est possible de passer de l'un à l'autre de ces trois bassins et une demi-journée.

La Direction générale des parcs n'est pas réputée pour être très ouverte au plein air en général et au canot-camping en particulier, et le parc n'a pas été choisi à cause des possibilités de canot-camping : c'est un pur hasard. Et les deux responsables du mini et moribond Service de l'animation ont eu bien des difficultés à y développer le canot-camping, à partir de 1966.

Mais, « l'évidence étant une force terrible qui finit toujours par tout emporter ». le canot-camping est maintenant l'une des principales activités du parc avec la chasse et la pêche.

Ce grand parc de 5,257 milles carrés est maintenant sillonné par plus de 1,500 milles de routes de canot-camping qu'il est possible de combiner à l'infini grâce aux nombreuses possibilités de passer d'un bassin à un autre sur ce territoire plat, ce qui permet de faire des circuits. Rien que du lac des Loups, où est située la base de canot-camping. il est possible de partir dans 9 directions différentes, ce qui est difficile à battre.

Grâce au parc, cette région privilégiée sera protégée ; la seule chose qui la menace est le canot-campeur négligent et, surtout les pêcheurs, entre autres raisons parce qu'ils emportent plus d'équipement.

Contrairement à ce qui avait été prévu, près de la moitié des canots-campeurs viennent pour des fins de semaines, surtout de la région Hull/Ottawa (145M.), mais aussi de Montréal (210M.).

Mais l'un des grands avantages du parc est qu'il est possible d'y louer des canots.

La base du Domaine : située sur les bords du lac des Loups, à 70M. de Mont-Laurier ou de Maniwaki, par la route 58, c'est le centre du canot-camping dans le parc ; on peut s'y faire aider dans le choix d'un circuit, acheter des cartes topographiques, louer un canot, et, sur réservation, organiser un transport à un autre point de départ.

Tél. 433-2561, parc de La Vérendrye.

On peut obtenir des renseignements et une carte gratuite de toutes les routes de canot du parc en écrivant au Service de l'Animation (voir adresses).

Il est impossible de parler ici en détails des routes de canot du parc ; signalons les points intéressants suivants :

— A la fin des rivières Haute Outaouais, Capitachouane, et Chochocouane, il est possible de continuer jusqu'au Domaine en canot.

— On peut passer des bassins de la rivière des Outaouais aux bassins des rivières Gens de Terre, Coulonge, Dumoine, en de nombreux points.

— Il est possible, après enregistrement au Domaine, de commencer un circuit ailleurs dans le parc.

— Il y a une base d'hydravion au Domaine (Laurentian Air Service), et une à l'Auberge Dorval, plus au nord, également ment sur la route principale.

— Il y a encore de nombreuses « premières », c'est-à-dire de voies canotables sur lesquelles il n'y a pas de renseignements, dans le parc.

Il faut environ 45 C.T. au 1/50.000 pour couvrir le parc ; on peut se faire une bonne idée des possibilités et arrêter un choix avec la carte des routes de canot-camping du parc et les cartes au 1/250.000, No. 31-N et 31-K.

Le parc du Mont-Tremblant

Ce parc de 1,000 milles carrés est le plus proche de Montréal de tous les grands parcs, et il en est accessible en fin de semaine.

Par chance, il se trouve que c'est également le parc où les autorités, au niveau du parc comme du district, sont le plus sensibilisées au plein air et au canot-camping.

Le parc du Mont-Tremblant n'a pas été favorisé par la nature, pour le canot-camping, comme le parc La Vérendrye ; il est par contre plus polyvalent. Mais il reste un endroit intéressant pour ceux qui veulent commencer ou qui ne disposent que de peu de temps.

Au lac Monroe, il y a une base de canotage où on loue des canots, à la journée ou pour plusieurs jours. Sur réservation, il peut être possible de faire transporter des canots ailleurs dans le parc.

L'été, des séances d'initiation au canotage et au canot-camping ont lieu au lac Monroe.

Les circuits sont hélas impossibles dans ce parc, mais les trois principales rivières ont été relevées : Rouge, Mattawin, Du Diable ; voir à Bassin de la Rouge, Bassin du St-Maurice. La Diable notamment, dont fait partie le lac Monroe, a des sections pour tous les goûts (voir rivière du Diable pour plus de détails sur les possibilités du parc).

Une forme de canot-camping que nous croyons particulièrement bien adaptée à ce parc, et qui est attrayante, mais n'y a pas encore été exploitée, consisterait à canoter une des nombreuses petites suites de lacs du parc, à camper le soir, et à revenir le lendemain.

Nous tenons à exprimer ici nos félicitations et nos remerciements à Messieurs :

— André Laforte, chef du district de Montréal des parcs provinciaux ;

— Jean-Louis Ricard, surintendant ;

— André Bouchard, responsable du canot et du canot-camping pour le parc. Téléphone d'André Bouchard : parc du Mont-Tremblant, 688-2833, toute l'année.

Le parc des Laurentides

C'est le cauchemar des canot-campeurs. Le service de

l'animation des parcs y a implanté, comme à La Vérendrye et au Mont-Tremblant, le canot-camping ; mais, à cause de la pêche, les canot-campeurs n'y ont jamais été les bienvenus. Il a été prouvé au parc de La Vérendrye qu'il était possible de faire coexister pacifiquement canot-campeurs et pêcheurs, quitte à interdire la pêche aux canot-campeurs dans les rivières à truites qui sont exploitées pour la pêche. Que les responsables se réunissent, trouvent une solution, et que le canot-camping devienne enfin une activité normale du parc et y soit développé.

En 1973, la saison de canot-camping pour la rivière Métabetchouane durera, si l'on peut s'exprimer ainsi dans un tel cas, du 14 juillet au 12 août, soit moins d'un mois ! Une carte-guide de la rivière Métabetchouane (circuit) est disponible, que l'on peut se procurer au Service de l'animation des parcs ou à : Direction générale des parcs, District de Québec, Edifice de la Faune, Jardin Zoologique, Orsainville. Tél. (418) 643-7647.

Une autre rivière, la Jacques-Cartier, coule ses dix premiers milles dans le parc, et le Service de l'animation a également préparé une carte-guide.

La rivière Métabetchouane
Carte-guide

— *Situation géographique :* Dans la partie nord-ouest du parc des Laurentides, au nord de Québec.
— *Longueur :* 50M. seulement ont été relevés et cartographiés, soit la partie de la rivière qui coule dans le parc. En réalité, afin de pouvoir réaliser presque un circuit, on a utilisé la rivière Métaskouac pour près de la moitié de l'itinéraire. La rivière Métabetchouane continue jusqu'au lac St-Jean, vers le nord.
— *Intérêts divers :* Rivière sauvage, et qui le restera grâce au parc ; relativement facile. Et surtout, c'est presque un circuit.
— *Difficultés et hauteurs d'eau :* Rivière de difficulté uni-

forme classe II. Longueurs approximatives totales de tous les rapides : 4M., plus 1M. de P. obligatoires.

— *Canoë-kayak :* Les R. sont trop séparés.

— *Portages :* En bon état. Entretenus par le parc.

— *Camping :* Nombreux emplacements.

— *Civilisation :* Quelques camps de pêche. Pas de drave, ni d'opérations forestières.

— *Eau potable :* La rivière.

— *Accès :* De Montréal : Trois-Rivières, puis route 19 vers le nord. Environ 50M., au nord de La Tuque, prendre à D. le chemin vers Van Bruyssel et lac Montagnais : à 1M. passé Van Bruyssel, tourner à gauche, et continuer jusqu'au point de départ, au lac Montagnais, 17.5M. plus loin, où l'on doit s'enregistrer.

— *Documentation :* Carte-guide dessinée et publiée par le service de l'animation des parcs. Relevé P. Lalonde et G. Vialle. Disponible gratuitement au service de l'animation.

— *Parc :* Enregistrement obligatoire au Camp Montagnais. Tarifs : $2.00 par canot par jour. Pas de canot à louer.

— *C. T. :* 1/50.000 : 21-M/13-O, 21-M/12-O, 31-P/16-E, 31-P/9-E.

* Pour la rivière Jacques-Cartier, voir dans l'ordre normal des bassins.

Les parcs Chibougamau et Mistassini

Ces deux parcs ne sont accessibles que pour des vacances d'une semaine, si possible plus, à cause de leur éloignement. Ils couvrent des régions riches en possibilités de canot-camping. Pour l'instant, une route de canot-camping a été aménagée au parc Mistassini, la rivière Chalifour. Il est possible d'organiser d'autres expéditions entièrement ou partiellement dans ces parcs mais une autorisation doit être obtenue à l'avance : voir documentation.

Grâce à ces parcs, les rivières historiques Chamouchouane et du Chef, ainsi qu'une partie de la Rupert et de la Martre, se trouvent protégées.

La rivière Chalifour
Carte-guide

— *Situation géographique :* Parallèle au lac Mistassini, un peu à l'est. Se jette au sud, dans le lac Mistassini, après un cours S.S.-O.

— *Longueur :* 90M., y compris la partie de l'itinéraire dans les lacs Mistassini et Waconichi. Relevée et balisée au complet.

— *Intérêts divers :* Rivière relativement au nord, c'est-à-dire flore et faune différentes, mais quand même relevée et balisée. Village d'Indiens Cris de Baie du Poste (Poste de Mistassini).

— *Difficultés et hauteurs d'eau :* 3 sections : 1) Du début de la rivière aux dernières chutes, 25M., rivière classe 2+. pour les canot-campeurs expérimentés. 2) Jusqu'au début de la première grande baie, 14M., magnifique rivière calme, qu'il est facile de remonter jusqu'aux chutes, qui valent d'être vues. Très nombreux et beaux emplacements de camping. Idéal pour canotage en campant au camping Chalifour. 3) Jusqu'à la fin aux camps Waconichi, 50M., suite de lacs, qui se fait dans les 2 sens.

— *Canoë-kayak :* Aucun intérêt. Les rapides de la 1ère section sont nombreux mais courts et en général de classe II.

— *Portages :* En bon état.

— *Camping :* Nombreux et balisés.

— *Civilisation :* Camping public au Camping Chalifour, avec épicerie.

— *Eau potable :* La rivière.

— *Accès :* A Chibougamau, continuer la route 167 jusqu'au parc Mistassini. Demander où est le point de départ à la barrière (60M. plus loin). Points d'accès par la route à part le début et la fin : 5M. après le départ ; au camping Chalifour ; au portage coupant la presqu'île de Baie du Poste ; à Baie du Poste ; enfin, entre la Baie du Poste et le lac Waconichi.

— *Hydravion* : Base à Chibougamau. Compagnies : A. Fecteau Transport Aérien et Dolbeau Air Service. 90M. au sud du point de départ de la rivière.

— *Documentation* : Carte-guide relevée, dessinée et publiée par le Service de l'Animation des parcs ; gratuite. Documentation et renseignements : Direction générale des parcs. 748. boul. Marcotte, Roberval, P.Q.

— *Parc* :

Tarifs : $2.00 par canot par jour. Aucun canot à louer dans le parc, mais on peut en louer à Chibougamau. sur réservation chez Léo Asselin, 968 - 3e Rue (15M. avant la barrière du parc). Les groupes prévoyant avoir besoin d'un transport pour les amener au début de leur expédition, ou qui préféreraient que quelqu'un ramène leur véhicule à leur point d'arrivée projetée, doivent réserver à l'avance. Tarif de transport :

— Camion ou Pick-up : $0.50 du mille (retour compris), plus $3.00 l'heure.

— Chauffeur seulement : $3.00 l'heure.

Réservation : Monsieur Bernard Lavoie,
                   Camp Waconichi,
                   C.P. 788, Chibougamau. P.Q.

— *C. T.* : 1/250.000 : 32-I et P.

La partie nord du parc Chibougamau se prête aux circuits, mais nous n'avons pas encore de renseignements précis.

La pêche pour les canot-campeurs dans les parcs

Afin de permettre aux canots-campeurs, pour qui la pêche n'est pas l'un des buts de leurs voyages, de pouvoir pêcher suffisamment pour se nourrir, un tarif spécial a été établi dans les parcs ouverts au canot-camping : $2.00 par pêcheur pour u période de 5 jours, plus le permis provincial. Les canot-campeurs n'ont droit qu'à une ligne par canot, et quelques agrès. Ce tarif a pour but d'être juste autant envers le canot-campeur qu'envers le pêcheur qui, lui, paie beaucoup plus.

256

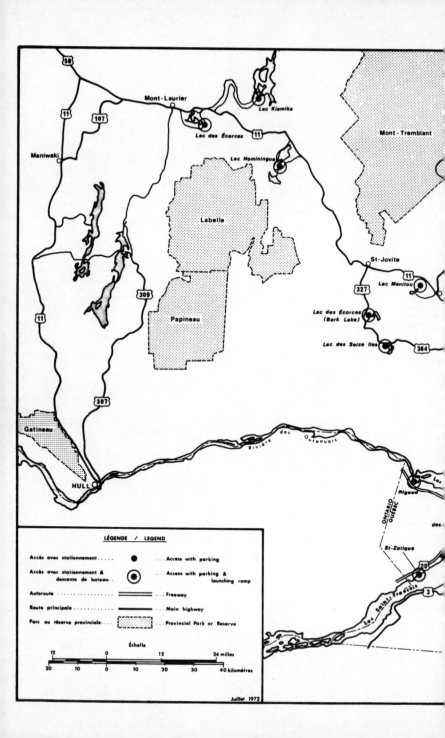

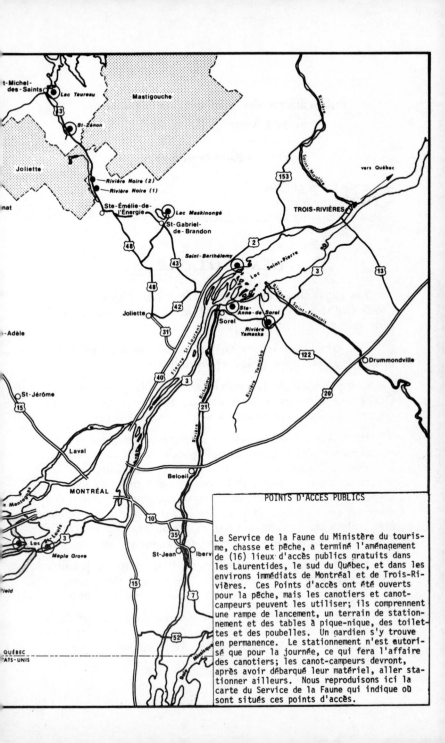

POINTS D'ACCÈS PUBLICS

Le Service de la Faune du Ministère du tourisme, chasse et pêche, a terminé l'aménagement
de (16) lieux d'accès publics gratuits dans
les Laurentides, le sud du Québec, et dans les
environs immédiats de Montréal et de Trois-Rivières. Ces Points d'accès ont été ouverts
pour la pêche, mais les canotiers et canot-
campeurs peuvent les utiliser; ils comprennent
une rampe de lancement, un terrain de stationnement et des tables à pique-nique, des toilet-
tes et des poubelles. Un gardien s'y trouve
en permanence. Le stationnement n'est autorisé que pour la journée, ce qui fera l'affaire
des canotiers; les canot-campeurs devront,
après avoir débarqué leur matériel, aller stationner ailleurs. Nous reproduisons ici la
carte du Service de la Faune qui indique où
sont situés ces points d'accès.

Publications du ministère du Tourisme de la Chasse et de la Pêche

(Voir « adresses utiles »)

— Les parcs du Québec
— Tarifs dans les parcs
— Pourvoyeurs en chasse et pêche

L'EAU POTABLE

Les eaux du Québec sont, grâce à son climat (à toutes choses malheur est bon...), potables dans leur état naturel, à de très rares exceptions près.

Les principales causes de pollution sont les égouts, les usines, les fermes, les fosses septiques et la drave.

Compte tenu de la concentration de la population au Québec, ce sont surtout les canoteurs de fins de semaines des régions urbaines qui auront à se méfier de l'eau.

Il n'existe pas de moyen de déterminer sur place et sans équipement spécial si une eau est potable ou non, si ce n'est la couleur, l'odeur surtout. Des analyses sont faites en des points de plus en plus nombreux, et nous nous en sommes inspirés dans les renseignements ou jugements que nous donnons pour chaque rivière. Mais l'eau d'une rivière peut être polluée au printemps, l'être moins ou pratiquement plus après, être moins polluée à la fin qu'en amont, etc.

En règle générale, se méfier de l'eau après le premier village ou la première usine, dans les régions de fermes, et s'il y a de nombreux chalets de villégiature sur les bords.

Pour savoir s'il existe des renseignements précis sur l'eau d'une rivière, d'un lac, on peut s'adresser au Service de l'Information, service de protection de l'environnement, Edifice G, Hôtel du Gouvernement, Québec.

Certaines formes de pollution, dites bactériologiques, sont bio-dégradables, c'est-à-dire qu'elles s'éliminent d'elles-mêmes au contact de l'oxygène en suspension dans l'eau des rivières ; ce phénomène est accéléré par les chutes et rapides. Mais il arrive que cette pollution soit trop forte et trop régulière pour se corriger ; en outre, il faut plusieurs milles à une rivière pour absorber une pollution bactériologique modérée. Les eaux d'égouts sont en majeure partie responsables de ce type de pollution.

La pollution chimique, causée par les usines, ne se corrige pas, si ce n'est en se déposant en partie et elle peut continuer même ainsi à avoir des effets nocifs sur l'eau et l'environnement.

La pollution par le mercure est présentement en voie d'être éliminée grâce à une action énergique du gouvernement.

Que faire avec des eaux polluées ? Le mieux est encore de transporter son eau, ou d'aller s'en procurer. L'aménagement de rivières pour le canot-camping comprendrait des pompes sur les emplacements de camping le long des rivières suspectes.

Si l'eau ne paraît pas, d'après son apparence (mais une eau claire n'est pas nécessairement potable) et les régions qu'elle a traversées, être trop polluée, mais qu'on veut prendre ses précautions, on peut soit la faire bouillir une dizaine de minutes, soit y ajouter un comprimé d'Hallazone, soit y ajouter **quelques gouttes** d'eau de javel et bien la remuer.

Après une longue période de laissez faire, le gouvernement du Québec rattrape le temps perdu et a l'intention d'éliminer progressivement la pollution des eaux du Québec. Tâche ambitieuse, mais réalisable et qui s'impose, et que les canots-campeurs apprécieront plus que tous autres puisque, après les poissons, les canards, et quelques autres animaux, ils sont ceux qui passent le plus de temps sur l'eau. En attendant, canot-campeurs, faites votre part, et lisez attentivement le chapitre conservation, qui **vous** concerne.

LA GÉOGRAPHIE PHYSIQUE DU QUÉBEC

Relief — Hydrographie — Climat
Flore & Faune

1) **Relief :** Le Québec est la plus grande des provinces canadiennes, avec 600,000 milles carrés, soit 15% de l'ensemble du pays. 90% du territoire s'étend sur le rude bouclier précambrien, mais les basses-terres fertiles et à pentes douces du St-Laurent occupent la partie Méridionale. Le bouclier canadien finit brusquement à la plaine du St-Laurent, souvent au bord même de la rivière des Outaouais ou du St-Laurent, quelquefois, comme vers Montréal, à une trentaine de milles au nord.

   Sur la rive sud du St-Laurent, le même phénomène se reproduit avec le plateau appalachien, qui se prolonge dans les provinces Maritimes et aux Etats-Unis. Le bouclier canadien est un socle de roches archéennes et primaires, anciennement plissées, nivelées par l'érosion ; paysage de collines arrondies, en général peu élevées, et de lacs et tourbières. Impropre à l'agriculture, cette masse de roches primitives abonde en richesses forestières et minérales et en ressources hydrauliques.

2) **Hydrographie :** Le tiers de toute l'eau douce du monde se trouve au Canada. Rien qu'au Québec, il y a 100,000 lacs importants, et, si l'on compte le moindre étang, 1,600,000. Quant aux rivières, si on compte jusqu'au plus petit ruisseau, on en estime le nombre à 6,000,000 (oui, vous avez bien lu, six millions). Bien entendu, seule une petite portion de ces cours d'eau est navigable.

   La neige s'accumule l'hiver sur tout le territoire québécois ; au printemps, sa fonte grossit les rivières qui, le reste de l'année, semblent courir dans des lits trop grands pour elles, sauf par périodes de fortes pluies. Une autre caractéristique des rivières du Québec est leur pente : elles ont rarement une pente régulière, et sont plutôt une succession de sections calmes séparées par des chutes ou des rapides.

Le Québec étant un pays au relief peu élevé, les rivières y sont en grande majorité navigables pour les canots ordinaires, c'est-à-dire non pontés, avec quelques portages en général pas très longs. Enfin, le Québec déverse ses eaux dans trois bassins différents : le bassin du St-Laurent au sud ; le bassin de la Baie d'Hudson au nord-ouest ; le bassin de l'Ungava au nord-est. Comme on l'a vu, c'est cette division naturelle qui est utilisée dans ce guide.

3) **Climat :** Le Québec est situé à des latitudes où les masses d'air circulent généralement de l'ouest à l'est. Parfois les courants d'air froid de l'Arctique traversent le pays, venant du nord-ouest. Parfois aussi, l'air chaud des Tropiques, venant du sud-ouest, envahit le Québec. Lorsque ces grandes masses d'air se rencontrent, il se forme des noyaux de tempêtes et des « fronts ». Le mouvement continuel de ces masses et les systèmes de « fronts » qui les séparent expliquent la variabilité de la température et du climat du Québec. Les chaînes de montagnes de l'est de l'Amérique du Nord ne sont pas assez élevées pour avoir un effet prononcé sur les grands déplacements d'air et, si les conditions générales de circulation sont favorables, l'air froid de l'Arctique peut facilement se déplacer vers le sud et l'est au-dessus du Canada central et oriental en hiver, tout comme l'air chaud et humide peut se déplacer vers le nord et l'est en été. La Baie d'Hudson et la Baie James modifient quelque peu la température dans le nord-ouest du Québec pendant la saison où les eaux sont libres de glace.

Partout au Québec l'été est chaud mais court : il gèle souvent la nuit en mai et en septembre, même dans la plaine du St-Laurent, et l'été se rétrécit à mesure que l'on monte vers le nord. Au nord du Québec, la température moyenne de juillet est de moins de 50°F.

Les lacs ne dégèlent qu'entre la fin avril et la fin mai, dépendant de la latitude. A toute fin pratique, et exception faite de sorties organisées par des canot-campeurs dans des régions qu'ils connaissent, la saison des expéditions dure trois (3) mois : juin, juillet et août.

Mais même l'été le thermomètre peut descendre de façon surprenante, pour des raisons expliquées plus haut, et il est prudent d'être prêt à faire face, même en juillet-août à des nuits de 40°F !

Pendant les journées de complet ensoleillement l'été il est d'autant plus facile d'être victime d'insolation que la plupart des rivières du Québec sont entrecoupées de lacs sur lesquels on peut être en plein soleil pendant des heures. Voir à vêtements.

Enfin, les vents dominants au Québec soufflant de l'O.S.-O., puis du N.N.-O., on devrait tenir compte de la direction générale d'un itinéraire pour déterminer la longueur des étapes. Les vents du N.E., heureusement pas très fréquents, apportent presque immanquablement de la pluie, qui peut durer aussi longtemps qu'eux, c'est-à-dire pratiquement jamais plus de 2-3 jours.

Voici quelques moyennes établies sur plusieurs années, pour quatre endroits du Québec très éloignés l'un de l'autre :

MOYENNE DU MAXIMUM JOURNALIER			
	Montréal	Bagotville	Schefferville	Sept-Iles
MAI	64	61	42	50
JUIN	74	70	58	61
JUILLET	79	75	64	68
AOÛT	76	73	49	67
SEPTEMBRE	67	62	49	58
OCTOBRE	55	49	37	46

MOYENNE DU MINIMUM JOURNALIER			
	Montréal	Bagotville	Schefferville	Sept-Iles
MAI	47	38	25	33
JUIN	57	49	39	43
JUILLET	62	53	46	51
AOÛT	60	51	43	48
SEPTEMBRE	52	47	35	40
OCTOBRE	41	32	25	31

Pour ce qui est de Schefferville, tenir compte que l'altitude est 1,680 pieds, et qu'il fera légèrement plus doux un peu plus bas à même latitude.

4) **Flore & Faune :**

— **Flore :** La végétation du Québec peut, d'une façon générale se diviser ainsi :

1) Au nord du 60° lat. N., (les derniers 150 M. du Québec au nord), la toundra, flore et climat arctique ; le sol ne dégèle que pendant quelques semaines, et superficiellement. C'est une association végétale composée de mousses et de lichens. Le sol est instable et gluant : marais et tourbières sont nombreux.

2) Du 60° au 50° lat. nord, la taïga. forêt boréale de conifères, où l'épinette noire domine, mais de trop faible taille pour avoir une valeur marchande ; on y trouve également des pins, mélèzes, sapins, peupliers et saules. Le 50° lat. nord correspond, d'O. en E., au lac Mattagami, au sud du lac Mistassini, et au sud de la côte nord du golfe du St-Laurent.

3) Au sud du 50° lat. nord, forêts boréales mélangées, avec arbres à feuilles décidues. Les conifères les plus communs restent l'épinette, mais sa taille grandit ; bouleaux et trembles nombreux. En s'approchant de la vallée du St-Laurent, on rencontre de grandes surfaces d'érables qui donnent à ces régions, l'automne, de splendides coloris. La vallée du St-Laurent elle-même a été presque en entier déboisée pour les besoins de l'agriculture. Enfin, la région accidentée des premiers contreforts des Appalaches est couverte de belles forêts de bois francs : érables, chênes, ormes, hêtres, etc.

— **Faune :** Les grands animaux du Québec sont relativement peu nombreux : l'orignal, jusqu'au nord du lac Mistassini, mais qui fuit les régions habitées et n'est guère abondant au sud d'une ligne réservoir Baskatong, réservoir Taureau, Québec ; le chevreuil (en réalité cerf de Virginie), qui fréquente volontiers les régions habitées, et peuple nos forêts sensiblement jusqu'à la limite sud de l'orignal ; le caribou, animal du nord que l'on retrouve au sud jusqu'à la Côte-Nord et l'Abitibi ; il en existe une petite population dans les montagnes de la Gaspésie ; l'ours noir, que l'on retrouve dans tout le Québec sauf dans la plaine du St-Laurent. Voici une liste des animaux plus petits que le canot-campeur peut rencontrer : le raton laveur, la belette, la martre, le pékan, le vison, la loutre, le castor (à défaut d'en voir, il est rare de ne pas voir les effets de leur travail : arbres coupés, branches grugées, cabanes de branches, barrages), le rat musqué, la marmotte, le renard, le lièvre, le porc-épic, la mouffette, le lynx, l'écureuil et le suisse. Le coyote est rare au Québec, mais on rapporte que son nombre augmente ces années-ci. Quant au loup, qui peuple lui aussi presque tout le Québec, il fuit les régions habitées, où il ne se hasarde que poussé par la faim, et est l'un des animaux les plus difficile à voir. Le glouton habite la partie nord du Québec, à partir du lac Mistassini.

Aucun de ces animaux n'attaque l'homme ou n'est dangereux de quelque façon que ce soit ; ils ont tous de l'homme une sainte peur, plus ou moins conscients qu'ils n'ont pas intérêt à partir en guerre contre lui. Parmi les précautions à prendre : ne pas s'éloigner du camp trop longtemps, car des animaux pourraient être tentés par des odeurs alléchantes, les ours surtout ; si une mouffette a pénétré dans une tente, il est trop tard : la laisser se rassasier, plutôt que de risquer d'avoir le matériel souillé irrémédiablement. Ne jamais s'approcher d'un petit ours : la mère n'est jamais loin ; elle ne vous veut pas de mal, mais est prête à tout pour défendre son petit si elle le croit en danger. Ranger la nourriture dans les tentes le soir, ou sous un canot le long d'une tente, ou encore, suspendez-la très haut, mais en la protégeant de la pluie. Ne touchez jamais à un porc-épic, même mort ; s'il est faux qu'il puisse lancer ses piquants ,il ne l'est pas qu'ils pénètrent aussi facilement la peau qu'ils sont difficiles et douloureux à arracher.

Du côté de la gent ailée, signalons ses plus importants représentants, par la taille : le héron, le butor, la perdrix, le hibou, les pics, l'épervier, l'oie (la bernache canadienne, vers le nord), le corbeau, l'aigle pêcheur, les geais bleus et gris, et la grande famille des canards, avec les malards aux jolies couleurs, les grosses familles de bec-scie, et le huard, dont le cri donne aux forêts du nord une ambiance extraordinaire.

Il y a des poissons dans toutes les rivières du Québec, mais ils sont de valeur sportives ou gastronomiques très inégales. Le poisson le plus commun est le brochet, qui a l'avantage d'être facile à prendre. Puis, le doré, que d'aucuns préfèrent à la truite, les différentes espèces de truites, le poisson blanc (corégone), l'esturgeon dans certains grands cours d'eau et lacs, et enfin le saumon, dans les rivières de la Gaspésie et de la Côte-Nord. On peut se procurer une belle brochure en couleur sur les poissons combatifs du Québec au Service de la Publicité du Ministère du Tourisme, Chasse et Pêche (voir à adresses utiles).

Nous n'avons dans ce guide que peu de renseignements sur les poissons de chaque rivière ; en règle générale, le canot-campeur n'est pas un pêcheur, et ne pêche que pour se nourrir ; si vous emportez un minimum d'agrès pour être prêt à pêcher du brochet et du doré, d'une part, de la truite, d'autre part, vous êtes à peu près assuré d'avoir ce qu'il vous faut.

Il reste enfin à parler des seuls animaux vraiment « dangereux » du Québec : les mouches, termes par lequel on désigne tous les insectes qui piquent l'homme. La mouche à orignal, plus grosse qu'une guêpe, dont la morsure est aussi douloureuse que soudaine, qui oblige parfois par de belles journées à rester habillé, surtout vers le nord ; elles sont étrangement excitées quand nous sommes mouillés et tournent alentour des baigneurs en une ronde agaçante. Les mouches à chevreuil, qui suivent les canot-campeurs dans les portages et s'acharnent à passer à travers les cheveux pour piquer. Les moustiques ou maringouins, moins douloureux mais combien plus nombreux ; heureusement sensibles à la chaleur comme au froid, ils diminuent après les premières chaleurs et ne sortent alors que le soir et la nuit, s'il ne fait pas trop frais. Les mouches noires, qui peuvent battre des records de densité, sont moins incommodées par la chaleur que les moustiques mais le sont par le froid et la nuit : elles disparaissent en général le soir quand les moustiques apparaissent ; charmante organisation de la nature... Enfin, les brûlots, qui peuvent faire devenir fou et qui passent à travers les moustiquaires ordinaires ; heureusement, ils n'apparaissent que quelques fois par été, et alors en grand nombre.

Quelques recommandations contre les mouches : emporter de l'insecticide ; rester habillé ; s'installer sur des emplacements secs et aérés-; faire du feu.

La géographie humaine du Québec

Peuplé de moins de sept millions d'habitants, le Québec est pratiquement désertique, compte tenu de sa superficie. Mais sa population est concentrée le long du St-Laurent, avec deux régions secondaires de population au Lac-St-Jean et en Abitibi. Ailleurs, ce ne sont que villes minières ou ports de pêche isolés. Dès le début du bouclier canadien, si on s'éloigne des routes, c'est la nature sauvage, ce qui permet aux canot-campeurs même de Montréal d'avoir accès, même en fins de semaines, à des rivières intéressantes.

Les clubs de canot-camping et canoë-kayak et organismes connexes

Le canot-camping et le canoë-kayak ne sont pas des sports que l'on a intérêt à apprendre ou à pratiquer seul. Autant par sécurité que pour apprendre mieux et plus vite ou que pour rencontrer des gens qui partagent vos goûts, nous vous encourageons vivement à vous joindre à un groupe, que ce soit les scouts ou les camps du Québec pour les plus jeunes, S.P.A.K., et, pour les moins jeunes, les clubs.

On a dit que le canot-campeur était de nature un solitaire ; c'est partiellement vrai, mais devenir membre d'un club ne veut pas dire être obligé d'aller à toutes les sorties organisées ; mise à part la cotisation, en général modeste, le canot-campeur n'a que des avantages à être membre d'un club, avantages qui remboursent, au sens propre, ce qu'il paie en cotisation: soirées d'information, cliniques de formation ou d'amélioration, réductions sur le matériel, renseignements sur les rivières, et sur tout ce qui touche le canot-camping au Québec, etc.

Les canoë-kayakistes se groupent plus volontiers, autant par nécessité que par tempérament.

En devenant membre d'un club, vous grossissez les effectifs de la F.Q.C.K., et contribuez ainsi à la rendre plus efficace. Nous donnons à « adresses utiles » une liste des clubs spécialisés et organismes connexes connus.

Le Haut-Commissariat à la Jeunesse, aux Loisirs et aux Sports

Depuis sa venue, le Haut-Commissariat à la Jeunesse, aux Loisirs et aux Sports confirmait l'importance du secteur des activités de Plein Air en créant un service opérationnel, dont les interventions sont de deux ordres et complémentaires.

Un premier volet de cette opération pour le Service de Développement Régional & du Plein Air demeure la consolidation et la rationalisation des activités des organismes dont l'objet social favorise un encadrement de ce secteur, par la formation de personnel spécialisé et par l'offre de programmes d'initiation dans les disciplines s'identifiant aux activités de plein air. De ces activités se dégage un intérêt spécifique pour les adeptes de la descente de rivière, et qui gagne de plus en plus la faveur d'un public désireux de rompre avec les moyens de transport actuellement connus, pour favoriser un retour à l'exploration et l'accès des sites de plein air par des voies de circulation naturelles et pittoresques.

Le Haut-Commissariat a aussi perçu le plein air comme un secteur à intérêt favorisé par une partie importante d'une population à la recherche d'un contact avec la nature dans un caractère ludique qui se refuse à tout aspect structurel. Cette dimension de démocratisation des activités et des sites de plein air, afin de rendre accessible l'ensemble de ces activités, ne saurait se réaliser sans la conjugaison des efforts des organismes de plein air subventionnés par le Haut-Commissariat et les institutions responsables de la mise en place des équipements de récréation en pleine nature.

Le présent guide sera au niveau de l'information, un instrument utile à l'atteinte d'une connaissance des dessertes actuellement disponibles pour les adeptes du canot-kayak et de toutes autres activités connexes.

CLAUDE DESPATIE,
Directeur du Service
de Développement Régional
et de Plein Air.

Association des camps du Québec

L'Association des Camps du Québec (Quebec Camping Association) est une organisation qui regroupe plus de 150 camps de vacances et centres de Plein Air à travers la province. Ce sont les camps eux-mêmes qui, au début des années 60, ont voulu s'unir ensemble et créer une association qui puisse répondre à leurs besoins.

Le but de l'ACQ-QCA est de promouvoir dans les camps l'éducation des jeunes et des adultes pour et par le Plein Air. Comme objectifs plus immédiats, l'Association cherche à améliorer toujours davantage les normes d'installation matérielle et d'opération des camps, leur programmation et la compétence de leur personnel. Elle est aussi le porte-parole des camps du Québec auprès du grand public, des autres associations, des gouvernements et de l'Association Canadienne des Camps de vacances.

Afin d'atteindre ses objectifs, l'ACQ-QCA se donne des structures appropriées, maintient un système d'accréditation pour ses camps membres, organise des cours de formation, des séminars et des congrès pour les moniteurs et les cadres des camps. Grâce à son secrétariat permanent de Montréal, l'Association a pignon sur rue. Elle est accessible à tous ceux qui ont besoin de renseignements et de services et elle représente les camps partout où sa présence est nécessaire ou souhaitée.

Dans les camps du Québec, l'un des moyens privilégiés d'éducation pour et par le Plein Air est le canot-camping. Le canot, depuis toujours au Québec, a été le moyen privilégié pour circuler en pleine nature, en découvrir les richesses et en jouir pleinement. Les responsables de camps sont conscients des riches avantages du canot comme moyen pédagogique de formation. C'est pourquoi de plus en plus, les camps introduisent le canotage à leur programme.

Cependant, il y a des camps membres de l'Association qui, depuis leurs débuts, ont fait au canot-camping une place privilégiée, se sont spécialisés dans ce domaine. Pourquoi ? Parce que pour un adulte ou des jeunes de 14, 15 ou 16 ans, l'expédition de canot les replongent dans un style de vie vieux comme le pays, riche de joies, de découvertes et d'efforts, semé de défis à surmonter et où la vie d'équipe et l'acceptation de l'autre sont indispensables au succès de l'entreprise, bref parce que le canot-camping est une école de vie captivante.

Dans ces camps, après un temps d'initiation au canot et au camping gradué selon l'âge et la capacité des participants, le programme débouche rapidement sur des expéditions de canot-camping courtes puis prolongées, d'abord sur des plans d'eau calme puis sur des parcours de rivières, près du camp pour commencer puis sur des trajets de plus d'envergure, à plus grande distance de la base...

Les jeunes et les adultes qui, grâce aux camps de vacances ou à d'autres organisations, sont initiés au canot-camping et s'y adonnent, y vivent des expériences et en tirent des avantages extraordinaires. C'est pourquoi l'Association des Camps du Québec et ses membres sont désireux de collaborer à toute initiative dont le but est le développement du canot-camping au Québec.

PAUL BÉLANGER, s.m.,
Camp-Ecole Keno.

Association des scouts du Canada

Depuis sa fondation en 1907, le scoutisme a toujours fait une place de choix aux activités de plein air. D'abord parce que le plein air est certainement le moyen idéal pour rejoindre un des buts du scoutisme qui est la santé. Le plein air correspond également aux goûts et intérêts des garçons et il devient alors un éducateur hors de pair. C'est pourquoi, dès son arrivée au Canada, le scoutisme a fait d'abord la promotion du camping d'été. Par la suite, le camping d'hiver a fait son apparition et on retrouve présentement, parmi les activités favorites des louveteaux (9 à 11 ans) des éclaireurs (12 et 13 ans) et des pionniers (14 à 16 ans) et des routiers ou compagnons (17 à 20 ans) des activités telles que: escalade, varape, canot, kayak, orientation, camping, ski, raquette, etc. L'Association des Scouts du Canada ne forme pas de spécialiste dans ces domaines qui de fait ne représentent qu'une partie de la totalité des activités auxquelles se livrent les garçons. Cependant, à cause des bienfaits qu'ils pensent en retirer, les activités de plein air ont une place privilégiée dans le système d'éducation active que forme le scoutisme.

MAURICE VÉZINA,
Animateur national.

Adresses utiles

— F.Q.C.K.:
881 est, boul. de Maisonneuve, Montréal 132
Tél. 527-9311

— Clubs spécialisés, membres actifs de la F.Q.C.K.:

Les Portageurs (région montréalaise, canot-camping)
348, avenue Lippens, Montréal 354

Montréal Voyageurs (canoë-kayak, région montréalaise)
8370 Arthur-Buies, Montréal 429

Rabaska (canot-camping, région de Québec)
776 Dalquier, Ste-Foy, Québec 10. P.Q.

Kanakedak (canot-camping)
666 Denorvège #303, Québec 10, P.Q.

Club Université Laval (canot-camping et canoë-kayak)
2280, chemin Ste-Foy, Ste-Foy, Québec 10, P.Q.

Association Canot-Kayak-Camping de l'Outaouais
23, rue du Parc, Limbour (Québec)

Keno (canoë-kayak)
56, rue du Centre, Arvida, P.Q.

CEGEP de Shawinigan
1472 Frontenac #2, Shawinigan, P.Q.
Echohamok Inc. (canoë-kayak)
199, rue Lachance, Beaupré, P.Q.

— Membres associés à la F.Q.C.K.:
Base de Plein Air Pohenegamook
85, rue Ste-Anne, Rivière-du-Loup, P.Q.

Auberge Nord du Nord
334 Puyjalon, Hauterive, P.Q.

Université du Québec
C.P. 3050, succursale "B", Montréal, P.Q.

— Organismes connexes :

Association des camps du Québec
952, rue Cherrier, Montréal 132
Tél. 527-3511

Association des scouts du Canada
3057, rue Lacombe, Montréal 250
Tél. 342-2522

Fédération Québécoise de Plein Air
455, rue St-Jean, suite 203, Montréal 125

Union des Centres de Plein Air du Québec
455, rue St-Jean, Montréal 125

Croix-Rouge
2170 ouest, boul. Dorchester, Montréal

Fédération Québécoise de la Faune
6424, rue St-Denis, Montréal
Tél. 271-3579

— Direction générale des parcs :
Service de l'Animation,
Complexe "G", Québec
Tél. 643-8774

— Service des renseignements tourtistiques du Québec,

Cité Parlementaire, Québec, avec bureaux à :
• Montréal : 2 Place Ville-Marie
• Québec : 12, rue Ste-Anne
• New-York (U.S.A.) : 17 West 50th St.

— Cartes — Où et comment les commander : voir le chapitre
« Cartes »

— Transport—

Avion : voir chapitre « Transport » pour la liste, avec adresses, des transporteurs aériens

Train : la gare la plus proche, ou, écrire à :
C.N.:   C.N., ventes et services voyageurs
         C.P. 8100, Montréal 101, P.Q.
C.P.Rail : C.P.Rail, services voyageurs
         C.P. 6042, Montréal 101, P.Q.

— Compagnies d'exploitation forestières : voir liste ci-après

Compagnies d'exploitation forestière ayant de vastes concessions forestières et qui peuvent donner des renseignements sur les chemins et les eaux canotables de leur territoire :

— La Compagnie Donohue Ltée, Clermont, Cté Charlevoix — Rivières : Chicoutimi et Malbaie, St-Jean, Montmorency.

— La Compagnie Internationale de Papier du Canada, Edifice Sun Life, Montréal 110 — Rivières : Gatineau. Opawica, St-Maurice.

— La Compagnie Price Limitée. 65, rue Ste-Anne, Québec 4 — Rivières : Betsiamites, Shipshaw, Péribonca.

— Consolidated-Bathurst Ltée, 800, ouest, boul. Dorchester, Montréal 101 — Rivières : Batiscan, Mattawin, Métabetchouane, Péribonka, Trenche, Vermillon.

— Domtar Limited, 395 ouest, boul. de Maisonneuve, Montréal 111 — Rivières : Jacques-Cartier et la région environ 50M. autour du lac Waswanipi, sur la rivière Waswanipi.

— The E.B. Eddy Company, Hull — Rivières : Coulonges, Dumoine, du Lièvre, Gatineau sup.

— The James MacLaren Company Ltd., Masson, Comté Papineau — Rivière du Lièvre.

— Murdock Lumber Company, 2475, boul. Laurier, Sillery, Québec 6, P.Q. — Rivière Ste-Marguerite.

— Murdock et Murdock Ltée, 2475, boul. Laurier, Sillery, Québec 6, P.Q. — Rivières : Ouisiemska, Mikoasas.

— New-Brunswick International Paper Company, Edifice Sun Life, Montréal 110 — Région de la Baie des Chaleurs (côté sud de la Gaspésie).

— Les Papeteries Bathurst Ltée, 635 ouest, boul. Dorchester, Montréal 101 — Rivières : Bonaventure et Cascapédia.

— Paradis et Fils Ltée, chambre 1463, Edifice Sun Life, Montréal 110 — Rivière Mégiscane.

— Québec North Shore Paper Company, 680 ouest, rue Sherbrooke, Montréal 110 — Rivières : Franquelin, Manicouagan, Pistuakanis, Godbout, St-Nicholas.

— St. Lawrence Corporation Ltd., 395 ouest. boul. de Maisonneuve, Montréal 111 — Rivière Mistassini.

Bibliographie

CANOT-CAMPING et CANOTAGE :

Un bon livre sur le canot-camping au Québec reste à écrire. En attendant, voici quelques titres que nous croyons valables :

Titre	Auteur	Edition
Camping pour tous (chapitre sur le canot-camping)	J.-P. Denis	Du Jour
Canoë et Canot	P. Larue/P. Bélec	Sports Loisirs, Education Physique
Les routes des voyageurs, hier et aujourd'hui	E. W. Morse	Information-Canada
Canoe-camping (anglais)	C. W. Handel	A. S. Barns & Co.
The bark canoes & skin boat of North America	Adney-Chapelle	Smithsonian Institution

(Un livre unique sur l'histoire du canot et du kayak en Amérique du Nord, avec toutes les formes des anciens canots, les détails de leur construction, etc.).
En vente à : Superintendent of Documents, U.S. Government Printing Office, Washington, D.C., 20.402.

Titre	Auteur	Edition
North America Canoe Country	C. Rustrum	MacMillan

On trouvera d'autres ouvrages en librairies surtout en anglais puisque le canot-camping que nous connaissons ne se pratique guère dans les autres pays francophones. Eviter si possible d'acheter n'importe quel livre sans prendre l'avis d'un canot-campeur expérimenté.

Livres sur le camping sauvage et la survie

Titre	Auteur	Edition
Le bréviaire du Nord	J. Merrieu	
Wildwood Wisdom	E. Jeager	McMillan Olympic
Camping & Woodcraft	H. Kephart	Olympic
Northern survical	(anglais, bientôt en français)	Information Canada
Survie en forêt	B. Assiniwi	Lemeac

(surtout bon pour ce qui est des plantes sauvages comestibles)

Récits et Romans

Titre	Auteur	Edition
Canoe-country	F. P. & F. L. Jones	Univ. of Minnesota
La Forêt	S. White	Stock
The Lonely land	S. F. Olson	A. A. Knopf
Les engagés du Grand Portage	L.-P. Desrosiers	Fidès

Naturalisme

Titre	Auteur	Edition
Les canards vus de loin		Information Canada
Flore forestière du Canada		Information Canada
Fleurs sauvage de l'Amérique du Nord		Picture Card Dept., Brooke Bond Can. Ltd. 4305 Côte-de-Liesse Montréal
Les poissons combatifs du Québec		Service de la Publicité Min. Tourisme Hôtel du Gouvernem. Québec
Quelques oiseaux du Canada		Information Canada
Les mammifères du Canada		Information Canada
Flore-manuel de la province de Québec	P. Louis-Marie	Institut agricole d'Oka

Divers

Titre	Auteur	Edition
Plein air et camping	J. Hureau	J. Susse
(pour la magnifique préface sur l'esprit plein-air)		
Bulletin canadien sur la nutrition		Information Canada
La météo	A. Ouellet	De L'Homme
L'eau potable au Canada		Information Canada
Un ennemi à combattre: « La pollution »		Information Canada
La pollution		Service de l'information, Qualité de l'environnement, Hôtel du Gouvernement, Québec
Conservons précieusement nos ressources en eau		Information Canada

Canoë-kayak

Titre	Auteur	Edition
Rivières sportives	H. Rambaud	Groupe des Editions Alsatia, 17, rue Cassette, Paris VI (186 pages)
Living Canoeing	Alan Byde	Adam & Charles Black 456 Soho Square, London W 1, London (266 pages)

*** Ceux qui seraient intéressés à une bibliographie plus détaillée, surtout en ce qui touche l'histoire, les anciens récits de voyages, peuvent consulter celle du livre CANOT-CANOË de Larue et Belec.

Index des rivières
et lacs cités

L'orthographe de certains noms géographiques de régions peu peuplées du Québec varie d'une carte ou d'un texte à l'autre ; il ne faudra donc pas être surpris de trouver dans ce guide quelques noms orthographiés de plusieurs façons à cause de sources de renseignements différents. Il faut aussi se méfier des articles.

TABLE DES MATIÈRES

ACHEVÉ D'IMPRIMER
EN JUILLET 1974
SUR LES PRESSES DE
PAYETTE & SIMMS INC.
À SAINT-LAMBERT, P.Q.